日本の鬼

日本文化探求の視角

近藤喜博

講談社学術文庫

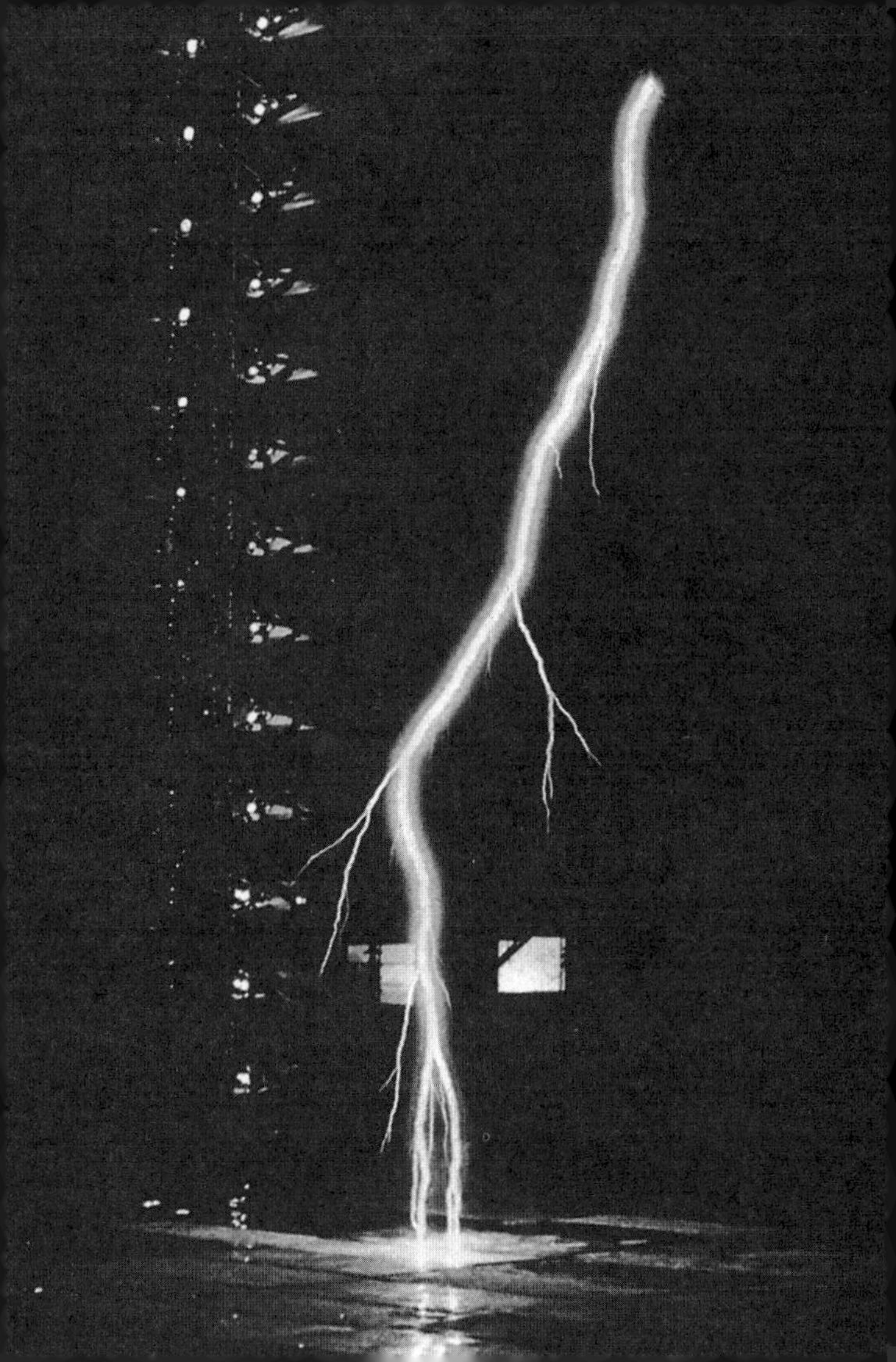

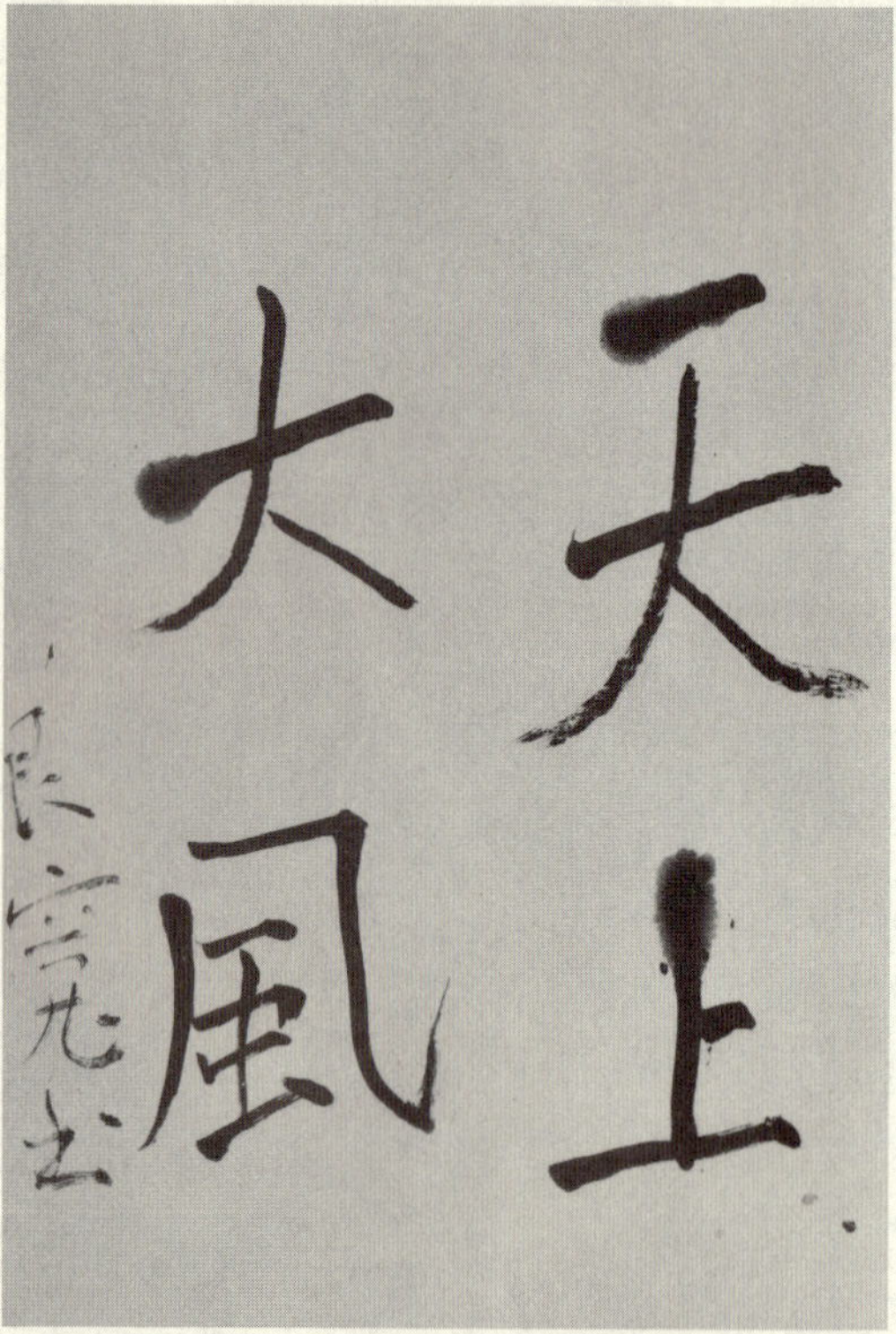

良寛筆「天上大風」（講談社刊『良寛遺墨 天上大風』より転載）

気中放電実験（㈶電力中央研究所提供）⟶

目次

日本の鬼

凡例

一、『日本の鬼――日本文化探求の視角』の初版は一九六六年九月、増補改訂版が一九七五年六月、いずれも桜楓社より刊行されたが、本書は増補改訂版を底本とした。

一、底本には部および章番号は付されていないが、読者の便宜を鑑みてそれぞれ番号を補った。

一、本文・注記とも、原則として底本通りとしたが、明らかな誤植・誤記と考えられるものについては適宜修正を施した。また文献や資料の名称、略称についても一部表記を改めた。

一、底本では一部歴史的仮名遣いを使用しているところがあるが、本書では引用部分を除き、現代仮名遣いに統一した。

一、いわゆる旧字体は原則として常用漢字表の字体、現在通行している字体に変えた。ただし、一部底本の字体のままとしたものもある。

一、人名・地名や難読の漢字については適宜読み仮名を加えた。

一、引用文について、歴史的仮名遣いのものはそのままとしたが、仮名には適宜濁点を補った。

一、読者の便宜を鑑みて本文中に西暦年、現在の地名等を補ったが、その部分は〔〕にくくって示した。

一、図版については鳥取市歴史博物館のご協力により、できるかぎり底本に使用されたものを掲載した。構図の異なるもの、より鮮明な画像に変更した図版も多いが、いずれも所蔵機関・提供者は掲載箇所に明記した。

日本の鬼

日本文化探求の視角

序章 鬼の由来

はじめに

承安元（一一七一）年七月八日、伊豆の奥島に着いた鬼の姿について、『古今著聞集』（変化の部）にはこう描写している。

鬼は物い《（言）》ふ事なし、其かたち身は八九尺計《ばかり》にて、髪は夜叉のごとし、身の色赤黒にて、眼まろくして猿の目のごとし、皆はだか也、身に毛おいず、蒲をくみて腰にまきたり、身にはやう〳〵の物がたをゑり入たり、まはりにふくりんをかけたり、各六七尺計なる杖をぞもちたりける

まさに猛々しく巨大なるものの姿である。はたしてこうした鬼類が漂着したか否か、証明する術もないけれども、漂着の異人を、かような怪奇性に捉えて説話化していたのである。この背景には既に「呉人を鬼と曰い、越人を魕と曰う」といったシナの知識による影響があったろう。一方には早くからさまざまの図像などによって、鬼の姿というものを、具体的なイ

東大寺戒壇院の四天王のうち増長天の邪鬼（東大寺蔵）

メージとして持っていたことも、まず間違いではあるまい。そうした点は奈良時代の邪鬼の上にも、興味深く跡《あと》づけられてくる問題を孕《はら》んでいるであろうが、爾《じ》来《らい》こうした鬼の巨大性や、恐怖、さらには剛力と無慈悲といったものが、長くわれわれ民族の心のどこかに棲んできていたようだった。

泣くと鬼が来る

といって恐怖の対象。「鬼に鉄棒」とは、強力の最たるもの。「鬼をもひしぐ」と言えば、さらに強烈な力の形容になっている。

血も涙もない無慈悲な譬えに、鬼のようだなどとも言った。これは鬼についての世間の常識の一面をついた俚言的なものであったが、こうした鬼については、古くからいろいろに空想もしてきたのだった。

一方に恐怖や無慈悲の姿に思われてきた鬼は、またどこか間の抜けたもの、従って笑いの世界での対象となる要素をもっていた。

鬼の居ぬ間に洗濯

とは、その間抜けた面影を思わせている。鬼にはこうした失態面から、巨大な怪物と思われながらも人気をつないで来た訳なのであろうが、私はここで、ありふれた通俗的な鬼談義に花を咲かせようとするつもりはない。いかにも学問的といわれるような基盤の上に、鬼の本質を、日本文化探求という視角から捉えて見ようと思うのだが、それならば鬼とは一体実在するのであろうか。

既にオニは隠形《おんぎょう》、「目に見えぬ鬼神」として、そこからオニの語源を求める説もある位だから、現代の知恵からは、もとよりフィクションである。それにしても、われわれの生活感情のどこかに、鬼乃至《ないし》鬼的なもの——デモンである——が存在していることもまた事実としなくてはならぬ。しかもデモンとしての鬼を、時として鬼神ともいって、そこには言いようのない勢威も感じて、鬼の存在を心のどこかに描いてきたことも疑えない。だからして、

嘘を言うと鬼が舌を抜く

といったりしてきている。すると鬼こそは、虚実の中に有るが如く無きが如くに隠顕しているといってよいものなのだった。

1 「鬼」の本

すると虚実の中に隠顕してきた鬼なるものは、一体いかなる場に成立の条件をもってきたのであろうか。

これを考えてゆく前に『鬼』（明治四十二年三月刊）と題する著作があるから、しばらくこれから入ってゆく。それには鬼の成立に触れるものがあるからなのである。著者は石橋臥波といい、大正の初め民俗研究にたずさわった人で、当時の鬼の考察としてのこの書物はなかなかのものであったようだ。

ところで石橋氏の鬼への見解いかにというのに、彼は鬼の怪を好んで談ずるものではなく、目的とするところは「国民文化の由来、民間思想の全体を明かにせん」とするにあるとしたのは、当を得たもので、「鬼を以て、有形的怪物となせる思想は、その淵源甚だ古く、且つ東西、略々その趣を一にするものあるが如し」としたのも、多少の語弊はあっても、これを認めなければなるまいし、東西ほぼその趣を一にする点も、これから述べるように私の見解とも背馳しないのである。こうした立場から彼は鬼の要約として、

太古の民族が、風雨、雷霆、疾病、死亡等自然の現象、人生の事象を以て、意志を有するいはゆる人格的神霊の所為なりとせることは、各種民族の間に存せる神話の中に現はれし神《ゴットハイト》（Gottheit）が、その地方の風土、気候等の要素によりて、種々の形体を具有せるによりて推すことを得べし。而して、この諸神の中、暴雨、寒熱、死亡、疾病等専ら人類の生活に災害を及ぼすものは、漸次分れて、形相醜悪にして凶暴なる半神（Dämon）となり、更に善悪の意義の著しく加はり、道徳及び宗教と深き関係を有するに至りて、こゝに始めて、神霊の性格は変じて魔となり鬼となり、いはゆる（Teufel）の部属とな

れるが如し。彼の基督教に於けるサタン（Satan）が、その初めは凶悪なる神より出でゝ、神の使者となり、遂に悪魔と変じたるが如きは即ちこれなり。此の如くなるを以て、鬼といひ、魔といへば、概ね醜悪にして、吾人の忌畏し厭悪する処の形相を具有するを知るべし。熱帯地方の悪魔に猛獣毒蛇の形体を有し、北欧の悪魔に氷塊の形体を有するものあるは、即ちこれがためなるなり。

とした。ついで日本、シナの事などを述べ、以下時代別に鬼の歴史を構成していく。

またこの本のために序文をよせた富士川游博士は、

古印度人の考では、病気の一定の種類は、鬼の所為であると認めて居る。これは勿論何処でも同じことである。しかし印度のはその鬼の種類が多い。例之《たと》へば、一行が撰びたる七曜星辰別行法には三十個の鬼が居つて、病気を行ふといふことが書いてあつて、その鬼の図が載せてある。其図を見ると、通例の鬼の形のものもある。通例の人の形のものもある。鶏の頭、牛の頭で人の形をしたものもある。顔が人で体は動物のものもある。すべてこれ等の鬼が、各々違つた病気を起すといふことになつて居る。

法華経の中に書いてある、富多羅といふ鬼は熱病を起す鬼で、毘舎闍《びしやじや》といふ鬼は癲癇を起すといふことである。普賢陀羅尼経には、脳痛四鬼、頭痛五鬼、耳痛五鬼、淋疾四鬼が挙げてある。羅嚩拏《らばな》経には小児に著きて、病気を起さしむる所の鬼が十二ほども挙げてある。又七仏陀羅尼神咒経には六個の瘧鬼《ぎやくき》が挙げてある。右は一例を挙げたまでゝあるが、古印度人の作つた鬼は無数で、一病の中でも、その症候毎に別の鬼が居ると云つてもよろしい位である。

支那の書には、疫鬼、瘧鬼のことが出て居る。これは固より病気を起す鬼である。捜神記には顓頊《せんぎよく》氏の子が死して瘧鬼となつたといふことが書いてあるから、この鬼には人の霊といふものも交つて居るものと見える。我邦の医書で鎌倉時代に出来た万安方には瘧鬼の図が書いてあるが、それを見ると、人の形をした鬼が、小さい杓で湯を注いで居る。疫鬼の形は、この書にも図が出て居る通ほり、全く例の地獄の鬼に同じやうなものである。

此の如く、病気の原因を説明するに、色々の鬼を作り出すといふことは、人の精神の発達の幼稚の時期には、必然のことであつて、これは今日でも現に、野蛮人種に就て、目撃することが出来るのである。

と述べて、東洋の鬼、わけても印度、シナのそれについての性格を披露しているのであった。たしかに鬼についての貴重な見解とすべきものであろう。だが博士が医学史の権威であったためか、鬼と疾病との関係に主点を置いている。『万葉集』(十五)に早く鬼病と言った言葉も見えている。これもやはり鬼の一面でなくてはならず、わが国でも疾病——特に流行病——にかかわる鬼が、隠顕しないのではない。石橋氏が風雨・雷霆・疾病・死亡等を、デモンの所為と見、そこに鬼の成立する場を追究しようとしたが、私はそれよりも、鬼の成立してくる根本的な要因を、風雨・雷電・地震・火山活動の如き、自然現象の猛威の場にこれを認めようとするのであって、巨大なエネルギーを伴う破壊とその恐怖の中から、鬼が変幻してくる成立要因を考えようとするのだ。

だからして疾病死亡などによる恐怖の鬼は、むしろ第二次的のもの。それ故に疾病的なものに鬼を見てくる見解は、鬼の成立としては、それ程、根源的な特徴とはなし難く、また死霊の鬼の如きは、やはりこの後につづいてくるものだったと認めねばなるまい。

2　鬼の本質について

鬼の文献的初見がどうであれ、また、これが仮りに舶載による影響、つまり外来によると言われるにせよ、或は後々の鬼の見解がいかに展開してきたとしても、私の考えている鬼——デモンとしての鬼の成立する基盤というものは、根源的の場としては虚空を主要な舞台とする大自然の猛威にかかわっている。このかかわりを言葉を換えて文化論的に言えば、自然現象と人間関係の中に成長してくる要因をもっているということで、ここからデモンとしての鬼が、人間社会の裡《うち》に形成の場をもつと言うことである。私の捉えようとする鬼は基礎構造をここに置く。だから私の考える鬼は、風土性の上に人間関係として成立してくると言う考え方なので、試みに見るがいい。虚空による自然現象は、平安朝時代の日記よりこの方、われわれの私日記まで、晴雨は申すまでもなく、降雹・落雷・洪水・大風・地震・大雨

金光明最勝王経金字宝塔曼荼羅に描かれた風神雷神（第一塔部分。中尊寺大長寿院蔵）

とこれが記入を怠ることのなかったのも、単なる習慣と片づけてしまわれない。ここがこの際の重要な着眼点の背景となって私を支えている。

もとより鬼の初めの形姿は、印度やシナに図形を整えつつあった鬼形が、日本の鬼の姿の形成上に、影響しつつ取り入れられたであろうことは、ほぼ疑いないが、やがてこのような姿が、平安時代の絵画の上にも散見してくるようになる。

けれどもデモンの存在を恐れたわが古代民の原質的な拡がりは、私もやはり世界的なものだと考えている。この点石橋氏の言うところとほぼ等しいが、特に恐怖の中から神秘性をよんでゆくその経過の人間関係から、神話伝説、芸能あるいは音楽的なもの、及び詩の原形も生まれ、宗教もここから発生してゆくと考えているのだが、この説明にはさらに多くの証明を必要としよう。

かかる神秘の恐怖が、風土性や民族の性向ともたずさえて、それぞれの国土のカラーに染まった妖怪として荒れ狂いつつ、人間の恐怖として対立したり、信仰されたり、また滑稽化の道もたどり、遂にはアクセサリー化してゆく。ここに鬼の歴史が流れて行った。

それにしても、鬼というものは本来フィクションなのだが、それが信じられていた社会には、偉大な威力をもって臨み、人々もまた真剣にそのものを語りつつ恐れた。時代は降るが『徒然草』（五十段）によると、鎌倉時代末の応長年間（一三一一―一三一二）、伊勢国より女の鬼になったのを、京に連れて来ているという噂が立った。京白川の人々が鬼を見ようと、「昨日は西園寺に参りたりし、今日は院へまゐるべし、たゞ今はそこ〳〵になどいひあへり」といった有様を伝え、「四条よりかみざまの人、みな北をさしてはしる、一条室町に鬼ありとのゝしりあへり、今出川の辺より見やれば、院の御桟敷のあたり、更に通りうべうもあらず立こみたり」といった大騒ぎである。こうした騒ぎにも拘らず、「まさしく見たりといふ人もなく、虚言といふ人もなし、上下たゞ鬼の事のみいひやまず」。結局、鬼をこの眼で見ましたと言う者は無かった。しかしその頃、一般に二日三日煩うことがあったのは、おそらく鬼が実在したということを示す験《しるし》だと語った人もいたという。まさしく虚実の間を彷徨するのが鬼だといわねばならぬ。こうした怪奇性は、ゆくゆく種々の化物とどこかで糸をひき合ったが、遠い遠い来し方の鬼というものは、既に一言したように、主として虚空のエネルギーとしての猛威に基づいていただけに、その脅威の共通性は、民族の裡に同質的な利害や恐怖や信仰を形成してゆく基盤ともなった。この点は肝要なことであるが、こうした雷雹は、単に虚空にのみあるのではなく、虚空の包む天と地とを通じて噴火・火山・地震・津波などの破壊や恐怖を伴う猛威とも、共通する恐怖のデモンと考えて戦慄し、そこには鬼ないしは鬼形の姿に通じたり変移することの可能なものを信じたけれども、雷公はやはり古往今来を通じて恐怖のチャンピオンであったというばかりでなく、むしろその原形を形成した。その点『延喜式神名帳』を見渡しても、雷電にかかわる神社の多数登載されているのにも、古代恐怖の現実が如実に露呈されていたのだった。

3　雷神の社

古代に於ていかに虚空の雷神——ミズチ（蛇をふくむ）にも通ずる——が、各地ともに巨大な恐怖の関心であったか。その点、『延喜式神名帳』登載の雷神とその関係神社の如何に多いことか。ここにこれらの関係社頭を抽出することによっても、思い半ばに過ぎるものがある。

論より証拠、宮中宮内省大膳職に坐す火雷《ほのいかずち》神社、主水司《もいとりのつかさ》に坐す鳴雷《なるかみ》神社を初めとして、

乙訓坐大雷神社	山城国乙訓郡
賀茂別雷神社	〃　愛宕郡
賀茂御祖神社二座	〃　〃
鳴雷神社	大和国添上郡

春日神社	〃　〃
春日祭神四座	〃　〃
龍田坐天御柱国御柱神社二座	〃　平群郡
穂雷命神社	〃　広瀬郡
葛木坐火雷神社二座	〃　忍海郡
宮前霹靂神社	〃　宇智郡
火雷神社	〃　〃
大神大物主神社	〃　城上郡
気吹雷響雷吉野大国栖御魂神社二座	〃　高市郡
石上坐布都御魂神社	〃　山辺郡
大祁於賀美神社	河内国石川郡
天照大神高座神社二座元名二春日戸神一	〃　高安郡
意賀美神社	〃　茨田郡
火雷神社	和泉国大鳥郡
意賀美神社	〃　和泉郡
火走神社	〃　日根郡
意賀美神社	〃　〃

止杼侶支比売命神社	摂津国住吉郡
新屋坐天照御魂神社三座	〃　嶋下郡
雷電神社	伊勢国度会郡
火地神社	〃　多気郡
日割御子神社	尾張国愛智郡
八剣神社	〃　〃
火上姉子神社	〃　〃
豊雷命神社	遠江国磐田郡
豊雷売命神社	〃　〃
生雷命神社	〃　〃
火牟須比命神社	伊豆国田方郡
蛟蝄神社	下総国相馬郡
意布伎神社	近江国栗太郡
火雷神社	上野国那波郡
熱日高彦神社	陸奥国伊具郡
闇見神社	若狭国三方郡
天利剣神社	越前国敦賀郡

雷神社	〃　丹生郡
野蛟神社	加賀国加賀郡
天照玉命神社	丹波国天田郡
雷神社	但馬国気多郡
霹靂神社	石見国邇摩郡
国分寺霹靂神社	〃　〃
意加美神社	備後国甲奴郡
雲気神社	讃岐国多度郡
伊勢天照御祖神社	筑後国三井郡
雷命神社	対馬嶋下県郡

と全国的に分布しているのは、共通の恐怖の最たるものであったことを示している。『四時祭式』や『臨時祭式』の「霹靂神祭《はたはたかみのまつり》」も、これに対応するものであろうし、後々雷公祭・雷神祭・雷除祭が行事化してきている。

さらに『日本書紀』以下の六国史に神名の所載を見ながらも、延喜式の神名帳に登載されない雷神に、堀雷氷都久雷湯豆波和気神（山城）武雷神（大和）火雷神（伊勢）火雷神（駿河）若雷神（武蔵）天若御子神（近江）賀茂若宮神（飛驒）若伊賀保神（上野）雷神（丹波）鳴神（肥前）白羽火雷神（薩摩）といったものを抽出することができるが、以上の外に公辺の待遇も受けないままに、未だ充分な神格化も遂げない低位の雷神的スピリットは、わが天と地の間に充満していたのである。

こうした大小の雷神を、古くは端的にカミともよび、或は鳴神といわれた。「伊香保嶺《いかほね》に、かみな鳴りそね、吾が上《へ》には、故はなけども、児らに因りてそ」（万葉集十四）とあるのは、そうした中の一例であったが、その点、方言などにも変りがない。東条操氏の提示によると、

カミナリサマ	関東地方
オカミナリサン・オカンナリサン	山梨の郡部
ナルカミサマ・ナリカミサマ	群馬の利根・吾妻郡
ナルカンガナシ	鹿児島の徳之島
カミ・カミサマ	熊本県球磨郡
カミサン	静岡地方

ナルカミ系は中国四国の大部、九州では大分、佐賀であって、この方言が発見される。

カンダチ・オカンダチ	茨城
オカンダチサマ・カンダッサマ	神奈川・群馬・茨城
オフッカケサマ	茨城

カンダチ系は関東、南奥州を中心として、その隣接地方に分布している。

アマル（落雷すること）　中国、四国地方
ゴロゴロサマ（児童語）　関東地方
ハタガミ・ハカガメ　近畿一部、福井
ドンドロ・ドドロガミ・ドドロガメ　岡山・広島・鳥取西部・香川・愛媛など
ドドロガミ　島根西部
ドロサン　伯耆
ドンドロケ　鳥取
ドンドガミ　石川
ドロドロサン　静岡県の一部
ドードーサマ　群馬県利根
ドンドンサン　秋田県平鹿
ライサマ、ライデンサマと呼ぶのは関東地方――群馬・栃木――に多し

（『方言の研究』所載「かみなりさま談義」より）

以上を見ても、カミナリ方言の奥には、恐怖畏敬の姿が古来のままに流れており、『万葉集』のカミと方言のカミナリとの間に、既に雷としての鬼が、千変万化しつつ生きつづけている。

4　人工気象と雷電

さりながら恐怖としての雷公の鬼も、時の経過に、他の怪物などと共に、多くは後退を余儀なくされてきている。すなわち怪物退治譚の多くがそれだ。そうした怪物退治譚の知られる限りの古いものは、おそらく小子部栖軽《ちいさこべのすがる》の話に、解釈を加えることによって求められると考えるが、しかしかかる説話的伝説的な怪物退治――鬼を含めて――も、現代では既に共通の場を失っている。しかしそうは言うものの、鬼にはなおユーモアを残している。だがユーモアとしての鬼はともあれ、虚空の猛威としての鬼を、現代科学の面に照らし出した場合はどうなるだろうか。

申すまでもなく、カミ・カミナリ・カンダチと言われて猛威をふるってきた雷電も、科学が威力を発揮してくると、雷公の鬼はますます正体を暴露しなくてはならなかった。これは一種の科学的な征伐でもあろう。丁度アフリカ大陸の開拓により、自由奔放に生きてきた猛獣たちが、地域を狭められていくように、それはまた前近代的な雨乞い行事などが、わずかに山間僻地に残存しているように、科学の進歩は恐怖の世界を解明してきている。問題を電気に求めると、近世、凧による空電気の獲得から避雷針・避雷装置と進み、いまや人工放電の物凄い実験も行なわれつつある〔口絵参照〕。これが人工落雷だ。

近時の宇宙開発はしばらくおいても、人工降雨は、実験から実用化へと進みつつある。過冷却の雲上から、ドライアイスの粉末を撒布するのがその方法で、「零度以下でもなお水滴のままでいる雲は、氷になる条件は十分にそなえ、ただそのきっかけを待っているだけなのだから、これにドライアイスの粉をかけてやると、雲の一部はすぐ氷片になる。その氷片がつぎの水滴をまた氷片に変らせ、ついに相当量の雨を降らすという連鎖反応が起る」(『天気予報三十年』大谷東平著)。しかしこの方法も、気象条件により効果に差があるといわれる。その条件とは「雲は零下十度ぐらいまでの水滴であること、雲層がかなり厚いこと、雲の下の空気が甚だしく乾燥していないこと」(同上)などが一応挙げられる。これは雲が零度以上の普通の水滴であるときは、ドライアイスを撒いても氷片が出来ないからで、人工降雨の可能か不可能かを決定づけるものは、上空の気象条件の正確な予報が重大な鍵となる。ところが、雨粒の中心に核があることは、その方面ではすでによく知られ、この核——いわば雨のタネ——を測定する自然氷晶核の自動測定装置の完成も、新聞やニュースは報道しているから、この装置が空気を自動的に吸込み、雨の核としての氷晶の数と性質とを記録してゆけば、これによって雨のタネを知ることが可能で、人工降雨の上にも進んだ効果が期待出来るだろうと言われる。こうした四囲の事情から、雲の中にいるという鬼類も、ますます住みにくくなることは明らかで、これも一種の征伐に当たるであろう。

一方人工晴天も考えられる。人工降雨にも通ずるものでこれには沃化《ようか》銀《ぎん》を撒く。「氷点下五度以下の水滴から出来ている雲を、氷の結晶にかえる作用をするのだが、そういう雲の中に、適当量の沃化銀をまけば、大きな氷晶ができて雲から落ちてきて、人工雨の目的を達する」（同上）が、撒きすぎると雲全体が微細な氷晶となって、その際発生する凝結熱に雲塊は上昇四散して雲は消え、人工的に晴天となると言う。しかしこれら晴雨二つの場合にも、気象変化を誘起させる雲が現われていることが条件で、雨を降らす準備のない空に向かって、人工降雨の方法を試みても無駄であり、又どしゃ降りの空に沃化銀を撒いても、降雨を止めることが出来るものではない。ただ面白いことには、雨乞に千束焚・千把焚・千把藁・千駄焚、或は火振り・雲あぶり、または和歌山県伊都郡の如く雲やきなどと言って、盛んに黒煙を揚げることは、沃化銀をいぶすことと、化学的な効果の質に於て同じだということである。古人は経験によりこれを知っていた。古人の知恵だったがこうした点をいささか文献に求めて博識振りを披露して置くと、『宇治拾遺物語』（二ノ二）には、静観僧正の祈雨の法験について、黒煙を立てての祈請に「香炉の煙空へあがりて、扇ばかりの黒雲にな」り、その黒煙大空に引き塞がって、車軸の如き大雨が降るのであり、『打聞集』にも「煙り虚空に付と見に、雲空に満ち」て降雨を見、『古今著聞集』（二ノ四十三）には、香隆寺の寛空僧正のことについて「香炉のけぶり、たかくのぼりて大雨即降る」。或は『元亨釈書』（四）の釈千観の場合には、香炉の香が山野に満ちつらなって黒雲と和合して、雨大いに降ってきたとあるのも、まあこうした事例とすることが出来るであろう。

さらに台風の防止法も、種々に考えられるようになって、下界に大影響を及ぼす虚空の猛威に対処しようとしたけれども、まだ決定的な線は出ていない。むしろ自然の猛威はまだそのままの形の場合が多く、東北地方は大旱魃《かんばつ》であるのに、九州地方は大洪水であると言ったものを自由にはなし得ないのである。たとえ事情はそうだとしても、怪物としての風神・雷神が自由にのし歩いた世界は、たしかに狭くはなりつつある。けれども虚空の猛威が未だ人間の自由になるまでに至っていない。それにしても雷電としての鬼の本体はもう解明されている。それにも拘らず、正体を解明された鬼が盛夏の候、この執筆中にも私を驚かしたことは再三に亘った。落雷による人畜死傷の新聞記事がそれである。

これは古代と何も変りない現代の恐怖であるが、落雷による感電死の続出を見ていた古代人に、凄まじい鬼の説話が生まれてくるのは、まことに可能性のあることだった。そうした面では現代は、もう説話の時代ではないけれども、虚空をおおう雷雲や黒雲はなおも去りやらず、それから連日、現代の恐怖として電撃の猛威が報道されたのには、全く驚きであったが、この電撃は時代がさかのぼればさかのぼるほど、脅威の様相は巨大な鬼の所為として濃化される一方、妖怪化の道もたどってきたと思われる。だが再三言うように、現代では雷電の正体は既に判明している。そうした判明の正体にも拘らず、気象条件によって、その時その時の雷の状況がいつも正しく把握されるかというに、必ずしもそうまではいっていない。落雷がそれを示している。それは丁度伊吹山の酒呑童子《しゅてんどうじ》は鬼だとわかっており、源頼光たちに制圧されるのだけれども、なお越後・出雲・紀伊・摂津・大和・尾張・越中・信濃・加賀・駿河・伊豆・相模・常陸・下野・上野・出羽・伊勢などの国々を遍歴し、遂に丹波の大江山に棲みつくのにも似ているであろう（赤木文庫本酒顚童子）。

「土も木も我大君の国なれば、いつくか鬼の宿とさだめん」。しかしその大江山の酒呑童子もまた制圧されるといった具合で、雷はまさに不思議なもの。現代の雷もまた時としてそのように気ままなもの、今以ってカミナリさんと呼ばれる所以であろう。今以ってカミナリさんだとしても、これからは雷電の神話が生まれてくる気遣いはない。けれども私は次の事実に特に興味を覚えたので、それを語って本篇に入ってゆく。

5　日本国宝展から

東京国立博物館で「日本国宝展」が文化財保護法施行十周年を記念して開催されたのは、去る昭和三十五年十月二日で、それから一ヵ月余に亘った。名に恥じない名品が多数陳列された。ところが会期の経過につれて面白いことが現われてきた。それは或る仏像の前に、何時とはなく賽銭を置いてゆく者がいたのである。日が経つにつれ、おいおい賽銭が殖えてゆく。

この国宝展は、彫刻の名作として仏像を陳列したので、別に礼拝の対象としてではない。ところが見物人の中には、主催者の立場とは無関係に、陳列品は既に宗教的な取引きの場となりつつあったのである。賽銭はその表現である。全く予期もしないことだったが、私は面白く思った。だからこの現象に注目していた。一室に種々の仏像が並べられていたからして、これらの仏像中で、観覧の群集はいかなる仏像に対して関心を示すのだろうか、それを賽銭の多寡によって計量して見ようと考えたのである。

この展覧会の総入場者は、個人団体ともに締めて三一万二〇四一名、一日平均八九二一名であったが、いったい博物館に名品を見に行こうと言う入場者の性格は、インテリ階層の他は中産階級を主体とすると見てよいであろう。それはともかく、これらの総入場者の中から賽銭が捧げられていたのである。「国立博物館ニュース」(一六三号)によると、この総賽銭は六八二二円で、これは挙げて朝日新聞の厚生文化事業団を通して、歳末助け合い運動に寄託されたとあったが、私は最終日では、各像への分類は不明になる恐れもあったから、特に乞うて会期最後の日の一日前の閉館後、真野守衛長に硬貨の数を各仏像別に調査して貰った。これはまあ大体一人が硬貨一枚を奉じたとして、金額ではなく硬貨の数によって、その仏像に少なくとも信仰的関心をもった人数を知ることが出来ると考えたからだった。

その結果、阿弥陀如来三尊像(平安時代—京都・仁和寺蔵)に対しては、一円—七四八枚、五円—一一一枚、十円—一六二枚、五十円—一枚、百円—一枚となり、合わせて一〇二三枚、これは一〇二三人が奉加したことを示し、これが一番多かった。おそらく慈悲への憧れや未来への思慕を示しての結果といえよう。次に京都三十三間堂のあの著聞な風神雷神像(蓮華王院妙法院蔵(雷神像はカバー写真参照))にも、思いの外に賽銭が上っていた。

雷神には一円―一八五枚、五円―二〇枚、十円―三枚、合わせて二〇八人が硬貨を上げた。風神には一円―八三枚、五円―二枚、十円―二枚、合わせて八七枚。八七人が賽銭の形で宗教的な関心を示していたが、両者を合わせると二九五枚、つまり二九五人である。阿弥陀如来のそれに比較すると、とても及ばないけれども、なぜ怪異な風貌の風雷神――それは鬼形――に、こうも賽銭が上ったのか。これにつづくのが梵天帝釈像（奈良時代―唐招提寺蔵）と五大虚空蔵菩薩像（平安時代―神護寺蔵）が共に三九、四天王立像広目天像（飛鳥時代―法隆寺蔵）が三八、梵天立像が二七といった具合で、共に天部的な風貌の仏であるのは面白いが、それらよりは風雷神が群を抜いたのが目立った。

時代の前後によって、それらの仏像の価値は決められないが、風雷神像は飛鳥奈良平安の古い時代のものにくらべると、鎌倉中期の作品であるのに、信仰的関心の比重はそれを抜いて高いのは、どうした事か。

私は展覧会に於けるささやかな一つの統計から、日本人の信仰というか憧憬の中に、鬼の姿に対する関心が巣喰っていると思ったのである。三十万余の入場者の総数に比すると、この賽銭奉献者は九牛の一毛とは言え――勿論彼らは宗教的対象としてこれを拝みにきたのではない――こうした数の出たのは、おそらく除災招福のマジックとして、この怪異像へ賽銭が投ぜられたのであろう。しかしこうした鬼の棲むと言う虚空の世界は、もう科学的に解明されつつある。にもかかわらず人間の感情の中には、やはり鬼が生きている。鬼やらいや追《つい》儺《な》或は鬼押の年中行事には追われつづけているのに、まだ鬼が棲んでいるのは矛盾であるとしても、われわれはそうした鬼を持っている。悠久に亘って、天と地との間に戦《おのの》きつつ生きてきた人間の血の中には、無限の虚空におおわれている大自然の猛威の前に、あまりにも微細な人間の功利や価値を越えてのものが流れているようだ。だからこうした点をさらに凝視していると、大自然の猛襲さえもはばむことの出来ない人間の、大自然に対してきた或る執念といったものが、古代発見といった立場に思われぬでもない。そこに人間の叫びが聞かれると共に、叙事詩化も成長してくるのであって、だから親しみにも似たものをもって、鬼のアクセサリーも飾られねばならないのであろう。私はこうした合理性にさからうような一面無意味とさえ思われる鬼の存在を通して、実はわれわれの新しい風土記をさえ書いて見たいと思っている。本書にも一面そうした思いを捨ててはいない。

第一部　鬼の文化史

第一章　武蔵国と渡辺綱

1　羅生門の鬼

渡辺綱は摂津守源頼光の幕下、坂田公時《きんとき》・碓井《うすい》貞光・卜部《うらべ》季武と共に四天王と言われた一人で、大江山の鬼退治譚ではその大立物と伝えられた。

謡曲やお伽草子の「羅生門」或はその他の伝説によっても、綱の鬼退治の物語は一般に知れ渡っている。後章にも山伏神楽から綱の武勇を唄った詞章を引くところがあろうが、ここには宮崎県西臼杵郡五ケ瀬町鞍岡の祇園社の七月十五・十六日の祭礼に奉納される太鼓踊唄の「羅生門」を示して、その流布の一面としよう。

音に聞えし羅生門
さてまた聞えし大江山
鬼神が住んでわざをなす
上殿様は聞し召す

頼光討手にあたりやる
五人の人をめしつれて
戦の装束花やかに
大江山にかゝりやる
茨城童子と申するに
渡辺殿が出合ある
受けつ流れつ戦ふに
頼光助太刀お打ちやる
鬼の打首やら見事
頼光手柄と聞えたる（日本古謡集）

羅城門址石柱

よってここから謡曲によるのに、大江山の鬼退治後、羅生門（正しくは羅城門）に鬼が出没することについての議論の末、綱が羅生門にしるしの札を立てにゆくことから始めてゆこう。綱は、

物の具取って肩に懸け、同じ毛の兜の緒をしめ、重代の太刀を佩《は》き、たけなる馬に打

ち乗つて、舎人をもつれず唯一騎、宿所を出でゝ二条大宮を、南がしらに歩ませりさらに東寺の前を過ぎ、九条おもてに出で、ここで羅生門を見渡すと、物凄く雨ふり風吹き、馬は身ぶるいするばかりで進まぬ。綱は馬を棄てて門の石段を登り、しるしの札を段上に立てて帰ろうとすると、後より兜のしころをつかんで引き留めるものがある。見上げると両眼の輝き日月の如き鬼ではないか。ここで鬼と綱との格闘が開始される。以下しばらく謡曲の詞によると、

綱は騒がず、太刀をさしかざし、汝知らずや、王地を犯す、その天罰は遁《のが》るまじとて、かかりければ、鉄杖を振りあげ、えいやと打つを、飛び違ひちゃうと斬る、斬られて組みつくを、払ふ剣に腕打ち落され、ひるむと見えしが、わきつぢにのぼり、虚空をさして上りけるを、慕ひゆけども黒雲おほひ、時節を待ちて、又取るべしと、呼ばゝる声もかすかに聞ゆる、鬼神よりも、恐ろしかりし、綱は名をこそ、あげにけれ

お伽草子にも、大江山に討ち洩らした鬼の眷属《けんぞく》の鬼童子が、羅生門に棲み、これを綱が斬る話が語られている。

しかしお伽草子にはこの話につづいて、今一つ別の鬼退治譚が伝えられているから、綱の武功譚としてこれを述べるに、羅生門の鬼を退治した年の夏、頼光は奇病におかされる。医《くす》師《し》験者《げんじゃ》を招いて治療を加えるけれども、効き目はいっこうに表われない。すると或る者来って、これは大和国宇陀郡の大きな森に棲む鬼が悩ましている。だから鬼の眷属を滅ぼすなら

ば、悪霊も自然に退散するであろうと語ったのである。

これによってまたもや綱は、この鬼の制圧に出向くのであったが、すると鬼は薄化粧した女房に化け、綱をたぶらかそうとする。綱はその手にのらない。ここに京の一条戻橋《もどりばし》の鬼女の話も挿入されるが、彼はこの女性を鬼の化現《けげん》と心得、刀の柄に手をかけ、油断なく宇陀の森のうちに二、三歩入ってゆくと、美女は忽《たちま》ち牛鬼となり、綱の頭をつかみひっさげて虚空に昇ったのである。綱は鬚切《ひげきり》と銘する名剣をするりと抜き、空をサッと切る。「雲のうちにあっといふ声残りて、（鬼の）姿は見えずなりにけり、斬られたる手にて、綱が頭を強くつかみけれども、綱あへていたまず、鬼の手も精力つきて、頭にこそはとゞまりけれ」。

遂に鬼は討ちもらしはしたけれども、斬った鬼の手だけは、頼光の前に持参して事の子細を語った。「頼光喜び給ふ事限りなし」。しかし天文博士を召して事の由を占わせると重大な物忌《ものいみ》だという。

そこで鬼の腕を朱《しゅ》の唐櫃《からびつ》に入れ、戌亥《いぬい》の隅の蔵に納め、注連縄《しめなわ》をして七日間、仁王経を講じ、御殿の庭には十二人の宿直《とのい》を置いて、一時《とき》ずつ交代にて大空の十二方に向って蟇目《ひきめ》を射かける厳重な物忌に入った。

後の事柄にも関係するので、切られた鬼の腕を説明しておくと、「漆にて塗つたる如くに真黒なるしかり毛生ひ、指三つある手」であった。これを唐櫃に容れて戌亥の隅の蔵に格蔵し、頼光が謹慎している。ところが物忌の満ずる前日の六日目に当り、頼光の母なる女性が河内の国高安より忍び忍び上洛、物忌中の頼光を訪問する。

ここからまたもや鬼の話が展開してゆく。

頼光は物忌の故をもって面会を拒み、またの日をと告げるが、切なる母の嘆きに負けて遂に物忌を破って面会してしまう。互に積る話を交し、母が河内に帰ろうという頃に鬼の腕の話をする。すると母はそれを一目なりとも見せよと切望する。老母のうらみ顔に堪えかねて、遂に鬼の腕を見せてしまう。

頼光は、綱を召して封じ込めた朱櫃より鬼の手をとり出し、「これ〳〵御覧候へ」とてその前に置く。母つくづくと見て、「げにもこれは我手なれば取り返す」と言うままに、彼女の右手に差しつぐと、今まで母御前と思った親しき女は、忽ちに二丈ばかりの牛鬼と化し、御殿の破風《はふ》を蹴破って脱出しようとする。頼光は心得たりと太刀を抜き、躍り上り、片手討ちに斬りつけると、誤またず牛鬼の頭は斬り落された。にもかかわらず牛鬼の死骸《むくろ》は破風をつたって虚空へ脱出し、綱は広庭に投げ出されてしまう。斬られた鬼の頭は飛び上り、頼光に襲いかかるけれども、さらに斬られて地へ落ちてしまった。

この事件があってから、鬼の難にこりたのか、「渡辺党の屋形には、破風をせざるとは、此いはれなり」。即ち牛鬼一件から、渡辺綱の属する渡辺党の家宅には、破風を設けない因縁だとされたのである。けれども物忌の主人公は源頼光であったから、渡辺綱の家に破風を立てない理由とするのは、何としても見当違いの気がする。しかし、鬼と対立したのは渡辺綱であったから、渡辺党の破風の有無が問題とされたのであろうか。

2　渡辺綱の故郷

ところが、この話はこれよりさらに古く『平家物語』の剣巻にも語られた。「平家剣巻」には、右の話とほぼ同じ事柄を伝えながらも、大江山や大和の宇陀の森に関係する話ではなくして、一条堀川の戻橋に化現した婉《えん》なる女房との交渉から語られている。馬をすすめて綱が一条堀川の戻橋にかかると、婉なる女がいる。女の哀願のままに綱は女をかき抱き、五条辺に送るところから始まる話で、綱が女を五条へ送ると、女は実は五条ではなくして愛宕山《あたごやま》だと云うままに、恐しい鬼となり綱の髻《もとどり》をつかみ、戌亥の方へ飛んで行こうとする。

ここでも鬼の腕を切るのは、前の話のごとくであるが、鬼は愛宕へ光り行き、彼は北野社壇の廻廊にどしと落されてしまう。飛行《ひぎょう》しつつも鬼の手を取った綱は、その腕を頼光の見参に入れ、この場合でも天文博士安倍晴明に占わせると綱七日の謹慎として、頼光の物忌とはしない。だから「剣巻」では綱が物忌をすることになって筋の通りがよい。

それ故に物忌の宿を訪ねてくる女は、頼光の母ではなく綱の養母にして、しかも河内国からではなく、難波の渡辺からであったのが、大いに違っている。この点は後に述べるとしても、ここでも養母が鬼になり、破風を蹴破って脱出したがために渡辺党の家には、やはり破

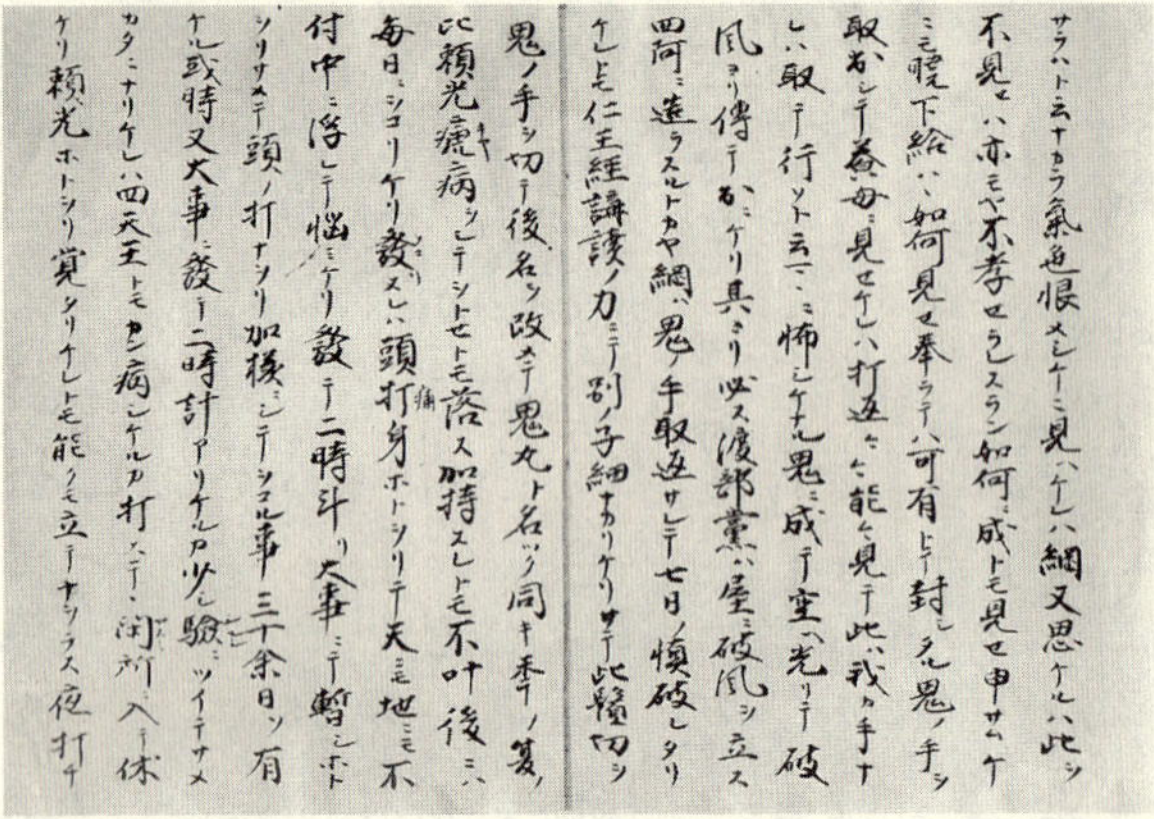

サラハト云ナカラ氣色恨メシケニ見ヘケレハ綱又思ケルハ此シ
不見セハ亦モヤ不孝セラレスラン如何ニ成トモ見セ申サムト
ニモ暖メ下給ハヽ如何見セ奉ラテハ可有トテ封シタル鬼ノ手ヲ
取出シテ養母ニ見セケレハ打返々能々見テ此ハ我カ手ナ
レハ取テ行ソトテ云ニ怖シケル鬼ニ成テ空ヘ光リテ破
風ヨリ傳テ出ニケリ其ヨリ此ス渡部黨ハ屋ニ破風ヲ立ス
四阿ニ造ラスルトカヤ綱ハ鬼ノ手取返サレテ七日ノ愼破レタリ
ケレトモ仁王經講讀ノ力ニテ别ノ子細ナカリケリサテ此鬚切ヲ
鬼ノ手ヲ切テ後ハ名ヲ改テ鬼丸ト名ツク同キ季ノ夏ノ
比頼光瘧病シテシトセトモ落ス加持スレトモ不叶後ニハ
毎日ニシコリケリ發スレハ頭打身ホトシリテ天ニモ地ニモ不
付中ニ浮シテ惱ミケリ發テ二時斗リ大事ニテ醒シホト
シリサメテ頭ノ打ナツリ加様ニシテシコル事三十余日ソ有
ケル或時又大事ニ發テ二時計アリケルカ少シ驗ニツイテナメ
カタニナリケレハ四天王トモカン病シケルカ打ステヽ聞所ヘ入テ休
ケリ頼光ホトシリ覚タリケレトモ能ノミ立テナツラス夜打チ

屋代本『平家物語』剣巻（一部。国学院大学図書館蔵）

風を立てないのだと言うのは、この方が合理的な起源説話だったといえよう。

其ヨリシテ、渡辺党ノ屋造ニハ、破風ヲ不レ立、東屋作ニスルトカヤ

この話はさらに『太平記』に添う剣巻にも変化なかったが、渡辺党には破風をつくらず、東屋《あずまや》造りにするとは一体どうしたことなのだろうか。

破風も立てず、東屋造りにするという渡辺党の家屋構造については、私は躊躇なく、それはみすぼらしい家屋、即ち賤しい掘立小屋、それが渡辺党の家造りであり、住家であることを示すものだと考えている。サッソウとして絶倫の武者振りを発揮した渡辺綱の一党は、何故にそんなみすぼらしい家にしか住むことが出来なかったのであろうか。それは鬼のせいなのか。起源説話として、鬼のそれ

は重大な意味を渡辺党の生活の難波の自然立地条件の中にもっていると思うが、平安時代の歌物語としての『平中物語』に

東野の東屋に住むものゝふや わが名を萱《かや》に刈りわたるらむ

とある一首には、東屋に住むモノノフ（武士）のことが詠まれている。このモノノフは後世の武士的な感覚よりも、大物主にかかわるモノノフとしての意味が強く、このモノノフが萱を刈ることの意味については、「かきつばたの屏風」〔本書第十八章〕にその点が推察出来るような叙述を試みて置いたけれども、渡辺綱には武士としての感じよりも、モノに対するモノノフとしての意味が、みすぼらしい家に住まねばならない裡《うち》に、揺曳《ようえい》しているように思われる。右の一首に「わが名を萱に刈」るのその名も、モノノフと言ったからの名であって、本来は儺（ナ）――悪魔的なもの――への制圧が萱を刈ることに込められていたのであろう。かくてモノノフといった語感から東野を東国の地域だと考えてくると、綱の故郷の方にも問題がからみ合ってくるように思われ、渡辺綱と東国との問題がここに考えられねばならない訳になってくる。

次に移る前に寸時注意を促して置いてもよいと思ったことは、肥後の阿蘇霜宮《しものみや》の御火焚《おひたき》神事に当たって、鬼八法師（これは鬼である）の頭を火焚屋の天井に上げるのも、実は鬼が破風や煙出しを伝って脱出することとの間には、信仰としておそらく構造的な関係があるということである。では綱の故郷はどこであろうか。その生国の問題である。

摂津の国渡辺が故郷ともされようが、しかし綱は美田源次といい、武蔵の美田の住人であったと伝えた。即ち「武蔵ノ国ノ美田ト云所ニテ、生レタリケレバ、美田ノ源次トゾ申ケル」（平家剣巻）。大江山、宇陀の森、さらに羅生門の鬼などに対して一歩も退かなかった綱は、東国人にして美田源次といった。その所生の場は今日の場所で言うと、東京都港区の三田を中心とする一帯といい、その名をとどめる三田綱町も興味なしとせず、三田はまことに古い地名だ。『和名抄』にも御田とて、後々までその名を失うことがなかった。ところが『今昔物語』によると、「今ハ昔、東国ニ源宛《あつかふ》（充《みつる》とも）、平良文ト云フ二人ノ兵有ケリ」とて、源宛と平良文との両勇士の闘争譚を伝えている。宛は字を箕田《みた》源二といい、良文は村岳五郎といった。この両人不和にして互に矢筋を射合うたが、勝負なく、互に手並みに感じ合い、かえって親睦になったというもので、これだと宛は箕田源二にして、剣巻の美田源次とは異字にして同訓である。しかし綱が美田源次であるのと、宛が箕田源二であるのとでは人間が違うのである。これを『古今著聞集』によると、綱は武蔵守源仕《つかう》の子の箕田宛の子に生まれて、源次と言ったとあるによると、綱は剣巻の如く美田源次（箕田源二）が妥当だとも言われよう。後に源敦《あつし》の養子となり渡辺を称したという。

時代をほぼこの頃に求めて、東国の源氏といったものを考えておくに、東国は平安前期、いわゆる源氏と平氏との角逐の場であったような史伝はかなり多く、『将門記』にも左様な趣を示している。

平氏を除外してゆく訳にはゆかぬけれども、ここでは源氏を中心に考えるに、豪族前常陸大掾《だいじょう》源護《まもる》には、男子には扶《たすく》・隆《たかし》・繁《しげる》の三人があり、女子も数人あって、これらの女《むすめ》は上総介良兼・常陸六郎良正・常陸大掾国香の男貞盛に嫁したが、当時常陸・大掾両家が頗《すこぶ》る勢力を張ったというが（平将門故蹟考）、平将門と彼の伯父に当たる平良兼とは、延長九（九三一）年、女に関する紛争により、舅甥《しゅうとおい》の間に不和を来した（将門記）。これは源護の女を将門・良兼が共に争い、女が良兼に嫁した結果によるのだと、『成田参詣記』は記している（将門記―研究と資料）。この女争いによる発展であろうが、源護一族が平国香と結んで将門と争うこととなる。それは、

始メ伯父平ノ良兼、将門ト合戦ス、次ニ平ノ真樹ニ語ラハレ、承平五年二月、平ノ国香並ニ源護ト与ニ合戦ス（原漢文）

と『将門合戦状』（「帝王編年記」所収）に見えており、この点、多少の欠文はあっても『将門記』にもその間の事情を伝えていた。しかしこの合戦、源護の側は「扶等励ムト雖モ、終ニ以テ負ク、仍《ヨリ》テ亡ブル者数多ク、存《ナガラ》フル者、已《スデ》ニ少」（将門記―原漢文）なくして、常陸の筑波・真壁・新治《にいはり》三ヵ郡の伴類の舎宅五百余家を焼払われ、扶・隆・繁らは殺害せられる悲惨な状況だったとある。

こうした東国に於ける源氏二、三の所伝を見るにつけても、江戸の地が綱の縁故地と伝えられるのには、何か訳がなくてはならない。三田綱町については既に言ったが、また三田

一、二丁目の窪三田の高台より南へ下る坂を綱坂といい、『江戸砂子』はここが綱の出生地だと伝えた。しかし一方足立郡にも箕田（ミタ・ミータ）の村があり、ここも綱と関係があって、武蔵の飯倉が埼玉県にもあるように、話はなかなか混乱してきそうな気もするが、江戸の三田と埼玉の箕田とは古くは関係があったと思う。

3　三田の八幡

北足立郡の箕田村は荒川筋の吹上・鴻巣両郷の間に位し、古村落であるらしい。綱の祖父に当る武蔵守源仕はここに住し、箕田を名乗ったと伝えられ、この点『諸家系譜』や『渡辺家譜』にも見え、ここには綱八幡宮があり、社辺には屋敷跡というのがあって、源仕の居地と言っている。荒川の水系を通して綱もここに関係があろう。しかし一方を史実的なものと考えるとこちらは誤か。これはそうした本縁的なものを語って生きてきた停滞民の移動によって、双方にそれぞれ合理的に語られる理由があったとしなくてはなるまい。だがこうした伝承の生まれてくるための共同の信仰的基盤と言うものがなくてはならず、そうした基盤の上に伝承はさらに歴史化もする。かような歴史化の上に、羅生門の禁札と称するものが、文化六〔一八〇九〕年京都の安井門跡から、江戸三田の御田八幡神社に献納されている。当時の詳しい事情は知らないが、三田の八幡神社が渡辺綱の産土《うぶすな》神として伝えられたことから、所縁に求めて、羅生門の禁札は奉納されたものであろうか。この社頭が、もと窪三田〔綱坂の近く）にあったと言うのも意味があるらしく、伝説はここにも歴史化しつつ生きていた。

私は御田八幡神社に奉納と言う羅生門に立てた木札を見ていないが、滝沢馬琴の『燕石襍《ざっ》志《し》』（三ノ十二）に、綱が「羅城門に建つる所の榜示、今なほ京師なる某の家蔵とすといふ。予近ごろこの檄《ふだ》を模したる墨本一幅を得たり」とて、模本を掲げている。しかし彼はこれについて「つら〳〵これを閲《けみ》するに疑ひなきにしもあらず。その檄半折《さ》けてその文全からざれども、変化退治の告文也、いと不審《いぶかし》。左に摹録《もろく》せり」と疑った。

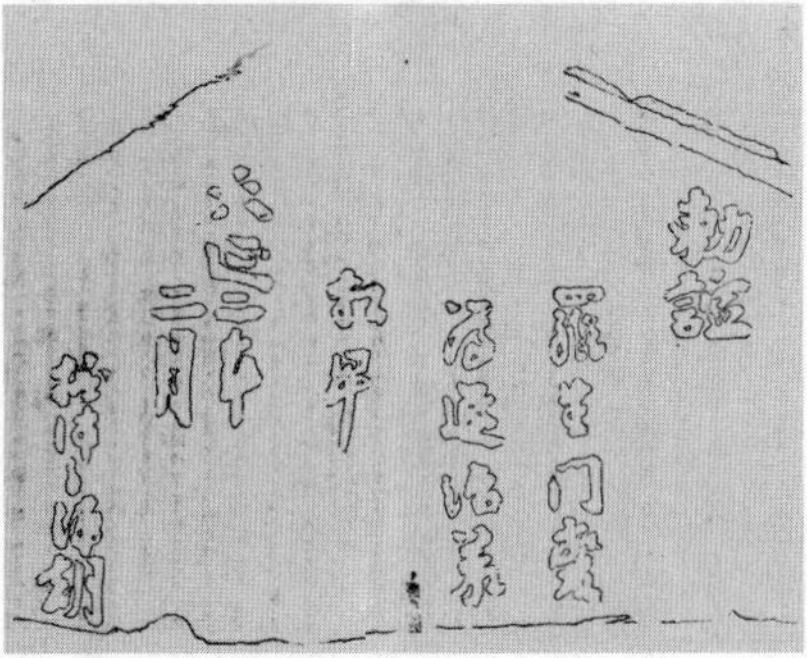

羅生門の禁札（「燕石襍志」所載）

そうした伝統の背景をもっているにも拘らず、綱の属する渡辺党は、宇立《うだつ》も揚らず破風も設けられないような賤屋にしか住むことの出来なかったのは、どうしたことであろうか。

渡辺党は自らを高貴化し、伝説を歴史としてその美化を企てたとしても、綱の武勇伝は語り物の世界のことで、それはかの党の歴史、家の歴史のための作為上のことでしかなく、彼等はやはり賤民性の上に立っているのであろう。しかし一面、賤しい人々が自らの過去の歴史や因縁のこし方を語るのに、その賤しさを言わず、貴族化して語るのは、作為といいつつも、むしろ彼らの夢や願望の切実なものが込められていたのであろうと思うのが正しい見方であるかも知れない。

彼らの夢は夢としても、現実にそうした賤民として伝説上の主人公綱が、平安前期の三田に生まれたと伝えるのはどうしたことなのか。

これには現在の人口稠密《ちゅうみつ》にしてヒシメキ合う東京の現況から、綱の時代のことをおしはかってはいけない。平安時代のこの地方は「浜も砂子白くなどもなく、こひぢのやうにて、紫生ふと聞く野も、蘆荻のみ高く生ひて、馬に乗りて弓もたる末見えぬまで、高く生ひ茂」(更級日記)った中を分けゆくのであり、「武蔵野や行けども秋のはてぞなき、いかなる風か末に吹くらん」といった広さで、海辺は深く湾入して波がヒタヒタと打ちよせていた。けれどもそうした時代の武蔵野の海岸地帯のことや、海辺の人間たちの生活が、巨細明らかになるものではないけれども、こうした一帯に於て、御田と名のつく辺りは、やや耕作地があったにしても、住民の多くは漁猟民であったのだろう。それらの住民は停滞性のままに「あづま人は、心たけく夷心《ひなごころ》して、直きは愚に、さかしげなるは、佞《ねじ》けまがりて」(目ひとつの神)と、上田秋成がその小説に言うにも似て、長く下層的な生活を営み、後世でも賤民化のままでいたものも決して少なくなかった。それはむしろその大部分であったのかも知れぬ。東京湾一帯の貝塚遺跡の調査は、そういうものの先行形態を考える上でも重要であろうが、時代を平安朝に求めて『更級日記』が伝える竹芝寺の話は、場所が三田に近いだけに、そうした雰囲気がにじみ出ていると共に、綱の生国東国の生態を考える上では、重要な通路であろう。

4　竹芝寺説話

竹芝寺跡は三田の済海寺とも、或は浅草の時宗日輪寺がその跡ともいう。真偽はともあれ、『更級日記』（一〇五八―一〇六五・康平年間）に伝えた話はこうである。

蘆や荻の高く繁った中に、竹芝寺の荒廃した跡があった。寺の由来は、かつてこの辺りに住む或る男が、都の火焚屋の衛士《えじ》に出仕した。彼は宮中の庭を掃きつつ、こんなことをつぶやいたというのである。

などや苦しきめを見るらむ、我が国に七つ三つ作りすゑたる酒壺に、さし渡したる、ひたえのひさごの、南風吹けば北に靡《なび》き、北風吹けば南に靡き、西吹けば東に靡き、東吹けば西に靡くを見て、かくてあるよ

今で言うならば童謡に近いものである。ところが、なに不自由なく暮らす御門《みかど》の御女《むすめ》が柱によりかかりこの有様を御覧じ、「いかなるひさごの、いかに靡くならむ」――どんな瓢箪が、どんな具合に酒壺の水の上をフラフラするのか――と大変興味を抱き、この男を呼んで、独言《つぶや》いた酒壺の口ずさみを、今一度聞かせてと頼むのである。衛士は唱え言をもう一度口ずさむ。すると姫はさような面白いことのある東国に、つれて行って見せてくれと所望す

る。衛士のような雑色《ぞうしき》の男に、高貴の姫がむさくるしき東国につれて行けとは、そら恐しい事だとは思うけれども、ともかく姫を東国へつれて行く。『更級日記』にはこの有様を、（姫を）負ひ奉りて下るに、論無く人追ひて来らむと思ひて、その夜、勢多の橋のもとに、此の宮をすゑ奉りて、勢多の橋を一間《ま》ばかり毀《こぼ》ちて、それを飛び越えて、此の宮をかき負ひ奉りて、七日七夜といふに武蔵の国に行き着きにけりと記している。この文章は口訳しないでも理解がつくので、そのままとしておくが、この話には大きな見どころが幾つかある。中でも東国の衛士が逃げるのに、姫を琵琶湖に渡す勢多の橋のもとに置いたこと、しかもその橋を一間だけ毀《こわ》して逃げたことが見どころである。彼の男のこの処置は、早くから学問上の問題となって、幾度か考えられてきた橋姫の信仰といったものを、その背景としていると考えられるものである。橋姫として著聞な宇治の橋姫は、後に述べるように綱の鬼ともかかわるので、ここでも特別重要視されねばならぬものがあろう。

竹芝の男にからみつつ、ここで綱の上にも話をつなげて述べて見るに、では宇治の橋姫の話とはどうであるのか。伝える橋姫の話は（平家剣巻）、嵯峨帝の世に、或る公卿の女が生きながらそのままの形で鬼になろうと、オカミ（蛇類）を祀る貴船神社に祈り、宇治の河瀬に至って水をかつぎつつ忽ちに鬼になる。宇治の橋姫がこれだとあるが、ところがこの鬼に化した女房が一条戻橋に綱と行き合い、腕を切られる鬼であったというのだから、話がもつれてくる。

しばらく飛躍的なものの言い方を辛抱して貰うとして、この話を信仰的な流れの上に考えると、火焚の衛士が、勢多・宇治とつづく流の勢多橋のもとに姫を据えたとあるのは、相互に連絡すべき信仰の姿が思われて、意味まことに深長であり、しかも勢多橋のたもとにも橋姫社があった。さらに注意すべきは、衛士の男が橋の一間を破壊して逃げたことである。そこにはこの渡渉地点に、古くから水霊鎮圧の呪術、或は渡渉地の力役的なものに仕えてきた人々の印象が、どうも染着しているらしい。

『伊勢物語』でも、女を盗む話が幾つかある。その一に男が女を盗み、夜分に芥川畔《あくたがわ》に行き着くと、雷鳴さえ轟いたので、女を荒れた倉に押し入れ、男は弓籙《ゆみやなぐい》を持って外からの警戒に就くけれども、夜明けて見ると、鬼のために女は喰われていたといった悲惨な物語（六段）も、根源になる信仰の筋を洗ってゆくと、女を背負って東国に逃げる衛士が、勢多橋にゆきつくのも、けだし同じモティーフに発することを考えて置かなければならない。と同時に、綱に切られた鬼の腕を戌亥の隅の蔵に格納し、十二人の宿直を置いて、一時ずつ交代して空の十二方向に向って蟇目を引きかけて、物忌をしたというお伽草子の話を述べておいたのも、時と処による変化はあったとしても、必ずやこれらと連絡すべき、古代生活の裡《うち》に流れてきた信仰構造をもっているのでなくてはならぬ。

『伊勢物語』の場合は、雷鳴が鳴ることになっているけれども、嵯峨帝の時の女が鬼になったということは、一面では雷になったということで、その場合、宇治川といい芥川といい、共に渡渉地点のような場所にかかわっている。こうした渡渉地点に起る危難は、虚空の猛威と交錯していると信じられていた当時にあっては、そこがまた説話発生の場の一でもあった訳である。

そうすると『伊勢物語』でも、女を盗んで逃げる男が、女に水をのませる点（六段・二十九段）も、水との関係としてまた注目して置かねばならないが、これも当然、橋姫信仰の原質とも連絡してこねばならぬことはたしかだ。そこには渡渉を悩ましたであろう風浪や激流、時として襲う雷電にかかわって、原始時代からそうした場所の呪術に奉仕した巫女の姿が投影しているであろう。

さりながらここに委細に述べている訳にはゆかぬが、東国に関する『伊勢物語』の話は、これから深い考慮を伊勢物語全体の上に及ぼすこととなろう。「浅草の雷門《かみなりもん》」（第六章）にはそうした点にも触れたつもりである。

ところで再び竹芝寺を問題とするのに、女を負って東国の方へ、七日七夜逃げてゆく衛士の姿は、一条戻橋より女を馬にのせてゆく綱の姿にも、またオーバーラップしてこずにはおかぬであろうが、以後、雑色の男と武蔵国に下った女とは竹芝に一生を終り、後に彼らの家を竹芝寺としたという。この火焚の衛士と姫との話が、いかに貴族化した話として語られていようとも、また賤民が生きてきた自己の生業を、高貴化した本縁譚に仕立てているとしても、かような人々が三田や竹芝、或は高輪《たかなわ》、伊皿子《いさらご》のあたりに早くからいたのである。『伊勢物語』十二段には、昔男が女を盗んで武蔵国へつれて行くのに、男は盗人であったから、国司に検束されようとした。そこで男は女だけ叢《くさむら》の中に隠して逃げたところ、近郷の人々集り、この野には盗人がひそむとて火を付けようとした。すると女これをわび悲しみつつ、

むさしのは　けふはな　やきそ　わかくさの　つまもこもれり　我もこもれり

と嘆じたという。ここにも殺伐な生き方の東国習俗の一面をのぞかせており、溯っては弟《おと》橘姫《たちばなひめ》と日本武尊《やまとたけるのみこと》の焼津の遭難が思い出されてくる。

こうしたことを考えながら海辺に注目すると、東京の海に注ぐ河川には、幾つかの渡渉地点があって、ここは漁猟以外に彼らの生きてゆく上の、一つの大きな支えともなったかと思う。古街道はいちじるしい変化を遂げているけれども、今からでも探索してゆけば、隅田川や旧荒川・多摩川の如き渡り場には、そうした古代的な事情を推測させるようなものがなくもない。また目黒川・古川・桜川も、遠き世の武蔵野には相当な河幅をもっていたのであろうから、この辺にも何程かの渡渉地点があった筈《はず》だ。現在の東京の姿からはまるで想像も出来ない昔の姿である。溜池の如きも、今は干上って水の一滴もなく、弁慶橋の辺りに僅かに名残りを伝えるのも、世のいちじるしい変化に思い半ばにすぎるものがある。

こうした東国辺境の民は停滞性のままに、原始古代的な匂いの生活を長く持続し、従って

彼等のもつ呪術は時として京畿へ奴隷的なもの、或はまた雑色の民として転出せしめられることもあった。そしてその時代はとても早かったようで、私はゆくりなくも「仁徳紀」の強《こわ》頸《くび》の話にその顕著な一例を求めることが出来ると思う。

ここで章を改めて、この続編としよう。

第二章　渡辺綱と東国

渡辺綱を立ててきた理由は、伝承的な面白さにもよると言いながら、実はそれを通路にして、東国の古代的な生き方も見ようとしている訳で、この辺から渡辺綱ともやや離れる形をとってゆかねばならぬが、やはり渡辺綱を背景とした東国は、縄のごとくもつれた構造をもっている。

かくて東国出身の悲哀の人間、強頸《こわくび》から述べてゆこう。

1　東国出身の人柱

仁徳天皇十一年冬十月、天皇は水沢の奔流に悩む難波の地に、水便を図って堀江を通じ、さらに茨田《まむた》の堤防を構築されることになった。ところが堤防の或る両処が、いくらふさいでも崩れる難工事だったのである。

一夜に天皇の夢に、武蔵の強頸、河内の人茨田連衫子《もろこ》の両人をして、河神を祀るならば、この二つの難処はふさぐことが出来るであろうと告げられた。よって両人を求め、河神を祀ることになったが、強頸は泣き悲しみつつ水没してしまう。つまり河神の人柱に立ったわけである。ところが衫子は匏《ひさご》による呪術を用いて、河神の偽りを発見することが出来、強頸の如く水没せず生命を全うしたと伝えた。衫子の用いたヒサゴの呪術は、吉備の中国《なかつくに》の水神としてミズチを制圧した笠臣《かさのおみ》の祖県守《あがたもり》の場合の、ヒサゴによる呪術と同じケースのものであったことは注目をひく。

いずれにしても難波茨田堤の二つの難所は、彼らによってふさがったので、両人の名に因み、強頸の断間《たえま》、衫子の断間《たえま》と名づけたけれども、この両人の行為の上には、東国の文化と京畿文化との文化差が、その行動の上にいみじくも反映していると思われて、特に興味があろう。

私が強頸という名前から思うイメージは、鬼を思わせるような人間の姿であって、こうした強頸の名の上からは、縄文土器時代のあのグロテスクな風貌の土偶や文様にもつながってくるものが考えられるのだった。

伝説によると、モロコの場所は寝屋川市の淀川堤を築くと伝え、いまの太間（タイマ）の部落の地点がそれだという。もとは絶間と書いたけれども、好字に代えて太間としたのであろうが、一方強頸の人柱に立った絶間は、今の大阪市旭区千林町あたりだと伝え、その構築場所の難易は、海に近い程難所であった訳である。

強頸が海に近い難所に当てられたのは、モロコが河内国の出身にして、事情に通じたことから、遠国の強頸が貧乏くじを引いたとも云われようが、それにしても強頸には、呪術の知恵を持たぬ東国の低文化性が象徴されていると見るのは争われない。

強頸に代表されるような、東国武蔵の停滞性とともに、強頸が水霊ミズチの制圧にかかわって人柱に立ったことは、時代を大きく隔てつつも、渡辺綱の行動の上に連絡しない要素のものではなかった。

さきの酒壺のヒサゴの唱え言の中には、高度な智恵による類比呪術をもたない強頸の悲劇以後、東国にもヒサゴによる河神・水神への制圧呪術が伝播し、そうした呪術が試みられていた形跡を伝えるものであって、それが時代の流れのままに、『更級日記』の書かれた頃には、既に唱え言葉ともなるまでに、行なわれていた。それが酒壺にさしわたした柄のないヒサゴ――ひた柄のヒサゴ――の、風のままに漂蕩する呪術の姿であったと解される。

2　竹芝の男の系譜

だからこの辺でまた竹芝の男を考えつつ、ヒサゴ（ヒョウタン）を眺めてゆくのに、まず竹芝の男の話の歴史性ということである。

かの男が武蔵という姓を得たことについて、『続日本紀』（神護景雲元・十二・壬午）に、

武蔵国足立郡ノ人、外従五位下丈部直不破麻呂等六人、賜二姓ヲ武蔵宿禰《すくね》一

さらに同じく甲申条（賜姓の翌々日）には、

外従五位下武蔵宿禰不破麻呂、為二武蔵国々造一

とあるに注目して、益田勝実氏は、竹芝の男に武蔵の国を預け取らせたと『更級日記』にあるのは、武蔵国造に任じたことではあるまいかと考え、「伝説の竹芝の男とは、まさにかれ不破麻呂ではないか、と思わせる史料」（説話文学と絵巻）として、『続紀』の右条を見ており、さらにそれから翌々年、即ち神護景雲三（七六九）年六月には、不破麻呂は上総員外介として国司階級に加えられ、その八月には従五位上に叙されて、地方豪族としての外位コースから、中央貴族の内位コースに班せられるという異常な躍進を眺め、その背後の事情にも眼を向けたのである（同上）。

そのために『続紀』の延暦六（七八七）年四月、武蔵国足立郡の采女《うねめ》掌侍兼典掃従四位下武蔵宿禰家刀自《いえとじ》の卒去にも注意して、武蔵宿禰家の突発的ともいっていい隆昌を指摘している。しかし何故に武蔵宿禰家が、地方としてはこうも隆昌を遂げたのかといった背景は、未解決のままである。たとえ武蔵宿禰家の隆昌があったとしても、竹芝の男が不破麻呂であるという何も根本的な史料があるのではない。『更級日記』は康平二（一〇五九）年頃の記事で終るから、その成立を一応康平二年と考えると、不破麻呂に武蔵宿禰姓を賜った神護景雲元年は、それより数えて二百九十余年以前にして、この二百九十余年ないし二百七十余年の間に、竹芝伝説は成立したとせねばならぬが、これだけの時間を隔てて竹芝の男と不破麻呂とを、たとえ伝説だとしても、結びつけねばならぬ不安さは否定さるべくもない。

再び『更級日記』を見るに、「竹芝のをのこに、生けらむ世の限り、武蔵の国を預けとらせて、公事もなさせじ」、即ち竹芝の男を武蔵国造に任じて、公事はこれを免除する。そしてこの男と姫との間に生まれた子孫を武蔵の姓となすとあって、竹芝の伝説には『続紀』（神護景雲元・十二・壬午）の事実の影は宿してはいないようである。だから上引の『続紀』の記事と『更級日記』竹芝寺伝説とを関係づけるよりは、『将門記』に見える武蔵武芝の上から注目すべきがよくはないであろうか。『将門記』には、平安中期を中心とする東国武士の凄じい世界が生き生きと描写され、歴史の上からも文学、特に軍記物の上からもようやく注目を引きつつあるが、その中にこういうことが見えている。

去《イ》ヌル承平八年春二月中ヲ以テ、武蔵権守興世ノ王、介源経基ト、足立ノ郡司判官武蔵ノ武芝トハ、共ニ各々不治ノ由ヲ争フ（「将門記─研究と資料」による）

即ち武蔵守興世王・源経基と郡司の武蔵武芝とが争ったという。この承平八（九三八）年から『更級日記』の一応の成立と見る康平二年までは百二十一年間、神護景雲元年からの三百年にもなんなんとする間隔よりは遥かに短かい。それのみでなく武蔵武芝が見えて竹芝寺、竹芝の男の竹芝にも近いのは、一つの見どころでなくてはなるまい。

では実在の武芝と伝説的な竹芝の男、更に竹芝寺とは、どのような関係がたどられるのであろうか。

この点について後世のものとはいえ『飛騨匠物語』（宿屋飯盛作・文化六年刊）序の次に、『更

級日記』竹芝寺の故事を引いて、

○按ずるに此たけしばの故事をしるせる物、管見にいまだミ及バず、将門記に郡司武蔵武芝といふ者有、これがことなどにや

と記しているのは、注目を引くことであって『将門記』の武芝も郡司であった。武蔵権守興世王は武蔵権守にして正式の任命を見ない裡に、ほしいままに兵仗《ひょうじょう》を発して「武芝ノ所々ノ舎宅、縁辺ノ民家ニ襲ヒ来リテ、底ヲ掃ヒテ捜シ取リ、遺ル所ノ舎宅ハ検封シテ棄《ス》テ去リヌ」（将門記）といった振舞いであった。その後、興世王と源経基とは対立を来たすが、さらに平将門が加わってくる。この間、事情があって源経基が除外され、興世王と将門が組み武芝を圧倒する。一方不満の経基は将門らの謀反を都に注進する。『将門記』からは武芝の行末は巨細明らかでないけれども、郡司の彼は「正理ヲ力」として、公務怠りなく、善政の誉れがあったという。私は焦点を武芝にのみ絞って見たけれども、武蔵武芝と竹芝の男或は竹芝寺との関係を明白にすることは、ここでもやはり困難である。しかし正理を力とし、善政の誉があったというのは、おそらく竹芝伝説が成立してくる根底に関係するものがあったのであろう。ここには説話というものの出てくる要因を考える必要があろうけれども、われわれは更に竹芝伝説そのものの裡から、考えて見るとどうであろう。その一つの見どころは酒壺の唄で、七ツ三ツ作り据えた酒壺に浮くヒサゴの、風に揺れ動くという、このヒサゴがまず問題でなくてはならぬ。

3　ヒサゴの呪術

ヒサゴ（瓠・匏・瓢）は、ユウガオ・ヒョウタン・トウガンなどの総称だとされるが、この場合はいわゆるヒョウタンをいう。ヒタエのヒサゴとは、ヒサゴを半分に割ったままの柄のないものだが、それもやはりヒサゴに違いはなかった。

「仁徳紀」に見えるモロコや吉備の川合でのヒサゴの呪術は、川や水に潜むミズチ――デモンである――を翻弄し、或は制圧するための呪具でもあって、ヒサゴの水に浮遊して沈まない性質は、水のデモンを翻弄するには好個の知恵。そうした呪術が、東国にも既に酒壺に集約して伝えられていたことを『更級日記』は物語っている。こうしたヒサゴは、デモンを威怖せしめる表示ともされ、厩戸皇子《うまやどのみこ》が蘇我馬子らと共に、物部守屋を討ったとき、束髪於額《ひさごはな》を額にした（崇峻紀）のも、相手方を威怖せしめ、ひいては呪力的に身を護るという意味を当時は感じていたのであろう。時代は降って『天稚彦物語』（室町時代のもの）に、クチナワにとついだ娘が、一夜ひさごにのり、空に昇らんとしたと伝えるのも、ヒサゴには既に難波のミズチを制した如く、虚空に住むモノへの翻弄関係の呪力が伝わっていたとしてよい。そしてこれが早くから護符的な性格を帯びてくることともなる。

ここで古代において水神河神は何と考えられ、信じられていたかというに、綱の退治したり、斬ったりした鬼類どもが、虚空に昇ったり閃光を発したりする点から考え、その原質は雷神によるものでなくてはならなかった。だから芥川に女をすえた男も、弓矢をもって外をまもり、鬼の腕を格蔵している綱も、部下達をして虚空に矢を射させたりするのだった。しかし雷電は虚空の猛威であっても、それは地上の水波にもとづいて循環している。ここが大きな着眼点で、しかもその水には河や海の水霊が考えられ、そうした水霊の姿は人々を悩ますと信じられたミズチであり、蛇類でもあって、これが雲を起し雨をふらせる根源とされた。後のものながら「竜ならばや雲にも登らむ」（方丈記）或は「からめての大将は、たつ大夫ときこえつるが、その子いかづち太郎なり」（堂本本・十二類合戦絵巻・巻下）と言われることの根本的理由なので、これは自然と人間とが結ばれた、古代自然史の系譜でもある。それはまた天の火、地の水、いわゆる水火の関係に置き直すことも出来るものだった。こうした自然と人間との関係の上から『延喜式』に見える鎮火祭《ほしずめのまつり》の水神《みずのかみ》匏《なりひさご》が埴山姫《はにやまひめ》川菜《かわな》と共に、防火上の呪術として用いられたのは意味のあることで、いきおいその呪術の意味が考えられねばならない。しかし鎮火祭の祝詞は、原義的な意味からすれば、衫子や笠臣県守が匏によって、水神ミズチと対立した古代物語からは、既に推移しているであろう。『令義解《りようのぎげ》』には更に形式化して、宮城四方の外の角で、卜部《うらべ》等が火を鑽《き》って祭るのは、原史先史の昔に、人間どもが対立していた火とはやや意味がずれている。この頃では、発火法による火をもって天上の火と見なし、これを匏や川菜をもって制圧することにより、虚空の火雷雷電を制するのと等しい効力を持つと考えるようになったことを示している。つまり天上の猛威そのままの火ではないのだが、それを天火とも見たのだ。

天上の火とは雷電の火にして、それが早くから（少なくとも奈良朝以前）鬼としても現れてくるのであるが、これがまた鬼と人間との関係になり、この関係の交渉循環の末に、中世の物語として綱の鬼退治は位置していると見るのが、文化史学の立場では正しい。だからして古代東国産のあの強頸のいたましい姿は、さっそうとして登場してくる中世の綱の背後にも、そうした古代の賤民性というか、停滞性が、糸をひきつづけていると解される。そこに武士化した綱の鬼物語の本質があり、彼の本貫《ほんがん》が武蔵に求められる理由の深いつながりも発見されてくるのである。武蔵の海辺には、そうした賤民が事実住んでいた。

私はこうした考え方の上に、人柱のごとき水没に代わる水霊への呪術——雲路に通う神への呪術にも通ずる——を、武蔵の民も行なうようになった、その停滞性の名残が、あの『更級日記』の唱え言の中に、深く揺曳《ようえい》しているのだと考えているわけで、武蔵国のそうした賤民たちの存在は、漁民の姿をした浅草の檜前《ひのくま》兄弟の上からもしのばれるし、雷門には、彼らとかかわる古い信仰を今に伝えると言えば、少しは私の話が分ってもらえるかと思うが、この点は章を改めて触れるところがあると思う。

4　平将門の怨霊

こうした虚空の脅威は、また人間の怨霊や御霊につながってくる。先に竹芝寺の遺址は明

平将門の塚（『平将門故蹟考』所載）

らかでないと述べたけれども、竹芝寺の後身に関し、一つの試みとして、平将門を祀るという神田明神について述べておきたい。それは怨霊の問題でもある。

　神田明神は、初め神田橋内にあったのを慶長八（一六〇三）年、駿河台に移し、また再転したと伝えるが、ここには日輪寺が当時並び存していたという。日輪寺のことは次に連絡をつけるとして、神田明神は『本朝神社考』に「伝云、平将門屍、埋于此者也」、『江戸咄』は「平将門之霊廟なり」、『江戸砂子』には「又此社に、平将門の霊を祭ることは、天慶の乱に、将門の弟御厨《みくりや》三郎将頼、多摩郡中野原に於て、藤原千晴と戦ひて死す、其猛気古戦場に止まり、人民を煩はしおること、年ありしに、延文の頃、一遍上人の三代真教坊遊行の時、彼党の長、将門の霊を神田社の相殿に祭り、之をしづむ、又、側の草庵を立て、之を芝崎道場とよぶ」とて、将門が怨霊化してきている。しかもその怨霊の慰霊に浄土系の時宗《じしゅう》が関係しているのである。

江戸のこんな地点に、将門の霊の鎮祭がいつであったのかは別にしても、かの霊が祀られたと伝える将門塚の成立には、彼の死を考えて、御霊信仰に発するものであることは、たしかなようだ。この御霊の基づくところは、江戸の海辺に屯《たむろ》して、停滞性のままに海や河の渡渉地点の民草の、虚空への恐怖から糸をひいてくるものであったと思われ、それが菅公の場合には天神なのである。つまりこうした怨霊は、虚空自然の猛威を媒介として出てくるのを通例としたが、その鎮霊に将門の場合には、唱導の音にも通ずるショウモン（唱門）へとかぶさっていった。しかし将門の怨霊が成立してくる原形的な信仰の流れには、はるかに思えばかつての強頸以来の伝承を背景に、民心の中に流れ伝わり、推移変形している一面もあろう。だからして伝承とその残存の古さがしみじみと考えられるわけである。

この怨霊的なものへ、その鎮霊の供養を営むのに時宗がくっついてゆく。ところで浅草に移った日輪寺が時宗であるのは、その点で意味があり、それのみでなく、日輪寺はまた竹芝寺の後身だと伝える。果してそうかどうかは別にして、ここには伝承の世界が思われる。おそらく御霊としての将門を媒介として、左様に伝えられるような訳があったのだろう。なお神田明神の祭礼に当たって、神田明神の跡地と伝えるもとの大蔵省内の将門塚に、神輿が神幸してくるのも、その因縁は浅くない。

追記1　将門塚の前には現在、長期信用銀行のビル〔現・三菱東京ＵＦＪ銀行のビル〕が建ち、塚はその裏隅になっている。一方、日輪寺は浅草国際劇場〔現・浅草ビューホテル〕の裏側に移り、モダンな洋風寺院となって、新しい時代の風を導入しようとしている。

追記2　御霊怨霊と気象との結合の上に現れてくる信仰の文化史は、やはり武蔵国にかかわって、この後もつづけて執筆することにしたいと思うが、さらに竹芝関係の話を追記しておきたい。

東下り道を東へ東国へと下ってきた竹芝寺の男と京の女。さらにそれ以前、東下りの業平の旅を思うと、この長い道にも渡としての河や湖や海、あるいは峠が各所に横たわっていた。そうした古来の交通の難所の力役者として屯《たむろ》していた賤民団の巨細は、これからいろいろ調査が進められねばならぬが、後々に大井川の雲助といわれるものの存在も、そうしたものの流れを汲む一つであったはずだ。ことに時代不詳とは言え、竹芝伝説のつなぎになるような話がある。

それは正徳三年の自序のある『曳駒拾遺』と言う駿河国浜松地方の地誌に見える話である。鴨江寺の観音堂は、伝説によると大宝二年に芋掘長者の建立するところ、寺の西方の長者ケ平という所は、竹芝長者故地の場であるといって、昔、奈良の京の長者の娘に、信心の深い者があった。或る夜の夢に、一つの錦の袋を授かり、且つその夢の告にもとづいて、独り東方の旅に出てこの駿河までやってきた。その時、長者は僅かに芋を掘って生きてゆくほどの賤しい者であったが、女は芋掘の伏屋に一夜の宿を求めることとなり、ここで夢の次第を語って、錦の袋を出して見せた。芋掘は、そのような袋ならば自分も持っているといって見せると、女の袋と全く同じ形のものである上に、袋中にはいずれも黄金の玉が入れてあった。

こうした因縁から両人は夫婦となり、家富み栄えて長者になったというものである（『日本伝説名彙』による）。

この話の祖型的なものは、とてもこのままのものではない。長い間の伝承のうちに、他の要素を加えたり、脱落したり、或は合理化や推移を経て、このような形の話となったことはたしかだとしても、竹芝の話は、『更級日記』に見える武蔵の竹芝寺の話が文献的に最も古い。だからこの話の古代的原質になるものは、既に述べたから繰返す必要はないが、竹芝説話の語り伝えたものは、古代交通の上で、渡渉地点の水霊の制圧にかかわったものの姿が投影していたと考えられる。このような住民は時代の降るにつれても、停滞性のままに賤民化の線を保ちつつ生きていったようである。

そうした竹芝であったから、古代渡渉の大きな場であった浜名湖の近くに、竹芝の名を負う長者伝説が、何時からか定着したのには、充分な理由が認められるように思える。浜松の竹芝長者も、文献上の初見では、武蔵の竹芝寺と大きく時代を距っているけれども、芋を掘って食糧に生きていたというように、零落民の匂いを伝えていた。しかし浜松の竹芝長者譚が、何時頃この地に語られ出したかは、急には見当はつけられないとしても、浜名湖の古代交通上の巨大な渡渉地を考慮すると意味がある。江戸期に入ったお伽草子と思われる『美人くらべ』に「遠江の国橋本に著《つ》き給ひ、宿の体を御覧ずれば、東に入江の魚の寄るを待ち、南は南海遥かにて、海人の小舟並《なら》べり、西は遥かの東《あずま》へ通ふ人あり」と言うのを参考にすれば、かかる話が土着するのは肯ける。しかもここは「宿々の遊君のあれば、軒を並べて面白や」といった土地であればなおさらで、それ故、鴨江寺の竹芝長者譚も、ここに落着く迄には、湖辺の渡渉地点の力者の移動によって動いていたと見なくてはなるまい。

一方その竹芝には、渡渉地点に竹芝による刺突の呪術も、試みられていたことを物語るもので、東京の海にのぞむ芝、芝崎などの地名にも、柴による竹芝と同じ呪力構造の呪術を思わせるが、これは他でもない、そこの水霊鎮圧に対していた部民による呪術でもあった。しかもこれらの民は、移動や再編成を経つつも早くから屯していたと考えるのは、見当をはずれていない。それが律令の上に駅馬伝馬の制を見、街道が整えられてくると、彼らの存在はそうした交通に力役的な支えになっていたとしてよいであろう。だからと言ってここの竹芝長者譚そのものが、それ程に古いのだとは主張しはしない。けれどもそうした話が根づいてくるだけの素地は既にあったし、またか様な零落民は水草のごとくに漂泊もしていた。

第三章　安達原

1　安義橋の鬼

中世の鬼の物語は、何と云っても源頼光とその四天王たちに討ち平らげられるものがその圧巻であろう。これらの話は『平家物語』や『太平記』の剣巻に載っている。『平家物語』の中には、秘事と称するものがあって、それが本文に入っている本もあるけれども、八坂本は巻末にまとめられ、屋代本は剣巻として別巻になっている。山田孝雄《よしお》博士は、屋代本の剣巻の成立を鎌倉時代末期を降るまいという。

私は前章に於て、剣巻に見える渡辺綱に関する所要の箇所は述べておいたけれども、渡辺綱の話より一段と古型と思われるものが、『今昔物語』に見えているので、しばらくこれを述べながら問題を展開してゆくのがよいであろう。

それは『今昔物語』(二十七)の「近江国安義橋鬼噉人語」の話である。安義橋《あぎのはし》は安吉橋ともいい、既に「近江国注進風土記事」(山槐記—元暦元・九・十五条)にも安吉郷が見え、また

「近江にをかしき歌枕」（梁塵秘抄）となっていた場所でもあったが、この橋に人を喰う鬼の話が語られ、これが渡辺綱の話とその型においていかにも似ているのである。

少し長い話になるがしばらく述べると、今は昔、近江守なる人の館に、若き男女が集まり双六《すごろく》・碁などし、酒をも飲んで遊んでいた。その折、話が安義橋のことに及んだのである。昔は往来もかなりあった安義橋だけれども、どうしたことか、今は橋を渡る人もない。それにこの橋を渡るにしても、とても橋を通過する者がない。つまり何かにとり喰われてしまうのであろう。群の一人がこうした話をすると、聞いていた一人が冗談に、自分ならばその橋を渡って見せる。この館にある一ノ鹿毛に乗って渡れば、極悪な鬼でも、とてもかなうものではあるまい。するとまことに面白いことだと一同もはやし立てる。近江守もこの次第を聞き、早くその馬を出してやれと仰言《おつしや》る。件の男はつまらぬ事をしゃべったと思うけれども、今さら後に引く事も出来ない。そこで男は「馬ノ尻ノ方ニ油ヲ多ク塗テ、腹帯強ク結テ、鞭手ニ貫《ヌキ》入レテ、装束軽ビヤカニシテ」馬にまたがってゆく。馬の尻に油を塗ってゆくのが、この話の一つの見どころであろうが、すでに橋詰にかかると、胸さわぎして尋常でない。しかし引き返す訳にもいかない。既に日も暮れている。

ところが橋の半ばにゆくと、人がいる。これこそ鬼と静心なく見れば、薄色の衣に濃き単紅の袴を長くはき、口をおおって何か苦しんでいる様子。女はこの男を見ると、急に生き返った様な表情をしたので、男「此レヲ見ルニ、更ニ来シ方行末モ不ニ思エ一《ママ》ズ、掻乗セテ行カバヤ」と思う。しかしこんな場所に、こんな時、こんな女性がいる訳がない。そこで「此ハ鬼ナムメリトテ過ナムト、偏ニ思ヒ成シテ、目ヲ塞テ走リ打テ通」りすぎようとする。すると女、声をあげて人里まで連れて行ってくれと言うが、哀願の言葉を聞き終るか終らぬうちに、身の毛のよだつ思いがしたので、馬を早めて飛ぶように逃げたが、女は「穴情無シ」というままに、「面ハ朱ノ色ニテ、円座ノ如ク広クシテ、目一ツ有リ、長ハ九尺許ニテ、手ノ指三ツ有リ、爪ハ五寸許ニテ、刀ノ様也、色ハ緑青ノ色ニテ、目ハ琥珀ノ様也、頭ノ髪ハ蓬ノ如ク乱レテ、見ルニ心肝迷ヒ怖シキ事無限キ」大鬼と変化して、馬の尻に手をかけた。しかし油が塗ってあるので、爪がすべって捉えることが出来ない。その間に男は疾走に疾走を重ね、ようやく邑落に入ることが出来た。残念がりつつ鬼は遂に消えてしまったというのである。

館に帰り、男は恐怖の次第を語ったが、近江守は無益な強がりを言って、いたずらに死ぬところだったといさめ、乗って行った馬は、そのまま男に贈呈することにした。彼は馬を引いて得意そうに家に帰り、妻子眷属にも、ことの次第を語り聞かせたのである。

2　親しきものの闘諍

これだけで話は終らないでその後日譚がある。これがまた重要だ。

その後、男の家に物怪《もののけ》が有ったので、陰陽師に祟《たたり》の禁圧法をたずねると、某日には厳重堅固に慎しみ籠っていなくてはならぬと卜《うらな》ったので、その日になると門を閉じて籠っていた。ところがどうであろう。この男に同腹の弟ただ一人あるが、陸奥守に随行して行ったその帰りに、「其ノ母ヲモ具シテ将下リタリケルニ、此ノ物忌ノ日シモ返来テ、門ヲ叩ケル」。時もあろうに物忌の日に母を伴って訪問してくる。この辺が既に曲者である。内では堅固な物忌に入っている。物忌の満ずる明日になればお会い申すから、その間は他家でもしばらく借りていて下されませ、と懇願するのだが、弟、

糸破無キ事也、日モ暮ニタリ、己一人コソ外ニモ罷ラメ、若干《ソコバク》ノ物共ヲバ何ガセム、日次ノ悪ク侍レバ、今日ハ態ト詣来ツル也、彼ノ老人ハ（著者補うアチラデ）早ウ失給ヒニシカバ、其ノ事モ自ラ申サム

と情にからませて泣事をいう。男は、ああこんな嫌な泣事を聞くための物忌であったのかと、悲しみつつ門を開いて彼らを入れたのである。「庇《ヒサシ》ノ方ニテ先ヅ物食セナドシテ」後に、両人は出向いて泣く泣く語るのであったが、この対面にあって庇の方、つまり端居《はしい》の方で食物を与えるというのは、骨肉を分けた肉身の弟に対する兄の振舞としては、いかにも解せないものがある。

こうした端居の振舞というものは、餓鬼といったものに対する待遇の形かと思われ、ごく下級のものに向ってなされる取扱である。それかあらぬか、その後どうしたことか、「此ノ兄ト弟ト俄ニ取組テ、カラ〳〵ト上ニ成リ下ニ成リ」親しいはずの兄弟は取組をはじめたの

だった。兄の妻これを簾の内に見て、どうしたことかと言えば、「兄、弟ヲ下ニ成シテ、其ノ枕ナル大刀《タチ》取テ遣《オコ》セヨ」という。妻は凄まじい物狂いよとて、大変なことになると思い、太刀を取ってやらないでいると、夫はしきりに太刀太刀といい、太刀を取りおこせないのは、我に死ねと言うのかと叫ぶ程に、下なる弟が押返して、兄を押えて頸をフッとかみ切って、庭の方へ躍りつつ逃げてしまった。

この時、妻の方を見返った弟の顔は、何と安義橋に追われたあの凄まじい鬼であったという。この話のモティーフは、『平家物語』剣巻の話へと糸を引く類型のものと考えられ、その点『攷証今昔物語集』（下）にも、この話に並べて剣巻を抄録したのは意味のあることだった。

3 油壺の中

この話が渡辺綱の鬼退治譚の、いま一つ前の型であったとしても、これには種々な要素が含まれている。ここにその諸要素を遂一述べると長い考証を要するから、肝心と思われる一、二の要素とその原型的な信仰について述べておくと、まず馬の尻に油を塗ることである。これは怪物の手が油にすべって、捉まらない着想かも知れないが、鬼が油瓶と化けて出てくるのは『今昔物語』（二十七）にも見えて、その構造関係において何か連絡するものがあるらしい。

怪物と油との関係は、未だ充分に考えられていないようであるが[注]、ここに三輪山の神婚説話を一例として眺めるのに、この話は「崇神紀」に見えるのが文献的には古いけれども、『今昔物語』にも見えている。この方は、夜のみ通ってくる男が、姫と約束して明朝、「櫛ノ箱ノ中ニ有ル油壺ノ中」にいるであろうと言っている。三輪の大物主は蛇体の神であったが、これが他でもない油壺の中にいるというのだ。別の話では鬼の化けた油瓶が、カギ穴より家の内に入ったのにも〔二十七ノ十九〕、三輪明神の蛇体性を思いつつ、油壺が点出されるのには、安義橋に出かけた男が、馬の尻にデモンへの処置として油を塗っているのとの間に、やはり考うべきものがある。因みにキツネと油揚げのごときも、こうした類例を集めた上で解決してゆくべきものがあろう。この点はさらに考えるべきものとして、右の話の前半に注目すべき第一のものは、安義橋の鬼であろう。

この鬼は円座のごとき朱の顔に蓬髪して、琥珀のごとくキラキラする眼は、顔に一つという一ツ目の怪物で、これは鬼の一つの姿であった。このような鬼が美しい女に化け、しかも橋の詰に立つというのは、古代信仰上に深い訳のあることで、端的にいうと、橋姫といった信仰の中からの説話化であることはまず間違いない。これは前にも述べたから多くは省略するが、橋姫は一体に渡渉地点の水霊と、それに仕える巫女との呪術関係にもとづいた信仰に出で、それはまた大虚〔大空〕にかよう雷神にも通じたことだけは、申し添えておかねばなるまい。これが人間交渉の契機にも催されて鬼類化するのだ。

かくて問題は後半の話につながれる。

その話の中で注目をひくのに陸奥守がある。この守に随行した弟が、母を伴っての帰り路に、物忌中の兄の家を訪ねてくる。この話では渡辺綱の母のように、兄弟の母の行動が中心となっていないけれども、この母もやはり曲物で、弟が随行した主人公が陸奥守である点は、平家剣巻で、渡辺綱が摂津守で母が難波よりやってくる伏線として重要であったごとくに、何か注目すべきものが発見出来はしないのか。

弟に伴われた母なる人は、綱の場合から逆推すれば、鬼・鬼女と申すべきものを原質としているのであろうが、こうした鬼女を、弟が陸奥守の随行帰途につれて兄の家にやってくるのには、陸奥守を通して、陸奥方面とは何か連絡するものがありはしないかと云うことだ。そうした暗示の中に浮かぶのが、安達原《あだちがはら》の鬼でならねばならない。

注　延喜の御代に、仁寿殿《じじゆうでん》の台代《だいしろ》の灯油を、夜毎に来て取る怪物のことを『今昔物語』（二十七ノ十）に伝えるが、これも油と怪物との関係の一例であった。

4　黒　塚

安達原の黒塚の話は『大和物語』（五十八）にある。これによると閑院（貞元親王）の第三の御女であった人が、陸奥の黒塚という所に住んでいた。越前権守平兼盛がその女につかわした歌は、

みちのくの　安達の原の黒塚に　鬼こもれりと　聞くはまことか

この歌は『拾遺和歌集』（九）にも「みちのくに名取の郡黒塚といふ所に、重之が妹あまたありときゝていひつかはしける」と、兼盛の歌を掲げるが、これには源重之の妹とある。いずれにしてもこの歌によると、黒塚には鬼が住んでいるという風聞があったようである。重之の奥州下向については、藤原実方中将に東国の歌枕を見て参れとて、陸奥《みちのく》に行ったと言うのは『十訓抄』『古事談』に見えて著名なものであったが、この実方の長徳元〔九九五〕年の奥州下向に重之も同行した。この重之が安達原の黒塚の鬼の存在を問うのであるが、そこに重之の妹があまた――多数――いたと言うのは、どうしたことなのか。兼盛の求婚したのも閑院の第三女、それは源兼信の女――つまり重之の妹――であると言うのも、黒塚の話が伝説化し、歌枕化してゆく上にはいろいろの問題がある。

ところで兼盛はその女を得ようとしたけれども、未だ若年の故を以って親にことわられたが、さらに「名取の御湯と云ふ事」をつねただの君の妻が詠じたと言う歌が、『大和物語』に掲げられている。

大空の雲の通路　見てしがな　鳥のみ行けば　跡はかも無し

とあって、これにはつねただの妻が、「黒塚の主人なりける」とある。黒塚の主には既に交代があったのか。

話の筋がどうあろうとも、閑院の第三の姫と言われる女が、鬼の住むという黒塚にいるとは、何としてもただ事ではない。かつて黒塚の主であったというつねただの妻が詠じた歌には、「大空の雲の通路　見てしがな」とて、虚空につながる自然の猛威への関心が、大空の雲の通路の上に示されている。一首の意味は、大空の雲の通路がみたいものです。鳥が飛び去ると、たちまち影も形もみえなくなってしまいました。あなたが上京されたら、それきり消息を下さらないという恋歌だが、雲の通路と鳥との関係は、とてもここでは述べておられないけれども、この歌を支えた信仰の姿といったものを思わずにはいられない。

そうした鬼のいる黒塚に住むことの出来るつねただの妻、または閑院の第三女といったものは、如上の経過を背景の上に求めつつ摺合せて考えてくると、必ずや鬼女に化現することの出来る可能性のものでなくてはなるまい。即ち鬼といったものなのである。

鬼が住んでいたという黒塚の巨石

『謡曲拾葉集』には「奥州名取郡安達原に、黒塚と云有、草村の中に、黒塚とて柏の木の村立て、基跡残れり」というけれども、名取湯の黒塚は現在この湯には見あたらない。南に亀ケ森が聳え、馬場には磐神山があり、この北を日向磐神、南を日影磐神と呼ぶのは、狩猟の上では面白いけれども、ここには鬼の話はなくして、福島の安達太良《あだたら》山麓の方に語られている。

安達太良山は磐梯山・吾妻連峰と共に、磐梯高原の中に考えてゆかねばならぬであろうけれども、ここでは安達太良山に限っておきたい。

高山が農民の関心を引くのは「岳に黒雲掛《かか》り」「高く雲に秀《ひい》」(常陸風土記)で、ここに起こってくる気象の変化が、人間の生業に直接関係するからで、特に高山による雷電の猛撃に対しては、早くから対立呪術も行なわれていたと考えられ、かかる呪術性の上に、山麓をめぐって社頭も成立してゆく一方、その雷電にはデモンとしての鬼が虚実の間に想定され、伝説化を生じてくる場なしとされ得なかった。

黒雲によるこうした雷電の鬼が、安達太良山麓の黒塚に関係してくるらしいけれども、さて伝説の黒塚は、現在二本松太平の白真弓山観世寺境内の巨岩群が、ここだと伝えられている。私もかつて一見したけれども、芭蕉も奥州行脚には「二本松より、右にきれて黒塚の岩屋一見し、福島に宿る」(奥の細道)と、この歌枕に一片の感懐を残して立去っているが、要するに黒塚は、一種の鬼塚というべきものの伝説化である。

すると陸奥の鬼の住むという『大和物語』の黒塚の話は、ついに安達原に移ってきた。謡曲「安達原」には、旅の衣は篠懸の、那智の東光坊祐慶は廻国順礼の途次、安達原に着く。日暮れて草の庵に一宿すると、そこには賤《しず》の女が一人いる。この女がさし入る月影に績苧《うみそ》の糸をつむぐのは、三輪山の神婚説話に糸をひく神の嫁としての、零落したものの姿というべきであろうが、女は焚火の料を山に採りにゆく。その間は閨《ねや》の内を見給うなと、厳しく戒めて彼女は出て行ったけれども、旅僧祐慶はひそかにその閨の内をのぞき見てしまう。するとこは如何に。

膿血忽ち融滌《ゆうてき》し、臭穢は満ちて膨脹《ばうちやう》し、膚膩《ふに》ことごとく爛壊せり、人の死骸は数しらず、軒とひとしく積み置たり

という陰惨な情景は眼をおおわしめ、旅僧は「いかさまこれは音に聞く、安達原の黒塚に、籠れる鬼の住所なり」と肝を潰して逃げ出す。すると「鳴神稲妻天地に満ちて、空かき曇る雨の夜」鬼一口に食わんとて、彼女は鬼女と化して襲いかかってくる。

こうした黒塚の鬼のさらに古い姿が、安義橋の鬼女に、弟が陸奥守に随行して帰るとあるのを橋渡しにして、連絡するものがあると考えるのだが、この辺でいよいよこの弟の身の上を考えて、終に近づいてゆきたい。

5　曾我兄弟亡霊の幻想

『今昔物語』に返って、あの兄弟の争う話が、また特異なものでなくてはならぬ。母なる人はもう説話の舞台から姿を消して、ただ弟と兄とが上になり下になって、互いに殺し合うばかりであるが、一体これはどのような事柄を背景にしているのであろうか。重要な問題であるけれども、平家剣巻にはそうした類似点は見えていない。

そこで別なものを引用するよりも『大和物語』によろうと思うが、それには摂津国の処女《おとめ》塚の話がある。

この伝説は『万葉集』（九、十九）にも歌われているが、その骨子は津の国の男菟原《うない》と和泉国の男血沼の二人が、津の国の一人の女を競望する。しかし共に哀れを催して河に没してしまう。この辺までは『万葉集』の話も変りないのであるが、これ以後は『万葉集』には歌われない。

『大和物語』ではそれ以後について、この二人の墓を、女の塚を中に置いて左右に造ったが、一方の男の塚へは、親達が狩衣・袴・烏帽子・帯に加えて弓・胡籙《やなぐい》・太刀などを副葬してやったけれども、今一人の男の親はそうした埋葬品を入れてやらなかった。

或る時、旅人が処女塚のもとに野宿したが、夜ふけと共に闘争の音がする。怪しいと思いながら見廻したが何もなく、不審のまま眠る夢に、血に塗《まみ》れた男が前に来て、

我れ敵に攻められて、佗びにて侍り、御太刀暫し貸したまはらん、妬き者の報じ侍らん

という。空恐しい事とは思ったが、遂に太刀を貸してやった。旅の男、眼を覚まして、さっきの夢は嘘ではないかと思い、太刀はと見るに果して太刀がない。かくて耳をすますと「いみじう前のごと諍ふなり」、しばらくすると太刀を所望した男が、血に塗れながら現れて、

御徳に年比《としごろ》ねたき者、打ち殺し侍りぬ、今よりは長き御守護となり侍るべき

と、大いに喜び事の次第を語ったが、夜も明けるとその男はなく、だが塚のところに血が流

れており、太刀にも血痕が付いていたという。いかにも肌寒い話である。

この話のモティーフは、近江国安義橋の鬼の後日譚と、別の構造にあるとは思われないが、共に太刀を欲しがっている点は、やはり注目しなくてはならない。それならば処女塚の話と、安義橋の後日譚に、さらに三井寺の実睿の撰した『地蔵菩薩霊験記』（中）の話を加えて考えると、どのようなことが言えるであろうか。

『地蔵菩薩霊験記』の話は中古の頃、三河国大浜の法師が、年来の罪障を懺悔しようと、信濃の善光寺へと旅立ち、甲斐国一条の高砂河原の地蔵堂に至って一宿した。ところが夜半に及び、曾我兄弟亡魂闘諍《とうじょう》の姿を見たのである。それは「俄《ニハカ》ニ雨風吹来、四方山震動シテ、電光頻《シキリ》ニ閃キテ……一両人ノ足音アラクシテ、敵ノ寄来ルナランヤト思ケレバ、振立テ太刀ニ血ヲアヤシテ、唯今戦シツラントオボシ」き様相の幻影だった。ここにも親しきものの亡霊は、死の巷《ちまた》に争っている。

これについて堂守の聖は、

是コソ曾我兄弟ノ魂霊、父ノ為ニ罪ヲ造リ、受二劫数業一、闘諍堅固ノ修羅道ニ入リ、互ニ殺ツスルコト、戦フ事、日夜十二度ナレドモ、追善ノ功ニヨリテ、日ニ六度ニ減ズ

（地蔵菩薩霊験記）

と説明を加えている。

富士山麓に近い甲斐での話であったから、兄弟の怨霊が、前々からの伝承信仰に付着した

形跡が考えられるけれども、このような闘諍の姿というものは、安義橋の鬼にも連絡するものであったとしても、この世にあったときの親しいものたちが、互に太刀など振って争うのには、何か深い訳があることなのであろう。

けれどもこれが容易に解決つくとは思われないが、しかしこのような話となるまでに変容の数々を経ていたことは、容易に想像がつく。これを一つ一つほぐしてゆくには、未だ私には時間がかかるとすると、ここで端的にこれを神話に求めればどうなるだろうか。それにはあのイザナギが、女神イザナミを黄泉《よみ》国に訪問した際の、両者の闘諍の場面が思い出されてくる。

この神話の舞台には、古墳内部の構造が語られると言われるが、一旦冥界に入ったものは、何か争うべき性格を内包しているもののようにも思える。こうした亡霊の姿というものは、人間を守護する祖霊の形というよりも、何か人間恐怖のデモンの所為と見られ、イザナミの場合には、地下において雷性をもつ種々の悪鬼鬼女が、イザナギを追跡してくる。イザナギは剣にて後手に防ぎながら逃走している。この剣は説話の世界における太刀にも当たってくるものなのであったろう。

これで見ると、鬼にかかわる安義橋の男の中にもつ恐怖の原質というものは既に説話化されているが、古代恐怖の雷電性の裡に内包されているものの、中世的変容であったとも考えねばならぬ。

第四章　黒塚と浅香沼の女

1　二本松の黒塚

奥州の黒塚には、私はいささかの概念を持っていた。だから黒塚が、どんな伝説に包まれているかは知っていた訳で、それでなければいかに物好きだといっても、二本松の黒塚を訪ねてゆくはずはない。

或る夏の日、東北本線の二本松に下車した私は、霞ケ城趾も二本松少年隊の墓もあとに廻して、黒塚に車を馳せたのである。しばらく行って霞ケ城方面からの道が、国道と交叉する十字路を右折しすぐ東北本線の踏切を横切り阿武隈川の橋を渡ると、もう黒塚だ。

鬼がこもっていたと言う遺跡の寺も近くで、白真弓山観世寺といい、天台の寺である。

この寺には、あの凄惨な鬼婆にからまる伝説を描いた掛絵図も展示されている。さして優れた絵とは思われないけれども、それによって和尚が絵説きをしてくれる。そこにはまた鬼婆の使用した包丁とか、血をしぼったという古墳出土の土器壺のごときも並べていて、いかにもおかしかった。

ところで現在、観世寺で和尚の語っている黒塚の物語——安達原物語——とはこんな筋である。

京都の或る公卿宅に、岩手と言う乳母が姫君の養育に当っていたが、姫は唖であったと言う。乳母はその唖を治さんと易者の卜筮《ぼくぜい》に求めると、それは妊婦の生肝を飲ませることだと。岩手は妊婦の生肝を求めて奥州に旅立ち、巨石を積み上げたここ阿武隈川右岸に住み、妊婦の通るのを待った。それから幾月かの後、伊駒之助と恋衣と名乗る若い夫婦が来泊したのである。その夜、身ごもっていた恋衣はにわかに産気づく。難産であったので、伊駒之助は恋衣を老婆に托して薬を求めて出かけた。老婆はここぞ待ちに待った妊婦の生肝とて、妊婦を殺害して生肝をとるが、死の間際に恋衣は、親を尋ねて廻国してきたが、遂に会えなかったことを言って息絶える。老婆は恋衣の守袋を見るに、それは老婆の娘であったと言うのであって、この驚きに老婆は狂って鬼となった。

鬼婆となった岩手は、それ以来、宿を求める旅人を殺害し血を吸い、肉を食って、何時とはなく安達原の鬼婆と怖れられた。それから数年後の或る日、紀州熊野の行脚僧《あんぎやそう》東光坊が宿を求めるが、東光坊は押入の骸骨を見、恐れをなして逃亡する。鬼婆が追ってくるので笈中《きゆう》の如意輪観音に祈ると、尊像虚空に舞い上り、破魔の真弓となって鬼婆を射ぬいたとあるが、これも「陸奥《みちのく》の安達の真弓わが引かば、末さへ寄り来、しのび〳〵に」と『古今集』

（二十―万葉集〔陸奥の安太多良《あだたら》真弓弦著《つらは》けて引かばか人の我《わ》を言《こと》なさむ〕は巻七）にある安達の真弓の幾変化の末であろうが、観世寺の山号白真弓山はこの破魔の真弓によるといい、鬼の骸《むくろ》を埋めた鬼塚が今もある。『曾良随行日記』に「小キ塚ニ杉植テ有」「杉植シ所ハ鬼ヲウヅメシ所成ラント、別当坊申ス」とあるが、この杉は一本杉として今も亭々としている。

謡曲とは異伝のこの安達原の黒塚物語が、何時からこうした形になったのか、といった事情は明らかでないけれども、この話に於けるモティーフとして、

1　誤ったとしても、娘が殺されること

2　その誤殺された女の名を恋衣といったこと

が、他の事柄と共に考えて見ねばならぬことのようである。よってはじめに旅人を宿してこれを殺していたと言うのに注視すると、浅草の雷門に関して述べるようにやはり「一ツ家」伝説としなくてはならないであろうが、伝説を裏付けるごとく、鬼類としての老婆が籠っていたと言う巨石群が、境内に大きな場所を占めている。とても素晴しい巨大な石組みで、鬼籠るとは嘘だとしても、これらの巨石群は何としても注意をひく。

享保十六（一七三一）年二月、奥州地方へ行脚を試みた河内国弘川寺の沙門似雲は、黒塚を一見してこう記している。

あぶくま川をわたり、すこしたどりて、野中に松二本、杉一本たてる所を黒塚といへり、……ここに大磐石十四五ばかり、たてさま、横様にかさなれり、そのはざ間おのづ

から岩屋のやうになりて、こなたかなたへぬけかよはゞ、やす〱とくゞり行なんと見とほさるゝ所なり（としなみ草・十二）

今はもうやすやすとくぐり抜けることは出来ないが、ここに来て巨岩群を一見してから、私は来てよかったと思ったのである。

巨岩群というが、この巨石群の一区は、大きく分けて蛇石群と笠石群とに分けることが出来、笠石群には鬼婆が住んでいたと伝える。それは伝説だとしても、何のためにこれ程の巨石を積み重ねなくてはならないのであろうか。しかもそれは何時代なのか。伝説を信じようとする力が、実証のために、あのような巨石を十数個も積み重ねて造築せしめねばならなかったのであろうか。

巨石には「南無阿弥陀仏」の名号や石仏が彫刻されて、来迎の阿弥陀三尊もあれば、千手観音・馬頭観音も見られた。中に享保八年十二月の年記の見える記文もあったが、こうした巨石を積み上げてゆくとするならば、物凄い人数を要したのであって、或はもと巨大な古墳であったものが、封土の崩壊と共に石組も崩れて、現在のごとくに重なり合ったものとなったのかとも考えられようが、しかし専門家筋によると、やはり自然岩の露頭と見るのが妥当だと言う。

そこで私は鬼の岩屋の上に立ち、注意深くここの地形を按じて見た。第一に考えてみなければならないのは、黒塚としての岩屋が阿武隈川の、すぐ右岸にあるということである。今

では鬼婆を埋めたと言う方に黒塚の石碑が立って、そこには平兼盛の、

　みちのくの安達の原の黒塚に　鬼こもれりと聞くはまことか（拾遺和歌集）

の一首も石に刻まれている。この歌は『大和物語』にも見えるもので、鬼の籠ると言う黒塚は、巨大な石組の方でなくてはならないが、ここには伝説の変化があったのであろう。鬼を埋めたという現在の黒塚にしても、鬼住めりという笠石・蛇石群にしても、共に阿武隈川のすぐ近くであるのは、この伝説を考えてゆく上には、何としても見逃すことの出来ない地形的現実のように思われた。

元禄二年三月、江戸を出発して奥の細道の行脚に出た芭蕉は、四月、白河関を越え須賀川駅の等窮（等躬とも）が宅に宿る。「白川の関にかゝりて旅心定りぬ」と述べているように、二本松を通過するままに、黒塚の巨大な岩屋を一見しているが、随行の曾良は『随行日記』に、

　二本松町之内、亀ガヒ町ヨリ右ノ方へ一リ程山ニ添行バ、供中《グチウ》ノ渡ト云舟渡シ有、ソノ向也、岩形ハ観音堂ノ後也、鬼ノ塚ハ一町程東、小キ塚ニ杉植テ有、畑ノソバ也

と述べ、これにも現在の黒塚を鬼の塚として、岩屋とは区別しているのは注意すべきことだが、ここが舟渡しの場であったことは、日記の方にも「右ハ田、左ハ山ギハヲ通リテ、壱リ程行テ、供中ノ渡ト云テ、アブクマヲ越舟渡し有りその向に黒塚有」、似雲も「あぶくま川をわたり」とて、そこは渡渉地点であった。

能「黒塚」の鬼

案内書によると、会津街道・吾妻街道がここに通じていたというが、そうした道筋がこの付近で阿武隈川を横ぎったのであろう。その渡渉地点には、川流を渡す人々も屯《たむろ》していたのであり、また渡渉地点の水霊に対して呪術行為を試みる巫女的女性の存在も他の章にも述べるごとくであって、現在語られている伝説上の恋衣といった女性にも、そうした問題の根痕を伝えているようである。話はやや飛躍するかも知れないが、若き日の文覚《もんがく》上人恋慕の女袈裟御前にも、この恋衣と通ずるモティーフが思われるようで、『源平盛衰記』などによると、袈裟御前の母は奥州衣川に住み、世に衣川殿と言って美貌であった。その娘袈裟御前も母に優る美人であったのはともあれ、この女が衣類に関係する袈裟を名とし、しかも恋衣のごとく無惨に殺害されているのは、単なる偶然の類似によるとは思われぬ。この点、最後に至っても触れるであろうが、そうした伝説を背後に重ねもちつつ、これは鬼の住んでいたという黒塚の巨岩群の前の奪衣婆の石像にも、つながるモティーフなのである。奪衣にも衣の印象が出ている。土地の人々は、これを鬼婆の姿だと言っているけれども、三途川の奪衣婆と変りあるものではない。すると奪衣婆といったものの性格とは何か。鬼婆と変化した黒塚の主のもつ古代的な意味も、こうした裡から溯及されるべき性質のものなのだった。

2　浅香山・浅香沼

私の黒塚行は、黒塚だけで終始しても別に差支えのあるものではない。けれどもこの旅に『奥の細道』一冊を携えてきていたので、地図を便りに、安積山とその沼とについての所見を併せて置くのも、黒塚を眺める上に一興であろうか。等窮が宅を出た芭蕉は五里ばかり、「檜皮（今は日和田と書く）の宿を離れて、あさか山有、路より近し、此のあたり沼多し」と書いている。このアサカ山は浅香山とも言われ、曾良は「ひわだト云馬次ノ北ノ方へ五六町行バ、一里塚有、ソノソバノ右ノ方、山也、小山也」（曾良随行日記）と名勝備忘録に示し、日記の方もこれと大差はないが、「アサカノ沼、左ノ方谷也」とて、既にみな田園となり沼も少しは残っていた。「いにしへ皆沼ナラント思也」。だから芭蕉行脚の当時、沼に花かつみ――真菰《まこも》――が繁っていたかどうか。

かつみ刈比もやゝ近うなれば、いづれの草を花かつみとは云ぞと、人々に尋侍れども、更知人なし（奥の細道）

と芭蕉は述べている。二本松より右にきれて黒塚の岩屋一見のことは、既に述べたけれども、安積山・浅香沼は阿武隈川を隔てて黒塚とは対角線に、或は対していたのか。何かのついでにこの辺も歩いて見たいと思うが、私の知っている安積山の話にして、その古いのはやはり『大和物語』の話であった。それは女を盗み陸奥へ逃げてゆく話なのである。

3　浅香沼の女

昔のことである。大納言の美しい娘を、時の帝に奉ろうと養育していたところ、大納言殿に近仕の内舎人《うどねり》が、どうしたことか、姫を見てしまった。一目見てからの内舎人は「万づの事覚えず心にかゝりて夜昼いと佗しく病に成」ってしまうが、あらかじめ計画して、この姫を搔き抱いて「馬に乗せて、陸奥国へ、夜とも云はず、昼とも云はず逃げて往にけり」。これは丁度『更級日記』の火焚の衛士《えじ》が、姫を背負うて東国に逃亡したのと同じケースであるが、陸奥へ着いた内舎人の男は、安積郡安積山という所に庵を作って女を置いた。そして「里に出でつゝ、物など求めて来つゝ食はせて、年月を経てありけり」という有様だった。これが京の姫を背負って東国に逃亡した竹芝の男と、モティーフにおいて、どうつながってゆくのかといった点は、折があったら連絡をつけるとして、男が里に物乞に出てしまうと、女は一人で限りなく佗しがったけれども、しかしそうこうする裡に女は妊娠する。

或る時、男、物乞に出て行って三、四日帰ってこなかったので、女待ちわびつつ山の井に行き自分の影を映すと、我がありし容貌にもあらず、怪しきやうに成りにけり、鏡も無ければ、顔の成りたらんやうも知らで有りけるに、俄に見れば、いと恐しげなりけるを、いと恥しと思ひけり

そこで一首、

あさか山　影さへ見ゆる　山の井の　浅くは　人を思ふものかは

と詠み木に書付け、庵に帰って死んでしまう。男物乞より帰りこの有様を見、彼も女の傍に臥して、これまた思い死にしてしまった。『大和物語』は「故事になんありける」とするから、この説話は故事であったのであろうが、それにしても話がここまで固定してくるには、いろいろな推移を経ていることは疑いない。

それでは女を盗んで奥州安積山へと逃げた男とは、一体どの様な原質のものであろうか。一方、男に盗まれた女とは何者なのであろうか。

女を盗んで逃げた男の話は『伊勢物語』にも二、三ならず語られているけれども、ここでは安積山麓に逃げた男女の上を考えるのに、その女が貴種の出であったか否か、それは別にして、男が邑里に物乞い歩いたという乞食の形から眺めると、賤民化したものの姿を表わしているであろう。そうした賤民化したものの姿というものは、黒塚に住んでいたろうものの上にも、共通した要素をもったものでなくてはならぬ。

しかも安積山麓のわびしい女が、男の物乞いの留守中、山の井へ行き、自らの姿を水鏡《みずかがみ》に

映して見ているのは、どうもただ事ではない。水鏡に映る女の顔が、奇怪な容貌に映ったと伝えているのは、山の井に住むと信ぜられてきたモノとの関係が、女の上に習合して二重写しになっているのであろう。この辺から山の井の女の原質を考えさせるものがある。文学として恋愛感情の表出のため、その凄じさは表面化していないけれども、かかる奇怪な容貌の浅香沼の女の存在というものは、また黒塚のあの女とも連絡せずには置かないであろう。即ちこうした女性が、水難の可能性のある阿武隈川の渡渉地点と、一方は浅香沼とに住みついていたというのは、古代以来の街道の往来にかかわって、特に注目をひくことでなくてはならない。

黒塚の巨石群の傍の鬼婆としての奪衣婆の石像も、はるかな昔からこうした地点に屯していた女性というものの性格の一面を象徴している。つまりかかる場所の女性が鬼類化したり、妖怪化するのは、橋姫の場合と似ないものではないと言うことである。それにしても侘しいとは言え、浅香沼の奇怪な容貌の女が死なねばならぬのは、一体どうした訳なのであろうか。

4　摺振峯の怪

それを理解しようとするためには、別の話を引き合いに出してくる必要がある。三輪山の神婚説話がよいのであるが、後章に大きく取扱うから、ここでは『肥前風土記』の次の話を示して、安積山の麓に没していった男女の上に、推移した信仰的なものを探ぐる手がかりにしたい。

それは宣化天皇の御世シナに使節として出発した大伴狭手彦《おおともさでひこ》との別れに弟日姫子《おとひひめこ》が、摺《ひれ》振ったより名を負った摺振峯《ひれふる》の話が中心となる。狭手彦と別れた彼女のところへ、夜毎に通ってくる男があった。容姿は先夫の狭手彦に似ているが、暁には早く帰ってしまう。女は夜毎に通う男の挙動に不審を抱き、衣服の裾に、ひそかに麻糸をかけておく。翌朝糸をたどってゆくと、摺振峯上の沼に到っており、そこには体は人間にして沼底に沈み、頭は蛇といった怪物が、堤を枕にして寝ていた。これが夜毎に通って来たものの正体だった。その由を親族に告げるため下女が下山している間に、デモンとしての蛇と女とは既に亡く、沼底に女の骨があったと伝えた。これも三輪式神婚説話の一の型にして、これを原型的なものの理解から考えると、弟日姫子は、おそらく摺振峯の蛇体に仕えた巫女の姿であったと思われる。別の言葉で申すならば、神の嫁でもあって、だから神の胤《たね》を宿すことも出来た。恋愛的要素を加えているとは言え、これを安達原の女にも及ぼしてくると、ここにも凄じいものに対していた巫女の姿が揺曳していたとしなくてはならぬ。そしてこうした女性たちが死に至ったのは、「古代の死者」の章〔第二十章〕に述べるつもりであるが、ここではその死因に刺突的な事は見えないけれども、やはりヤマトトトヒモモソ姫が、大和三輪山の蛇体神によって急所を突いて死んでいった姿を、既に推移と合理化とがあったろうが、安達原の女は、妊娠によってそれを象徴したとも言えよう。

摺振峯の話と『大和物語』の話とが、全然一致するとはいわないが、この両者にあって、山上の沼、山の井、しかも死没といったことを考え合わせてくると、『大和物語』の話の男の上にも、信仰的原質の上に幾変化した神婚説話の零落した一片であったかと思われてくる。

『万葉集』（十六）に、安積山の山影を歌っている山の井の一首にも、もちろんこうした伝説歌の世界を考えねばならぬが、一方、これは安達太良山麓の黒塚の話にも、信仰事実として揺曳していたものでなくてはならなかった。これが現在、私たちが黒塚の和尚から聞かされる安達原物語になるのには、謡曲の場合もそうだったが、既に主客の転換があった。それは黒塚や浅香沼に、凄じく死んでいった女たちの上に鬼女化が進み、そうした女たちが今度は旅人を殺害する形に変化している。しかも最後に殺された女が恋衣といったのには、摺振峯に乙女の振った比礼（衣）の感覚をやはり伝えるのだったし、引合いに出した袈裟御前もそれだった。

黒塚探査の旅は、浅香沼の女の上にも及ぶこととなったが、話としては地図を眺めつつ帰京して考えるのに、黒磯とか黒髪山とか黒に関する地名が妙に思われると共に、武蔵の足立郡は安達原とどう関係してくるのか。武蔵の足立郡にはまた、鬼婆の話が語られている。武蔵のこうした地名は『和名抄』にも見る古い地名だったのは注意を引くことだった。

第五章　鬼の腕

1　鬼の腕とは

鬼女にムンズとつかまれて虚空にさらわれてゆく渡辺綱は、鬚切と銘する源氏累代の名剣を抜き、サッと鬼の腕を切り落す。切られた鬼の腕とは「剣巻」に、

色黒クシテ土ノ如シ、白キ毛ヒマナクヲイタリ、崎ハチウ々々トカヾマリテ、銀ノ針ヲカヾメタルガ如シ（屋代本平家物語）

とあったが、「羅生門」（お伽草子）の鬼の手の描写の方が、この場合私には珍重なのである。それは、

斬つたる鬼の手を取りて見れば、漆にて塗つたる如くに真黒なるしかり毛生ひ、指三つある手

とあった。

この鬼の腕は源頼光の許に持参されるが、天文博士の卜占《うらない》により、朱の唐櫃《からびつ》に入れ、戌亥《いぬい》

ここでは既に述べておいた。ここでは七日間の物忌が始まることは既に述べておいた。

まず鬼の腕を手がかりとして、雷電的な恐怖の中から形成されてくる鬼といったものの原形には、一体何が潜んでいるのだろうかといったことを考えて見たい。

鬼の腕に、針金のごとき毛が生えているといった事は、早く『地獄草紙』や『北野天神縁起』（根本本）に描かれる鬼類どもを見ても、そうした形容は肯けるが、しかもその腕とは、真黒くして土の如き色をしているという。

鬼の腕とは、まさしくそういうものでなくてはならないだろう。ところが指に至っては、人間の如く五本を備えないで、三本であるというのだ。絵巻類の上に見える鬼の姿は、鬼とはいいながらも、鬼童子として描かれる場合が多く、大体赤童子、まれに青童子であっても、肢体には童子の趣を示していた。彼らが童子形をとるのは深い意味のあることだけれども、羅生門の鬼は「指三つある手」とはどうしたことだろうか。すると鬼にも種類があったのか。

鬼の話は、どうせ怪物譚にかかわるフィクションだから、その意味では当てにはならないとも言われようが、嘘にもせよ「指三つある手」としたのには、何かの理由が潜んでいるのでなくてはなるまい。

2　指三本

わが国の伝説や説話の上に、鬼の出没は決して珍しいものではなく、よく話される大江山、伊吹山の鬼につづいて茨木童子、謡曲には「紅葉狩」など、その数も種類も多く、百鬼といわれるように変幻も自在である。源三位頼政に退治される怪物の如きは「頭は猿、軀《むくろ》は狸、尾は蛇、手足は虎」（平家物語）、鳴声はヌエに似るといって、怪物の各特徴を全体に具備するようなものもあるが、とりわけ羅生門の鬼は、その代表者の一つとして別に不足はないから、この鬼に鬼の手の見本を求めて見たのである。

ところで羅生門の鬼に関し、文学研究の上で早く注目されたのは、島津久基博士であったろう。『羅生門の鬼』と題する著書もあるが、この中に、尾上梅幸丈に茨木童子の腕を見せて貰った時、梅幸丈の直話として、「芝居の鬼は指が三本といふのが定法であるが、『茨木』に使用する所謂茨木童子の左手には四本附いてゐる。五本揃ってゐれば、万物の霊長で、二本足りないのが鬼神のあさましさ。つまり三本とは即ち『貪欲』・『瞋恚《しんい》』・『愚痴』の三毒煩悩を象《かたど》るので、『慈悲』と『智恵』の二本が欠けてゐることになる。ところで渡辺の伯母御だけは位が一級上で、鬼神仲間でも幅のきく方と見え、今一本で人間の塁を摩《ま》さうとしてゐるのは豪勢である。綱を化かして親身と思ひ込ませねばならぬ大智慧が要る。そこで特別、造化神の思召で、『智慧』の指が一本増してあるのださうな。『戻橋』の方は、取戻しに来る後日譚は附けてないので、慣例通りの三本指にしてある」と記されている。芸談としても面白く、その写真も掲載されていた。

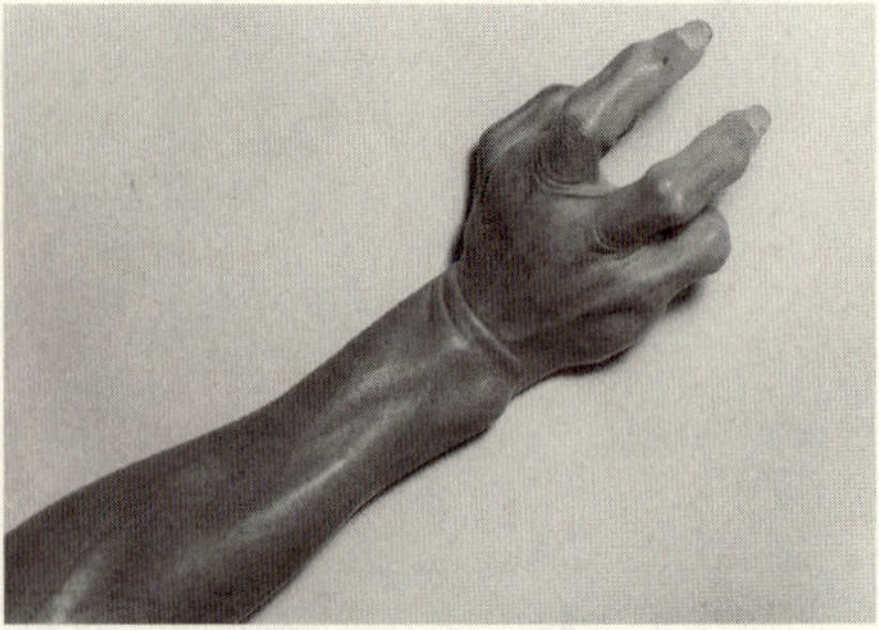

「鬼女之腕」（早稲田大学演劇博物館蔵。登録番号29815）

「茨木の絵」として、私たちに直ちに見られるのは、浅草の観音堂内の絵馬である。明治画壇の巨匠柴田是真筆、渡辺綱に切取られた腕を、伯母に化けて奪い返し、風を起してまさに逃れ去るところを描く。指は四本のようである。こうした例外はあるにしても、芝居の上でも、鬼の指は三本が原則的なもので、前記に鬼の指が三つであるのも、吻合《ふんごう》するものがあろう。けれどもお伽草子は大体中世末期の文芸、芝居の鬼の手は現代のものであるから、ここでそのつなぎになるような鬼の手を挿入すると、勝川春英（宝暦十二〔一七六二〕年—文政二〔一八一九〕年）の浮世絵版画「紅葉狩」（西村永寿堂版）であろう。この絵の鬼女の指がやはり三本指に描かれる。また延享三〔一七四六〕年秋九月、法眼大岡春卜描くところの大森彦七を襲う鬼女の絵馬が、京都清水寺本堂に掲げられており、この鬼女の指も三本のようで、こうした鬼の指を検出してくると、お伽草子と芝居の鬼の腕との間にほぼ連絡がついてくる。しかしこれだけでは未だ安心してはいられない。そこでさらに鎌倉時代の近江国安義橋の鬼（今昔物語二十七ノ十三）を点出してくるとどう安定性を増すのか。この鬼は「長八九尺許《バカリ》ニテ、手ノ指三ツ有リ、爪ハ五寸許ニテ、刀ノ様也」と、手の指も三本であった。この鬼も勿論、飛ぶことも出来た。

一般もそうであろうと思うが、私は現実に鬼を見たことはない。実在しないのだから、見たという人があれば嘘に決まっている。それにしても、ちゃんと三本指の鬼の腕が演劇上に出てくるし、浮世絵版画の上でも、また羅生門や安義橋の鬼も、指が三本だという。これは一体どうした訳なのだろうか。

この問題は、鬼の指がなぜ三本かということに落着いてくる。

3　鬼の指、竜の指

これからどう連絡をつけたらよいのかはともかくとして、私の頭に浮かんでくるのは竜である。玉を抓《つま》んで虚空に躍る竜の爪のある指は、三本に描かれている。竜の概念も形も、はるかな過去の輸入であることに異論はあるまいが、竜の形を創造した古代人の恐怖の信仰はともあれ、現代のわれわれには想像上の怪物にすぎぬけれども、これまた指が三本であるのには何かの理由が潜むのか。

前世紀の動物としての爬虫類については、とても私のよく説明出来るところではないから、専《もっぱ》らわが文学上の資料に求めて考える。手元にある『源平盛衰記』の文覚上人配流の条を見ると、彼の乗った船が遠州灘にさしかかると、大暴風に遭うところがある。文覚は大き

く動揺する船の舳《みよし》に立ちはだかって、沖の彼方を睨みつけ、暴風雨の本源と思われる海竜王に向かって、

海竜王神も慥《たし》かに聞け……、浪風を発す条、あら奇怪や〳〵、忽ちに風を和げ、波を静めよと云ふ事を聞かずば、第八外海の小竜めら、四大海水の八大竜王に仰付けてなくすべし

と叱咤した。この叱声に悪風激浪も和らいだ。

この時、文覚を配所へ送る責任者、伊豆の住人近藤四郎国澄は「当時世間に鳴り渡る雷をこそ竜王と知りて侍るに、其の外に又大竜王の坐すやうに仰せ候ひつるは、いかなる事にて侍るやらん」と、文覚に問うのである。この問に於て虚空に鳴り渡る雷電は、竜王と通ずるものだといっているのが、この場合、注意されるであろう。

文覚上人の答は、

鳴る雷は、竜神とは云ひながら、冠弱の奴原なり、あれは大竜王の辺にも寄りつかず、履《くつ》を取るまでもなき小竜めらなり云々

とある。こう云った心の底には、雷電と竜神とは本質構造に於て一つのもの、その化現の相違と考えられる観方が潜在的にひそんでいる。現実に鳴る雷は竜神の眷属的なもの、それは低い力のものと文覚は認めている。それにしても雷電と竜神とは根源的な姿に於て、同じ性格のものだとしているのは、鬼の指を考える上に或るヒントがつかまれるようである。しば

しば述べてきたように、雷電の中から出てきた鬼の姿というものは、わが国でも早くから考えられ、既に風神雷神として登場してきている。北野火雷天神が雷電となって狼藉する場合の鬼の描写は、この考え方の一般的なものであったことを示している。しかも文覚の言葉に俟《ま》つまでもなく、雷は竜でもあるという。するとわれわれは雷と竜と鬼とを並べて、鬼の指三本には竜の指の三つが無関係ではなかったと思われる。

竜と鬼とそのいずれが、その形姿と共に、わが国に早く信仰的なものとして入ってきたかという事は、かなり難しい問題で、竜から鬼へと簡単に決めてしまうことも出来まいが、一応、竜の三本指は鬼に投影したと考えておこう。

竜とか鬼とかの巨大な怪物の存在を信ずる心は、既に原始の彼方から、わが国に行なわれていたとすべく、それに対応し適合するものとして、竜や鬼の姿は早く受け入れられる可能性があった。

4　高津鳥

竜の爪の三本に執着するのも、たしかに着眼の一つであろうが、私にはもう一つ注視しなくてはならないものがあった。それは鳥であろう。

資料として時代は少しさかのぼるが、あの「大祓詞《おおはらえのことば》」に高津鳥がいる。この鳥は天津罪に対する国津罪として、高津神と並んで見えている。するとこれらの神・鳥による罪としての災とは、一体何であろうか。

古代文学の一つと見られる「延喜式祝詞」。この中に「遷却崇神祭《たたりがみをうつしやらうまつり》」一篇がある。これに「天若彦モ返言《カヘリゴト》申サズテ、高津鳥ノ殃《ワザハヒ》ニ依テ、立処《タチドコロ》ニ身亡《ウセニ》キ」と、神話を背景に高津鳥の禍を述べている。

ここに高津鳥を理解するために、しばらく「大祓詞」に関する古来の註釈書を参考に、その内容を見ておく必要があるようで、鎌倉時代には成立していた『中臣祓訓解』という仏教系の註釈書に、

(A) 高津神ノ災、霹靂《かんどき》神ノ祟也、乃雷電神ノ怪也リ

(B) 高津鳥災、鳥類怪也

ほぼ同じ時代の『中臣祓注抄』にも、(A)は「自然天神怪也、雷電怪也」、(B)も右に変りはない。高津神の災、高津鳥の災とある以上、そうした神・鳥は人間どもに災害を与えるモノに他ならないが、右の二つの注釈書は、高津神を雷電と解し、高津鳥を怪鳥の類としている。天若彦が高津鳥の殃によりて、立処に死亡したとあるを思えば、怪鳥の類と考えたのも無理からぬ。以後の注釈書もこうした見解を基にしている。一例を示すと、

高津神トハ、雷神ト云々、カミナリノ俄ニ落カヽル災……高津鳥トハ、天狗ヲ云トモアリ、又鵩《フクロフ》鳥之災ヲモイヘリ（中臣祓注抄）

とし、或るものには鵺（ヌエ）も高津鳥だというけれども、これらで見ると、高津神は天然

自然の虚空の神怪と考えられ、高津鳥は鳥類的なものであるとされるであろうが、又ある注釈本には「怪鳥天狗等ノ災、鷲、タカノ人ヲツカミ、ヌエノ如キモノ、災ヲナス」（中臣祓口授本義）ともいっている。『地獄草紙』に見えているコウモリのごとき羽をもった怪鳥というか怪物というか、これらも高津鳥に類するものから糸を引いているのであったろう。

高津神・高津鳥と相対にして、「大祓詞」に用いられているのを見ても、これらは共に虚空からの災異にして、時として互に混ずることもあったろう。ヌエの如き怪鳥を例にとっても、それは正しく高津鳥で、これがまた飛翔するのは怪鳥的であったとしても、(A)は雷電的なもの、(B)は怪鳥的（天狗なども考えられる）なものと思われていたとすると、雷電から鬼形の出てくる原形的な要素を既に考えたから、その鬼が後々三本指であったというのは、高津鳥としての、鳥の足とも連絡するものがあるようである。鳥の足にあって、鳥が使用する指は三本が普通だから、鬼の背後に、やはり鳥の要素を加えてきているものがあると見てよくはないのか。

こうした点を考えるに注意しなければならぬのは、『古事記』に、天上から建御雷神《たけみかずちのかみ》を出雲に遣わされるとき、天鳥船神《あめのとりふねのかみ》を添えて派遣され、「出雲国造神賀詞《いずもくにのみやつこのかむよごと》」では、フツヌシ命に添えて、天夷鳥命《あまのひなとりのみこと》を降されたとあることであろう。この天夷鳥は天鳥船とほぼ等しい性格のものであったろうが、この鳥が雷神・剣神に添えられたこととその出生とを思いあわせて見ると、イザナミの火神誕生によって、神去りし時に生まれた一柱が、また天鳥船であったというのが暗示的である。なお『古事記』には、天菩比命《あまのほひのみこと》の子に建比良鳥《たけひらとり》の名も見えている。

　これらの鳥は、今まで一般に霊魂を運ぶものと思われているようだが、以上のもので見ると、そう考えるのは、どうもこのものの原質的なものではなさそうで、おそらくは火の鳥とでもいうべきもの。『地獄草紙』最後のカットの火災の鶏のごときを見ると、そうした姿をしのばせている。高津鳥とはそれにつながり、鬼の飛翔性も重ね合わされてくるものがあろう。この点からして雷神を、古代素朴な心に長く鳥の形だと信じられてきた世界的な伝承とも、また離れたものではなかったのである。

5　火の鳥

　ここで芝居の「茨木」では、茨木童子の腕が四本指だということについて考えよう。茨木童子とはお伽草子「酒呑童子」によると、彼は大江山の酒呑童子を取巻く有力な鬼類である。首領者酒呑童子が首、手、足、胴と切られた後、酒呑童子を討った奴原に手並みの程を見せんと、かかってくるのが茨木童子である。オーと渡辺綱は立向うけれども、互いに勝負のつかないままに「おし並べてむずと組み、うへを下へともて返す」が、綱の力は三百人力とはいえ、茨木童子の力には押えこまれてしまう。源頼光これを見るなり、走りかかって茨木の頸を打ち落す。

俳優の梅幸丈の話によれば、この鬼の手の指は四本だという。これは高津鳥などを考えた上に鶏などのごとく蹴爪として、後向きに退化したものを考えると、四本にもなろう。だが鳥の姿の投影としては三本でよい。

鬼の中の或る面に高津鳥のように、三本指の一面をもってくるには、下野の鶏足寺の鶏足伝説も、当然、その中間に隠顕してこねばならぬ。これは栃木県足利郡小俣町〔現・足利市〕の鶏足寺にからまる伝説で、天慶二〔九三九〕年平将門の乱調伏《ちょうぶく》の時、三足の鶏が来って祈禱壇上に足跡を印したといい、或は祈禱壇上の将門の頭を蹴ったとも伝えられるもので、こうした場合、『地獄草紙』のあの火の鳥が再び思われてくるのである。

以上は雷としての鬼といったものを、指の数からのぞいた一案なのであって、そこには古代の怪鳥がその姿をひそませている。天狗もまた、こうした途上に考えて見なければならない怪物なのである。

第六章　浅草の雷門

1　強頸のこと

風の神雷門に居候
門の名で見りや風神は居候

これは文化年間の川柳に見えているものだが、浅草の雷門《かみなりもん》を文化史的に理解しようとする場合、私は相当かけ離れたと思われる古代難波の問題から出発して見たいと思う。古代難波の治水工事はまことに著名で、「仁徳紀」によると、難波の地は河川と潮流とにより水沢横流、人間の生活に極めて悪障害の立地条件をなしていた。こうした悪条件の天地を治水によって安定に導くため、仁徳天皇は堀江を通じ茨田堤《まむたづつみ》を築き、水流を整え水防にも備えられた。ところが茨田堤築造に当たり、塞ぎ難い難所が二ヵ所あったことは既に言ったけれども、順序としていささかふれておくと、天皇は神誨《しんかい》により、武蔵の強頸《こわくび》、河内の茨田《まむた》連衫子《むらじもろこ》の両人をして、河の神を祭らしめられた。つまり両人を求めて河神の人柱と立てられ

錦絵「金竜山仁王門」(勝川春山、大判三枚続の右。国立国会図書館ホームページより転載)

るが、強頸は芸なしで悲泣しつつ人柱に立ち、衫子は匏《ひさご》の呪術により、衫子死なずと雖も、両難所の堤防はここに完成したと言う。

衫子は才幹により生命を全うし、強頸は何の芸もなくて水没を伝えたのは、両者の智恵の相違によるといいながらも、かれらの背景にその出生地の、低次の東国の文化と近畿付近の比較的高度な文化度の差といったものを、ゆくりなくも象徴するものが、両人の行動の上に投影していたことは既に述べてきた。それにしても特に武蔵の強頸の如きが人柱として指名されたのには、何か理由があってのことなのか。

強頸は、武蔵の何処の人とも知るを得ず、しかも連姓《むらじ》の衫子に比較するとき、強頸には姓《かばね》もない低い身分を感ずると共に、呪術的な才覚にも欠けていた。こうした低い身分のものの集団が、難波あたりの渡渉地点に群住し、その中には名前からして凄じさを思わせる強頸のような、東国出身の低階級のものも混じっていた。そうした中の強頸の如きが、仁徳天皇の世に人柱に指定されたということは、武蔵国の或る集団の賤民性と、それにまつわる停滞的呪術が人柱に利用されたということにもなるであろう。

2　浅草寺本尊の感得

それにしても、私はなぜ人柱強頸に注目するのであろうか。渡辺綱の場にも引合いに出したが、ここでも江戸の名刹浅草寺《せんそうじ》付近の古代史と共に、その生態に興味を抱いたからのことである。

勿論浅草寺創剏《そうそう》に、強頸の如きが直接関係するのではないけれども、浅草地帯の古代地理的な条件が、難波のそれと何処か類似性が思われることに於て、その糸口にまず「仁徳紀」の強頸を求めて見たのだった。

浅草付近の東京の海に注ぐ河泉の著聞なのは、江戸川・隅田川（これは荒川の一分流ではあるが、上流は荒川）で、隅田川右岸に浅草台地があり、それが延びて上野・飛鳥山方面へと、谷を構成しつつ曲折して続き、下谷方面には海が湾入していたのであろう。今でも三河島・寺島・牛島・向島・柳島などの地名には、古い世の地形を物語るものなしとしない。荒川とは古くは隅田川をもふくめた大河流を形成し、また名の示すごとく、氾濫の甚しい流れであったらしく、したがって三河島とは、分水合流の間に形成された島に他ならず、そうした地名を伝えているが、さらに申すならば隅田川も本来は、洲田川ではなかったのか。現在の墨田区・江東区のごときは隅田川・荒川の両水流の沖積による大きな洲であったのが、古い時代の実情かとさえ思われる。これら乱流による沖積の連続に、デルタ化しつつ一帯の陸地を造成していった。

こうした河口地帯の台地の上に浅草寺がある。しかし浅草寺の建立を示す古代文献は、今のところ何一つとして伝えられていない。だからといって、浅草寺の歴史がそう浅いものと思われないけれども、文献資料を欠く以上、われわれは無い史料に求めないで、これを別の方面から伝承的なものも併せて、この地帯の古代を推測するの他はない。

東京湾を抱く海岸には早くから種々の部民も住みついていた。『古語拾遺』が伝える事柄、或は『高橋氏文』の所伝などには、東国海辺に住みついて生きていた古代の人々の一面を伝えるが、これはまた浅草地帯海辺の古代事情に拡大できないものでもない。こうした古代事情を背景に、浅草寺所伝の話を眺めてゆくと、浅草寺の創立は推古天皇三十六年三月十八日、漁夫土師真《はじのま》中知《なかち》、檜前《ひのくま》浜成、同竹成（この兄弟の名前の伝え方にも異伝あり、二人とも三人ともするが、この点には深入りしない）の釣網にかかり、海中より上った仏像に縁由すると伝えて、海との深い関係を示している。この兄弟漁夫について『浅草寺縁起』には、

> むかし武蔵国宮戸川の辺に、兄弟の漁夫有、名付て檜熊の浜成竹成といふ、すなはち磯辺に出て、浦はにさすらひ、世を渡るよすがとなんしけり

と伝え、仏像感得の描写は、七浦の浦ごとに釣網を試みたが、どの浦にても「さながらおなじさまなる仏像のみかゝり給へり、此深海の化仏を見奉るも、かの巫山の神女にあへりしが如し」とある。

漁師兄弟は機縁に催されて、いよいよ掌を合せて「海人のかりそめの臥《ふせ》の芦の丸屋《まろや》をあらためて、観音の濁にしまぬ蓮葉《はちすば》の台《うてな》とぞなせりける」。即ち自らの茅屋に、海中より感得の御仏を安置した。これが浅草寺の前身に関する話である。

後世成立の縁起のことなので、果してこの通りか否か。それは不詳とするけれども、また

こうした類似説話が他の地方にもかなり伝えられているといっても、浅草寺の仏が浦に漁する漁夫によって感得されたという伝説は、この場合、軽々に済されそうなものではない。また兄弟が漁猟の人々であったことは、採集経済時代と連続する句をもっており、さらに彼らと水霊との関係が、ここにも結合してこずには措かないと思う。しかも土師氏や檜前兄弟は後に浅草三社の神と斎《いわ》われ、これを三所の護法[注1]（江戸砂子）とも伝えていたのは、折口信夫博士の研究とも考え合せて、いろいろの問題を含んでいる。特に三社の古来の神主家であった田村八太夫家[注2]は、神事舞太夫や梓巫《あずさみこ》の徒を配下にし、駒形さんの配札を行なわしめたことなどは、三社のカミが護法であったと伝えることなどと共に、ここにも何か大きな見どころとなる。

浅草三社権現〔浅草神社〕

　それで田村八太夫家伝承の古さを、どこまで溯らせてゆくことが出来るかという点にもかかわるが、彼家が神事舞の芸能の徒を抱えていたのに考えると、勢い護法による託宣も思われるというものであろう。一方檜前兄弟の子孫は、現在でも浅草寺の牛王加持会《ごおうかじえ》（一月五日）に参加している。この日牛王宝印札が領賜されるが、加持の当日、檜前氏の子孫斎頭坊が古来から牛王役を務め、宝印を二本の篠竹で挟んで奉書で包み、紙括りで下から上へ十二段に結び、各左右の端は開いて梅花の心得にあしらって宝前に供えるが、ここでも檜前兄弟の子孫が護法として奉仕している。まことに注意に値する伝承でなくてはならぬ。もし檜前兄弟が信仰的に護法であるならば、斎頭坊の原形的な存在の追究は問題となってこずには措かぬ。

ところで護法とは一種のスピリットであり、守護精霊ともいわれ、形としては小童にも化現される可能性をもつ。俗伝であるかも知れないけれども、こうした事は溯って、海中より感得の浅草寺秘仏の本尊が、一寸八分という小像と伝えることの間には、何か連絡する信仰上の伝承が考えられるであろう。

檜前兄弟を祀ったという三社権現（浅草神社）は、浅草寺本堂のすぐ右側に鎮座し、清元の名曲で知られる「三社祭」は、五月十七・十八日（もと三月十七・十八日）で、いかにも古伝を偲ばす祭礼の趣を伝える。三基の神輿は、浅草の大通りを真直ぐに浅草橋に至り、そこから船で大川筋を漕ぎ上り、花川戸と山の宿の境界地点に上陸し、姥《うば》が池（今は池なし）の前を通過して二天門から本社に帰る。

この形は古俗の名残を伝えているらしく、明治以前にはこの日、大森や六郷方面の漁師たちが舟を仕立てて神輿に供奉するのを恒例とした。これにはおそらく隅田川沿岸に住んでいたものと、大森方面の漁師達との古来の因縁のきずなによるのであろう。これでもおぼろげに江戸の海に住んだものたちの姿が思われる。『廻国雑記』（道興准后―文明十八年十月）によると、「芝の浦といへる所に到りければ、塩やの烟《けぶり》うち靡《なびき》て物寂しきに、塩木運ぶ舟ども見」えていたというのは、この辺に生きていたものの生活であると共に、また古代の生態にもどこかで連絡するものでもあろう。

ここで話を海に移して、こうして江戸の海の古を偲んでいると、何といっても目を引くのは隅田川である。

注1　「三社縁起」（折口信夫全集・十六所収）参照。

注2　田村八太夫家が何時から三社権現と関係し、その神主家となっていったのか、巨細は明らかになるものではないが、この田村家が坂上田村麿の伝承と関係すると思われるのは注目を引く。私は坂上はサカノウエと訓むのは正しくなく、サカカミが本来なのだと思っている。すると坂や峠が古代以来、信仰上呪術上に如何に危険なところ、外から来るものを防過しなくてはならぬ場所として、ここに種々の防遏呪術やそのための人間が投入されたのであって、帰化人としての坂上氏も、はじめは外来の呪術によって、そうした坂神に対せねばならなかったのであろう。そこには舞や弓による呪術が試みられていたかと考えられ、その停滞化の者が田村八太夫家にも属してき、賤民化したものなしとせぬ。

3　隅田川

都の方面でも隅田川は関心事であったらしく、『伊勢物語』にも「なほゆき〳〵て、むさしのくにと、しもふさの国との中に、いとおほきなる川あり」。これを現在の隅田川の流れと決めてしまうことは出来ないであろう。『更級日記』の著者菅原孝標の娘の歩いた道も、『伊勢物語』の或る男のたどった道も、すべて現在の地形面ではないと思われるからである。それにしても伊勢の或る男は、武蔵と下総の境の大河だとしているから、おそらく古い荒川と隅田川とであったのか。江戸期（文化年間）の学者小山田与清[注]は、しきりに隅田川の考証を試みているが、この川の渡渉地点には渡守が屯集して生活を立てており、川面には「名にしおはゞ、いざことゝはん都鳥」が、蘆荻の間を群れ飛んでいて、滔々としてまた分流した大河流の状況が偲ばれる。

『伊勢物語』そのものの考察の上からも問題となると思うのは、京に住み侘びた男が、東国に下ってきていることで、男は東下りに当って、途中信濃に浅間山の噴煙を歌い、三河の八橋にカキツバタを詠じ、駿河では宇津山・富士山を眺めつつ、武蔵と下総の間の大河の岸に到って渡舟に乗る。さらに同国入間郡三芳野の里にうかれ、陸奥の国でも色好みと詠嘆の旅を試みるが、ここまでの旅愁の中には、数々の苦難の河川が横たわっていた。それだからして武蔵と下総の間の河岸の傍に群居てわぶる姿には、寸時心を引かれるものがあり、「京に

隅田川（古活字本『伊勢物語』より）

見し人あひて」「言伝てやあるなど言ひければ」、

　みやこ人　いかにとゝはゞ　山たかみ　はれぬ雲ゐに　わぶとこたへよ

と口ずさむのは、私には後々の叙述にもかかわってくるようだ。

都人が、東国は如何かと問うたならば、山が迫っていて雲が垂れこめ、わびしい天候だと答えてくれよ、というのは、この一首が、荒川や都鳥のことの綴られる伊勢の一段の中にある「伝民部卿局筆本。同歌は小野貞樹歌として『古今集』巻十八に出る」以上、「山たかみ　はれぬ雲ゐ」とは、隅田川の河口付近についての感想だと見ることが出来るであろう。

けれども浅草地域を中心として、その上流方面の川辺に、「山たかみ」といわれるような山が現実にそびえてはいない。さりながら三十一文字の詠嘆の世界は、必ずしも論理的であるを要せず、晴れぬ雲居に住み佗ぶといった感情からは、山たかみを出してこなければならないという、文学上の虚構と見るのが妥当であろう。理解をいずれに取るにせよ、その時都鳥の群れ居る大きな川は、雲の垂れたうっとうしい空模様であったのだろう。けれども何時も曇空であった訳ではないけれども、こうした低い雲の空には、東国ムードの現実があったとしたい。

だがこの一首について詮索しても、何も決定的なことが判明するものではない。むしろ都鳥の群れいる荒川——これは利根川につながる——や隅田川の古代史を、別の方面からたどって見るのが賢明である。

遠古の世代よりの隅田川をふくむ荒川辺の沖積作用は時を置かず、夜を日につづけ、新しい洲も生まれていった。だからして洲崎などの地名は、或る時代の沖積地帯の実況を伝えたものに他ならないが、こうした沖積は難波海辺の沖積とも、規模の大小はとも角、また似ている地理的事情であったといってよい。

難波の渡としての渡渉地点に関しては、他に述べたので略するけれども、そうした渡渉地点の水霊に仕える巫女や唱導団のあった事、それは渡辺綱の物語の中にも隠見していた。その中心集団が難波の渡辺党となっていったことも既に述べたが、かかる低階級者たちが、渡渉地の水霊を制圧しつつ生きてきた来し方は、彼らの対立していた猛威の原質的性格の投影が、彼らの性格を後々までも規定するものがあったようだ。東国の産と伝える強頸の如きは、その典型的なしかもいたましい一例であろうが、その対立した猛威の根源とは、再言する如く水霊ミズチに基づいていた。さりながら水霊の古代構造については、これからの叙述にも触れながら進むとしよう。

注『松屋棟梁集』(初篇)に「隅田河の名義」の一章がある。

4　浅草の一ツ家

ここで私は目先を変え、鬼の伝説の中に入って、古代の浅草を考える道をつけてゆきたいと思う。

安達原の鬼から、近江の安義橋に至る長い距離の間に、鬼の話が点在しているのは、やはり興味をそそるのであって、『江戸名所図会』(黒塚ノ条)にも、紀伊国那智山浜宮の住侶、東光坊祐慶の話を載せている。彼僧、鳥羽天皇の世、関東に下向し、武蔵大宮駅氷川神社の東方四町余り、堀の内の森の黒塚という古塚に悪鬼の籠っていたのを、法験をもって退治すると伝える。彼の開基を伝える大宮の東光寺の元禄九〔一六九六〕年在銘の鐘には、数百年前、祐慶の鬼退治のことを載せるといわれ、それかあらぬか黒塚とは奥州安達原をいうのではなく、ここが足立ケ原の古塚だとの説も出てくる訳で、大宮の黒塚稲荷はその名残だと。即ち「昔は足立原と唱といふ、世俗奥州の安達原とするは誤なるべし、奥塚は、二本松と八丁目の間、舟引山の此方にあり、此所も奥州への海道なれば、混じ交へてしかいへるならん」(江戸名所図会)「黒塚は武蔵足立郡大宮駅の森にあり、また奥州安達郡にもあり、しかれども東光坊の悪鬼退散の地は、武蔵足立郡を本所」(諸国里人談)とある。そればかりでなく江戸の足立区もこれにつづき、荒川堤の性翁寺にも足立姫[注1]の墓とその伝説とを伝えているのだった。これは安達と足立の関係にも糸をひくであろう。

奥州名取郡の黒塚については、既に越前権守兼盛が、奥州安達の原の黒塚に鬼こもれりと聞くはまことか（大和物語）と、鬼の存在を不安がって、平安時代から黒塚の鬼にも動揺のあったことを示していた。鬼が既にフィクションであるから、動揺しても不思議はないが、その点はとも角、黒塚の主《あるじ》の一首に「大空の雲の通路見てしがな」と詠嘆しているのは、黒塚の主人公の本質的なものが何にもとづくのかを、ゆくりなくもあらわにしているように思われる。

それはその本質性は雲路に通うモノとして、捉えられるものを潜ませているようで、端的にいうならば鬼としての雷公に他ならぬであろう。その点は隅田川の「山たかみ　はれぬ雲ゐに」と詠じた一首の感覚ともまた通じているものがあったと言われよう。

それにしても安達原に住むモノの一ツ家の話が、何時からか知れないが、浅草の明王院の嫗《おうな》ケ淵にも根を下し、それが道興准后が文明十八年の『廻国雑記』に見えている。相当な古さをもった話である。

ここにも人間どもを食い殺す嫗がいたという。『廻国雑記』のその条を引用して置くと、

此里のほとりに、石枕といへるふしぎなる石あり、其故を尋ねければ、中比の事にや有けん、なまざぶらひ侍り、娘を一人もち侍りき、容色大かたよの常也けり、かの父母、

むすめを遊女にしたて、道行人に出むかひ、彼石のほとりに誘ひて、交会のふぜいをことゝし侍りけり、兼てより合図のことなれば、折を計らひて、かの父母、枕のほとりに立よりて、共寝したりける男の、かうべを打砕きて、衣装以下の物取て、一生を送り侍りき。さる程に、かの娘、つや／＼思ひけるやう、あな浅ましや、いくばくもなきよの中に、かゝるふしぎの業をして、父母諸共に悪趣に堕して、永劫沈淪せん事の悲しさ、先非におきては悔ても益なし、これより後の事、様々工夫して、所詮我父母を出し抜て見むと思ひ、或時、道ゆく人ありと告て、男の如くに出立て、かの石にふしけり。いつもの如くに心得て、頭を打砕きけり。急ぎものども取らんとて、引かつぎたるきぬを挙てみれば、人ひとり也。怪しく思ひて、よく／＼見れば我娘也。心もくれ惑ひて、浅ましともいふ計《ばかり》なし。それよりかの父母速かに発心して、度々の悪業をも慚愧懺悔して、今の娘の菩提をも、深く弔ひ侍りけると語り伝へけるよし、古老の人の申ければ

　罪とがのくつる世もなき　石枕　さこそは重き　思ひなるらめ

と見えている。近世のものには「浅草寺のうち、明王院の嫗ケ淵は、古この所に人里稀にして、旅人、道に行き暮れ宿を求むるに苦しめり、野中に柴の庵ありて、年老いたる嫗《おうな》、若き娘と只二人住みけり、旅人行き暮れて、此庵に立寄り、宿を借れば、嫗すなはち夜のうちに、その旅人を殺す、かくて九百九十九人殺しけり」（江戸名所記）とあるが[注2]、しかし一千人目の旅人は、浅草観音の利生に救われる霊験譚の形に終っており、黄表紙にも『浅草寺廼一

家裏』（寛政八年、北尾政美作）なども行なわれて、江戸としては著名な伝説であった訳である。いずれにしてもこの嫗は鬼婆にして、彼女の家が浅茅ケ原の一ツ家である。左の話は「琵琶湖周辺の呪術と風土性」（第八章）にも関係すると思うので、いささか述べて置くに、場所は何処とも知れないけれども早く『本朝法華験記』（下）にも見えるが、ここでは『今昔物語』（十二ノ二十八）を用いると、肥後国の学生《がくしよう》が広野に迷い、一ツ家の鬼の家に到り、丈高き鬼女に追われた話にして、この種の早き頃のものである。ただここに迷った旅人は、西峯の頂上に、昔或る聖《ひじり》が卒都婆を建て、それに法華経を籠めた、その妙法蓮華経の妙の一字のみが、多年の星霜に朽ち残って功徳を発揮したため、鬼に喰われんとした九百九十九人を救ったといい、この肥後の学生は丁度一千人目に当たっていたのは、人間を救けた点に於て浅草の一ツ家の話とは逆な形となっている。

この今昔の話でさらに見どころは、右にも言った如く「昔、此ノ所ニ聖人有テ、此ノ西ノ峯ノ上ニ、卒都婆ヲ建テ、、法華経ヲ籠メ奉レリ」とあることだろう。山上の卒都婆の意味については、琵琶湖周辺の呪術を説く時に詳述するであろうが、柱にも比すべき卒都婆の原義は、西峯上に渦巻く雲気による虚空のデモン――雷電でもある――に対立すると考えられていた呪術なのであって、一ツ家の鬼婆とは麓の家にてこのデモンに対していた巫女の鬼類化なのである。つまり、山上のデモン性が巫女に染着投影しているのだった。この点は黒塚の鬼婆とても、発生の原型に於て別のものではなく、山よりつながる川、その人間交渉の場としての渡渉地点の女が、橋姫化して険悪な姿として語られるのも、構造形式を一つにしている。こうした形は、既に推移変化の多くを蒙っているとしても、わが風土の各地に見られる形象なのだった。

ここで余談ながら、浅草寺本堂には猩々舞《しょうじょうまい》や堀河夜討の絵馬などと並んで、安政二〔一八五五〕年二月、吉原の岡本楼主の掲げた歌川国芳描く「一ツ家」の大きな絵馬がかかっているから、浅草に遊んだ序《つい》でをもって一度は仰ぎ見て貰いたいと思う。

次に移ってゆくために那智の東光坊祐慶に因みて、一応東光坊についても考えておかなくてはならぬ。菊池山哉さんの『日本の特殊部落』を読んでいると、東光寺なる寺が、いわゆる部落と思われる村々に建立されていることである。例示すると、

(1) 箱根の芦ノ湯に東光寺がある。このあたりにはもとの賽の河原・精進池が古い面影を残している。

(2) 鎌倉から六浦へ通ずる釜利谷には、白山堂と道を隔てて東光寺があり、関屋もここに置かれていた。

(3) 武蔵国の百草ノ関にも、今は廃されているが、医王山東光寺があった。

(4) 同じく東村山の野口にも東光寺があったが、今は移転している。

さらに立川の日野郷、八王子の川口郷、相模国町田、東京の練馬関屋、練馬乗瀦《のりぬま》、足立郡石戸村、甲斐国の万力村などにも、それぞれ東光寺があり、浅草の弾左衛門屋敷跡にも、この

名の寺があったといわれ、前記大宮駅の東光寺（現在大宮区宮町に移る）も、この例に洩れないだろう。

かくして薬師如来を祀るこれらの東光寺の分布を結び合わせ、そこに或る共通したものが発見されるという。それは部落との関係であるらしいが、その点は措いて、東国への廻国に下向した那智浜の宮の東光坊が、東光寺の名に因むと共に、彼が奥州安達原の庵室へ宿を求めたと伝えるのが、またただごとではないらしい。謡曲「安達原」（黒塚）にもそのことが謡われて、東光坊はたんなる廻国聖とは思えない。

注1　足立姫の伝説は荒川筋に語られている。内容は簡単で、豊島氏の娘足立姫が、荒川を隔てた対岸の沼田氏の息男へ嫁したが不縁となり、姫は入水《じゅすい》して果てるといった筋で、『六阿弥陀巡拝記』にこの話を伝えている。一方、平野実氏の教示によると、姫が沼田氏より豊島氏の方へ嫁すと語るものには荒川対岸の性翁寺や恵明寺の「足立姫縁起」があるという。それはいずれであってもよい。この川を隔てて互に結ばれ、また離れて死没してしまうと云うのには、何か水霊と女との関係の上に説話化した面影を推測することが出来るようで、しかも姫の入水したのが浅間ケ淵だというのは、浅茅ケ原とも共通するような名であるのも見どころである。しかし足立姫の伝説が、語られ出した時代を何時と決められないけれども、左程古いものではないらしく、むしろ大宮の足立原の話の方が古い型であろう。したがって荒川のそれは、荒川の沖積が進み、且つ下流に於て聚落の発展が見られつつあった時代、交通線

の変化にもよって、諸般の力役に従っていた上流の民が、次第に移動してかかる話を伝えながら、伝説化したと見てよい。しかしながらそうしたものの原質性をたどってゆくと、やはり蛇にも考えられるミズチと巫女との古代的関係のモティーフが、川を隔てての男女の交渉の上に揺曳していることは見逃してはなるまい。さらに姫の死没後の後日譚に、その父は紀州熊野に詣でて冥福を祈ったと言うのは、熊野那智の東光坊祐慶の下向とは、一応反対の方向であろうが、さらに関東へ帰ってくるのは同じ方向だ。彼は霊夢を得て、荒川に流れよる巨木によって六体の阿弥陀仏を彫み、娘並に娘と運命を共にした五人の侍女たちの冥福のため、それぞれの出生地に仏寺を営み、各一体宛を安置したと言う。それは

第一番　豊島郡豊島村　西福寺
第二番　足立郡沼田村　恵明寺
第三番　豊島郡西ケ原村　無量寺
第四番　同　田端村　与楽寺
第五番　同　下谷村　常楽院
第六番　葛飾郡亀戸村　常光寺

だといわれ、これを六阿弥陀といった。江戸時代には春秋の彼岸に六阿弥陀詣が賑った。なお流木の余材にて、通りがかりの行基菩薩がさらに一体を造り、姫の戒名をとった貞香院性翁寺にも安置した。これを木余りの阿弥陀と俗称した。

注2　『丙辰紀行』の元和二年十一月条を見ると、

爰《ここ》に寺あり、たふとき観音ましますとて、人の多く参詣すと申ければ、大士の日にさそはれ、余もまかりける、げにも人のいふやうに、男女の群集する事、京の清水よりもおほく見えける、むかし此所牛鬼の出てはしりありきし事を、心に不図おもひ出て……

とある牛鬼は、鬼婆の変化であろうか。これもやはり鬼である。

なおこの姥は、後々姥神としての信仰を集め、咳の神とも崇められたというのは、いろいろと考えなければならないこともあろうが、要点になる考え方は、かかる鬼婆は流行病のバチルスを撒くものとも考えられたことから、逆に咳病の守護神化した立場が考えられる。しかしこの考え方だけではまだ充分ではない。

5 女の贈りもの

武蔵国足立郡大宮に、右の鬼の伝説が一体何時から語られ始めたのか。そう古いことではなかろう。けれども、そういった伝説が成長してくる基盤や可能性といったものは、東国の、特に河川渡渉の場によって生きてきた住民たちの中に成熟するものをもっていたと思われる節がある。

こうした点に関して、『大和物語』(上)の次の話は、もとより一種の恋愛譚となっているけれども、やはり注目しなくてはならない信仰的呪術を秘めている。

藤原忠文が陸奥の将軍として下る時、忠文の息男は監《げん》ノ命婦《みようぶ》と忍び語らいの仲だった。命婦は忠文と共に下向する恋人忠文の息男に、餞別として目取夾纈《めとりきようけち》の狩衣・袿《うちぎ》・幣《ぬさ》を贈った。男は「よひ〳〵に恋しさまさるかり衣、心づくしの物」とてこれを受け取ったが、女はさらに楊梅《やまもも》も遺したので、男はさらに、

みちのくの安達の山も　諸共に　越えば別れの悲しからじを

と歌う。贈った楊梅には、既に或る呪力が信じられていたことを示している。それだから鬼の住む安達原の山越えが、歌の内容にならねばならぬ理由があったとすべきであろう。いずれは楊梅――それは梅の一種でもある――も説かなければならないが、後の「京の五条の女たち」〔第十章〕のところで、鶯のことを述べる裡に一言はふれるところがあろう。

かくて男は「堤なる家になむ住みける」が、どうしたことか「道にて病してなん、死にける」。歌物語のことだから、話は委曲を尽していないが、彼は死の以前、篠束《しのづか》〔塚〕の駅《うまや》にて女のもとに便りをよせたりなどした。しかし時間が経ってから女の許には届けられたので、女は悲嘆して、

篠塚の　うまや〳〵と待ち佗びし　君はむなしく成りぞしにける

と詠じたのだった。

私がこの物語を眺めていると、監ノ命婦の恋人としての男が、いかなる階級の出身であったのかも問題であるが、それと共に、この男が死なねばならぬ理由には、おそらく陸奥の安達山の雲の通路《かよいじ》の鬼のごときが、その背景の古代的性格としてあったと感じとられもする。

だからしてこうした男の死の背景と、その男に女が贈った品物との間には、恋慕のための贈物とはいいながらも、何処か呪術的要素が込められており、品々の内容性質を洗ってゆくと、それらのもつ呪術的要素は古代的なものと通じてくる筈である。

しかし本格的にこれを議論するとなると、とても長くなるので、不本意ながら話を簡要にし、古代信仰事実を踏えて端的な言い方をするより他はない。よって袿とは何かというのに、これは一種の比礼に通ずるもの、悪霊を払う呪力性に富んでいる。幣はまた幣串だと考えると、比礼と串との結合の上に意味がある。こうした呪具は、古代性の呪術系列のもので、呪具によって対立していた対象の根源は、自然猛威——文学的に言えば雲路に通うもの——に他ならなかった。して見ると鬼としての雷電はその最たるものであった訳なのだ。

そこで餞別とは言え、そうしたものを贈られねばならなかったのには、やはり安達原の空につながって、雷電制圧の世界に古代呪術の名残を留めている。かような呪術対立の上で、さらに彼の男を見ると、篠束〔塚〕といった刺突性のものの駅名になっている駅から便りを出したのも理由があり、さらに堤なる家に住んだとあるのも、これと関係する説話的必然でなくてはなるまい。

6　堤の女

『大和物語』の或る場所には、同じく「監《げむ》の命婦、堤にありける」家に住むことを示している。命婦はその家を売却して粟田という所に往くに、「其家の前を渡りければ」とあるのは、堤の前が河流であったことを示している。そして詠嘆した一首は、

古里を　かはと見つゝも渡るかな　淵瀬ありとは　うべも云ひけり

というもので、意味のスッキリしない点もあるが、これで見ると淵瀬とこの女との間には、何か因縁のある背景が偲ばれるようである。あまりにも学問的になるので、これ以上には亘らないけれども、堤に注目を集めてくると、『大和物語』に頻出するあの堤中納言も、また『堤中納言物語』と題する短篇物語の堤中納言も、実は堤の問題から解釈の糸口を見出すべきものがあるのではなかろうか。文学研究の人々の一考を煩わすところだ。

さらに、篠束駅の篠束をも考慮しながら、別の章でも云ったことのある大伴狭《さ》手《で》彦《ひこ》の物語を参考するのに、大伴狭手彦の妻の弟日姫子が、肥前国篠原村に住んでいたという篠原も、必ずや篠束にかかわる類似性をもっており、それは水霊や雷電に対立することが出来ると信じた呪力としての篠であったろう（肥前風土記―和歌童蒙抄―所引）。すると、奥羽で死んでいったあの男が、堤の家に住んでいたのも、渡渉地点の水霊を制するための力役のものの姿の一面を思わしめずにはおかない。

申すまでもなく堤とは堤防で、そこには河川の奔流が予定される。だからして河に潜むであろう水霊――ミズチ――との対立があり、そこに住む奥州の男は、対立すべきかかる悪霊のために、生きも死にもする生命の危険にさらされねばならぬ場合がしばしばであった。そ

う考えると彼の男の死没は、そうした虚空にも通ずるミズチとの場において意味があったと言わねばならぬ。

かかる虚空間の鬼は、必然的に水中の怪《デモン》とも連絡し、水神の地位を獲得したものもあったが、その多くはデモンのままに化物として民間伝承の中にも登場して、長く人間の心の一隅を支配してきた。その発生の根源的なものは、再三繰返すように原始に発する虚空の脅威に帰せられるようで、こうしたデモンに対立しつつ生きてきた停滞者たちが、河流渡渉の地に屯して、自らの生活本縁を語り伝えつつ、その移動にもともなって、安達原の凄惨な話が東国にも生い立つに至った理由の一面であったろう。

7　箕田の邑

かくして河川横流の沼沢的地形は、荒川・隅田川の洪水の氾濫により、武蔵の北部にも見られた。そうした荒涼たる東国の地形だったからこそ、古くは強頸《こわくび》、降っては渡辺綱のような、難波の水難や渡渉地点に関係する人間も出てくる可能性が、既に成長していたと思われる。

武蔵国北足立郡箕田の聚落は、古い邑落であるらしく、荒川筋に沿って吹上・鴻巣両郷の間に位置するが、武蔵守源仕《つかう》はおそらくこの辺に住し、箕田と名乗ったことは『諸家系譜』や『渡辺家譜』などに載せている。またここに綱八幡宮が鎮座し、社辺にはその屋敷跡というのを伝えたのは、「武蔵国と渡辺綱」〔第一章〕にも述べたけれども、理解の順序として再びこれを申添えて置くと、『今昔物語』には箕田源二こと源　宛《あつかう》が平良文と戦を交え、互に矢を打合った話を伝え、武蔵野の一角にいかにも粗野な生き方をした人間の面影を偲ばせているが、源宛が箕田源二と名乗ったのを見ると、箕田村の地帯は、或は彼の縄張りの本貫地とすべきであろうかとも思われる。一方『平家物語』剣巻（屋代本）にも、源頼光四天王の筆頭渡辺綱を「武蔵国美田ノ源次」と言ったとあるが、一方東京都港区三田にも関係した伝説がある。伝えるところによると、正平七〔一三五二〕年閏二月、足利尊氏、武蔵での合戦に大勝したので美田庄を浅草寺に寄進したとあるが、以上の事情も考え合せて、何か特別な意味があるのかも知れない。

ところで既に述べたように、この綱が摂津難波の重要な渡渉地点堀江の渡辺と関係すると伝えた。これにはいったいいかなる事情が潜んでいたのか。箕田・三田・美田の源姓のものは、難波の渡辺党と同じく賤民的な力者にして、彼らは水流のデモンの制圧を生業の一として、渡渉地点に制圧呪術を行使しつつ、人々の渡渉に協力していたと思われる。だから前に示した『大和物語』の藤原忠文の息男が、高貴に出自するとして語られていようとも、彼が堤なる家に住むというのは、川辺の家にして、そこは水霊制禦の呪術行使の力者が屯集していた場所でもあったのに考え、従って女から贈られた品々のもつ呪術性が思われねばならぬ理由があった。恋する女の贈物と見すごしてしまうのは正しくない。

こうして停滞性を負った人々が、武蔵にも居住していたと考えられ、停滞性のままに、それはまた雲路に通うものに対する説話成長の基盤ともなっていたと考えるべきであろう。それが時代の傾向や、他の社会的要素と混入や人間の移動により、種々な変化や起伏を遂げてきたとしても、原始対立の染着した血のままに、その中心に鬼という怪物を据えて、説話を展開することになり、ここに東国との関係も出てきた。

8　浅草寺炎上の意味

渡渉地・渡航地の恐怖の水霊の古代の信仰構造を、古代の地理的現実の中から理解して、再び隅田川に眼をやると、私には浅草の雷門の存在が大きな意味をもって映ってくる。ではこれまでに、雷門がどう考えられてきていたのかという前に、雷門の近世史は明和四〔一七六七〕年四月、駒形町からの出火に焼亡したけれども、風神雷神の像だけは無事に救出した。寛政四〔一七九二〕年頃から再建をすすめ、同七年に成就する。しかしさらに慶応元〔一八六五〕年十二月、浅草田原町からの失火にまたも炎上と『武江年表』は記すのであったが、文化十〔一八一三〕年、松平冠山の篇した『浅草寺志』には、

俗に神鳴門と云ふ。仁王門の南、百七十六間余に在、六間半に三間礎より礎まで西の一ト間、雷神の像、長七尺三寸、東の一ト間、風神の像、長七尺

とその位置を示し、山門としての仁王門とは別に、その前方百七十六間余のところに雷門は

風神雷神像（もと浅草雷門安置）

立てられてあった。江戸期のこの位置は、現位置とさほど変化ありと思われない。山門の前に、風雷神を安置する門が何故に必要なのかの議論は別にしても、風雷神安置の理由は「按ずるに、風雷二神を安置する事は、天下太平風雨順時、伽藍守護の為といひ伝」えられた。この門に風雷神安置の理由は、かりに右のようだとしても、この門の出来たのははるかに後世の新造だと『事蹟合考』はいう。

けれども天下泰平、伽藍守護のためとは云え、何の要求も必要もないところに、仁王門以外に別の門を構えて風神雷神を安置する理由は立ってこない。しかもこの風雷神は、十二天のそれとは別の立場のものであって見れば、なおさらのことである。

後述の「因幡堂の鬼瓦」〔第十四章〕や「三十三間堂の通矢」〔第十五章〕の一文に、こうした風雷神の性格にも言及しているが、要するにこれは形姿を仏像的なものに負うていようとも、その原始性というか、その原核は自然現象の暴風雷電に対する対抗としての地上威力の神格化に発している。つまり地上にも、これ程に強力巨大なデモンが存在するのだぞということで、棟の鬼瓦もその一つだった。

かかる見方の上に江戸の海を眺めると、この海辺の水霊も、その構造性の上に雷電と考えられたのであって、檜前《ひのくま》兄弟たちが、後々三社権現とされながら、一面三所護法といわれたその護法が、ここでも重大な関心をつないできている。しかし護法の解決は、とてもこの場では出来ないから拙著『古代信仰研究』にゆずり、さて海空にひろがって起ってくる江戸の海の恐怖については、後のものと言え『浅草寺縁起』にも如実に伝えられているようだ。

『浅草寺縁起』の成立や伝来については、奥書によると、古縁起絵巻が数多く存したけれども、火災によって僅かに六巻を残した。しかし破損にて終始を弁じ難くなり、よって錯簡を拾い集め、慶安五〔一六五二〕年初秋に再興したのが現在の『浅草寺縁起』だという。これによって古縁起の存在を思わしめるが、では古縁起の成立は何時であったのか。「終有二六巻一」と奥書にあるのをひとまず信用し、さらに第六巻の終りに「嘉慶年中より応永に至るまで、十ケ年の歳霜をつみて、建立供養し奉り畢《をはん》ぬ」と浅草寺造替記事の見えることから、古縁起の制作を応永年間〔一三九四—一四二八〕と一応信じたい。

しかし六巻本が応永年間に成立を見るまでに、さらに古い縁起記録の存在も考慮しなくてはなるまいが、今はもう尋ねる資料もない。したがって再興縁起を応永年間のものの写しと考えて見ても、浅草寺の創刱《そうそう》よりは、著しく年代の降ったもの、それは致し方ないから、しばらくこれによって見渡すと、この中に浅草寺炎上が頻々として伝えられた。

縁起によって申したように、推古天皇三十六〔六二八〕年三月、檜前兄弟の網にかかって、本尊は海よりの出現を伝えたが、彼らは「旧居の住家をあらためて、永く新構の寺とす」る。兄弟の家が寺となって以来の経過の委細は知る由もないが、舒明天皇治世〔年次欠く〕に至り、正月十八日、寺は「神火の余焔天にあがりて、練若の一宇地を払ふ」。しかし本仏は相好変せず、炎の底より飛出で給うた。その後もかような炎上七度に及んだけれども、本仏はその都度飛出したという。大化元〔六四五〕年、勝海上人による本尊の造立を伝えているから、七度に亘る炎上は、おそらくこの時までの炎上をいうのであろうか。

ついで承暦三〔一〇七九〕年十二月四日、「神火、俄に燃来て、平潰の雲に焔を上といへども、仏像又飛出」し、坤《ひつじさる》方の梢に光を移す。次は永和四〔一三七八〕年十二月十三日、また神火による回禄を伝え、仏像はやはり飛出して往古に変るところなしといい、回禄「今に至るまで、既に九ケ度に及べり」と。

かかる炎上が、そのまま史実であるか否かは信用の限りではないけれども、いずれも神火による炎上としたのは、いかなることを意味したのであろうか。

一回目の炎上日を正月十八日としたのは、観音の縁日と何か因縁があるにしても、二回目より七回までは不明、ついで第八回は十二月十四日、第九回も十二月十三日で、十二月十三・十四日を中心の神火炎上は、何か意味があるのか、それとも偶然か。

浅草寺一帯を中心とする古代信仰の研究は、もっと詳述しなくてはなるまいが、伝えるごとく浅草寺を炎上せしめた神火とは、雷門の風雷神のもつ原質と、深刻に関係をもっているものでなくてはなるまいが、ここで飛躍した言い方をするならば、それは清涼殿の鬼ノ間と類似する信仰関係として、捉えることが可能だと言うことであって、再三再四に亘る浅草寺炎上の背景には、かつての伴大納言による応天門の炎上にも、何か通ずる信仰要素があると考えることも出来る。浅草の炎上伝承は、かかる面でも注目されなければならぬ。

応天門の炎上は、あの有名な『伴大納言絵詞』によって知られるが、これは貞観八〔八六六〕年閏三月十日、応天門が棲鳳・翔鸞の脇門と共に、夜空を焦して焼け落ちた事件である[注]。

これが重大視された理由の一には、清涼殿の鬼ノ間の、その前にある応天門が焼けたとあっては、当時の恐怖として、天の火との合体といったことを考えしめるであろう。こうした点を考えていると、歴史というものは、その本質に於ては繰返さないけれども、しかし類似性は古代信仰をも含みつつ繰返してゆく。その間に変形と推移とがあるということだ。

次いで十二月十三・十四日が、古来民俗の上にどんな日であったのか。これは旧暦にあって十三日が年取りの始まりであったことである。煤掃《すすはらい》も松迎えもこの日に行ってきたのを考え合せると、この日に浅草寺の炎上を伝えねばならぬのは、何か神迎との間の民俗的なものが背景をなしていたのであろうか。

こうした民俗的なものにも考慮を加えつつ、さらに浅草寺の年中行事を眺めて見ると如何。

これは雷門の存在を頭に置いて、浅草の年中行事を眺めることであるが、七月十日に四万六千日がある。九日夜から、夜もすがら参詣人が群集するけれども、浅草寺仏前には何も修行なしと『浅草寺志』は記している。だがこの日、雷除守の授与とホオズキ市のたつのが注目を引き、『浅草寺年中行事』によると、江戸時代、群参の人々のこの日求めるものに、赤《あか》玉蜀黍《とうもろこし》、茶筅《ちゃせん》、それに千成ほおずきがあった。天明年間〔一七八一―一七八九〕の江戸名物に、浅草茶筅とある位だから、この日に限らずあったと思われるが、赤玉蜀黍はこの日に限られ、雷除になるといわれた。理由とする一説に、ある夏、葛飾付近に落雷あり、赤玉蜀黍を吊していた農家のみは、被害から逃れたことによる。事の真偽はとも角、蜀黍は明和九〔一七七二〕年を境として売られなくなったが、ホオズキの方は、今なお旺《さかん》である。この起源説は明和年中〔一七六四―一七七二〕、芝青松寺門前に倉橋内匠と申す武家屋敷があり、そこの仲間が千成ホオズキを見付け、愛宕権現のお告と称して、六月二十四日の縁日四万六千日に、子供の虫封じに効能ありとしてこれを売った。

鬼灯《ほほづき》の丸薬を売る愛宕山

と古川柳で知られる程に市がたったが、同じ四万六千日の浅草の縁日にも、商人たちがこれをひさいで、庶人の求めに応ずるに至り、遂に愛宕を凌ぐに至ったという。

こうした所伝はとも角として、愛宕は京の愛宕山でも知られた如く、火の神にして、この名をもつ江戸海辺の愛宕も、また火の信仰を伝えていた。しかしその火とは天の火、雷電の火と通じたもので、これが江戸の海をめぐって、隅田川口の浅草の雷門とも相対していた。この姿は古い呪術的信仰の姿であったろう。こうした古い信仰の裡に、雷や竜の眼、さらに鬼の眼玉を思わすホオズキ、それから文字も当てての鬼灯《ほおずき》が、呪術的なものとして売られてきたのかと思われる。これが浅草の夏の風物詩として、今につづいている。しかしかかる行事化はさほど古いことではないにしても、浅草の雷——それは雷門につながる——に求めていた庶民の恐怖と信仰との要求にマッチしたことだけは、事実とすべきであろう。すなわち潜在意識としてあった古いものの復活と共感とに支えられてきたのだと思われる。

するとホオズキ市の裡にも、水沢に悩まされていた古代の恐怖の残影が、僅かに伝わっていることになるし、それは溯っては雷門の風雷神、さらに浅草の鬼姥より足立の黒塚へとつづく信仰をたどらしめる契機ともなる。それは申す迄もなく奥州安達原へ伸びてゆく筈だ。

注　「応天門の火―伴大納言絵詞の性格」（美術史・四四号所収）という拙稿がある。参照下されば幸甚。

第七章　神霊矢口の渡

1　はじめに

神霊矢口の渡とは、福内鬼外（平賀源内のペンネーム）作の浄瑠璃。南北朝時代、新田義興が武蔵矢口の渡に謀殺された事件の後日譚として、弟義岑《よしみね》や遺臣たちの活躍を描き、かくて新田明神の縁起に及んだものなのだが、私は文学としてのこの浄瑠璃を語るに目的があるのではない。けれどもこの一文がやはり新田明神の鎮祭にかかわるものがあることから、題名に借りたのである。だが話は全く別のところから始めなくてはならぬ。

2　矢口の渡

古代以来の武蔵の姿を理解しようとするには、いろいろな学問的な視野がある。先史学的な方法や歴史地理学的なものによるのは、何も文献史料によるもののないときに用いられる有効な方法の一つで、特に古代武蔵の地理を勘案しながら、人間たちの生活を考えようとする場合、地形の変遷はある程度考慮して置かねばならないものであろう。「月の入るべき山もな」い広大な武蔵野にも、その地域に対して広狭の二つの採り方があったらしい。狭域の方の立場では、奥州街道としての鎌倉街道を中心に、北は入間川から南は多摩川に至る間の一帯を指していたようで、そうした武蔵野に注視点の一つとなるものに、地表の動脈ともいうべき河川がある。利根川・荒川はとも角、古い利根川にもつながったと思われる隅田川についで大きな地表の動脈には多摩川があった。

多摩川の古代水脈については、もとより細かなことは承知しておらないけれども、その流れが、古来一貫して同じ川筋を流れたとは思われない。護岸の完全でなかった時代の河川というものは、累次の氾濫により、地殻の弱いところを奔流し、或は山裾により、或は蛇行して、左右に尾を振りつつ時々川筋を変えていた。だからして多摩川も現在の川筋をもって、古来一貫して流れつづけていたとのみ考えるのは、正しい河の見方ではない。特に河口は相当に広がりをもって、悠々と海へ大きな口をあけていた。だからして上古以来、この水流を横ぎって往来する場合、河幅の広い河口付近ではなくして、河口からは相当上流でなくてはならぬ筈である。

一方この水脈によって生活を営んできた、古往今来の人間たちの歴史は、とても今からでは明らかになるものではないが、この河の渡渉地点に関して、これから二、三の事柄を綴り、古代を考える場合の一つの見本としてみたいと思う。これが河の文化史につながってゆく。

明治の初めまではこの川には六郷渡があった。

六郷渡ハ多摩川ノ下流、荏原橘樹両郡ノ境ナリ（遊囊賸記・四）

『江戸名所図会』（四）にも「八幡塚の南にあり、此川は多摩川の下流にして、八幡塚より河崎の駅への渡」とするとあったが、しかし昔は橋を架けてあったといい、享保年間（一七一六―一七三六）、田中丘隅と云う人が洪水の災を除こうとし、橋を止めて船渡にしたと（江戸名所図会・四）。だがそれも今日見るような橋を考えてはいけない。

ところが六郷渡の上流に矢口渡があった。しかし江戸時代、東海道の往来は元和四（一六一八）年、徳川幕府これを官道としたから、六郷渡が主要渡渉地点で、矢口の方は「矢口村の農作のわたし」（東海道名所図会・六）として、耕作に対岸への用を果たす渡の趣を伝える。けれども東海道の往来が頻繁の度を加えない以前は、おそらく六郷よりは上流を越えたことはたしかで、矢口渡及びその上流の平間渡・丸子渡・二子渡・登戸渡・矢野口渡・是政渡、或は関戸渡などが、聚落の発達によってその場所として選ばれたのであろう。

それかあらぬか、六郷渡は古くは一向に現れぬけれども、矢口渡の方は「此矢口之渡ト申ハ、面四町ニ余リテ、波逆巻テ底深シ」（太平記・三十三）と見え、既に南北朝頃から相当広い渡渉地点であったことがわかる。この名の渡に新田義興の事件が起き、後々の世の物語となっていった。これからこの話がしばらく中心となるであろう。

3　新田義興の殺害

『太平記』（三十三）に矢口の渡を中心として、義興の惨劇は伝えられた。

私が多摩川の渡について述べるのは、実はそれを通路に、古い武蔵野の一面を推察したいためでもあるのだが、矢口渡はそれに丁度手頃のところである。

『太平記』によると、新田義貞の次男義興、その弟義宗、脇屋義助の子息義治三人は、越後に城を構え、越後半国を打ち従えていたが、義興を大将に東国の義兵を挙げようとし「僅ニ郎従百人計リ行連タル旅人ノ如ク見セテ」隠密裡に武蔵国へ侵入することになる。しかしこの隠密の企ても、東国勢の畠山入道の探知するところとなり、畠山はかつて義興に仕えた竹沢右京亮を懐柔して、義興を討とうとする。竹沢は畠山の懐柔に乗って義興に取入ってしまう。一方義興は竹沢を信頼し、武蔵への侵入の「謀叛之計略、与力之人数、一事モ残サズ心底ヲ尽テ知セラレケル」といった有様であったから、義興の計画は関東方に筒抜けになった。加えるに土豪江戸遠江守（江戸系図によると遠江守は長門守なり）も畠山氏に加担し、江戸氏は首尾よく義興をおびき出す。その場所が矢口渡なのである。しかしその惨劇の日時は諸伝まちまちなのであるから、これを示すと、

1　正平十三（一三五八）年九月十九日（神明鏡）

2　延文三（一三五八）年（正平十三年）十月十日（新田大明神縁起）

3　正平十四年十月十日（大乗院日記目録）
4　正平十四年十月三日（宮下氏過去帳・新田或問覚心密記）
5　正平十四年十月十三日（新田由良系図）

けれども『太平記』に正平十三年十月十日としたのに、一応従いたい。『新田大明神縁起』が延文三年（正平十三年）十月十日を採ったのは、『太平記』をテキストに縁起を制作したから、『太平記』の所伝に従ったのは肯ける。かくてその暁、兵衛佐殿（義興）は忍びて鎌倉へと急ぐのであったが、それは江戸・竹沢等がかねがね構えた筋書にして、矢口渡にて義興を図らんと渡舟の底二ヵ所に穴を穿ち、その栓を抜いて没めようとする。一方対岸には江戸氏・竹沢氏の一党が、遠矢に射殺そうと準備している。

奸計を知らぬ義興は、仕掛のある舟に乗り、矢口渡に推出し遭難するのであったが、対岸の伏兵は威嚇の鬨《とき》を作る。船は浸水してくる。ここに於て義興は、

七生マデモ汝等ガ為ニ、此恨ヲ可レ報ズ物ヲト忿《イカリ》テ、腰刀ヲ抜、左ノ脇ヨリ右ノアバラ骨マデ、カキ廻シ々々、二刀マデ切給フ……己ガ喉笛二刀カキ切テ、自ラカウヅカヲ蹶《ツカ》ミ

て、壮烈河中に自害し果てられたと伝えている。

4　義興の怨魂

一方功により、江戸遠江守は領地を下付された。しかし『太平記』の編者の言う如く、悪人久しからず、江戸氏は領地に行かんとて矢口に渡舟を待っていると、義興謀殺に協力の渡守らが、「江戸ガ恩賞給テ下ト聞キ、種々ノ肴ヲ用意シテ迎ノ舟ヲゾ漕出シ」てやってきた。するとどうであろう。舟が河中を過ぎる頃「俄ニ天掻曇テ雷鳴、礒山嵐吹落テ、白浪舟ヲ飄《ヒラメカ》ス」異変が、いままでと打ち変り突如として起ったのである。渡守らあわてて漕出そうとしても、逆浪に打返されて水没するといった珍事となった。この有様を眺めていた江戸氏叔父甥は「何様義興之怨霊ニヤ」とて、川端より引返して他の場所を渡渉せんとし、二十町許り上流の瀬へと馬を早めて行くに、ここでまたもや「雷光行先ニヒラメイテ、雷上ニ鳴霆《ハタ》メ」く劇雷がふりかかる。だがそこは村々から遠く離れていて隠れる術もない。恐怖の中に江戸氏らは「只今神ニ蹴殺サレヌト思ケレバ、兵衛佐殿（義興）御助候ヘト、手ヲ虚空ニ拝テゾ逃タリケル」。しかし、虚空の猛威は止むべくもない。そこでとある辻堂をめがけて馬をかるに、異変はさらに妖怪性をまし、「黒雲一村江戸ガ後ロニ下リテ、雷電耳ノ上ニ鳴霆メキケル間、余《アマリ》ノ鬼《オソロ》シサニ後ヲ屹《キツ》ト見返タレバ、新田左兵衛佐義興、火威鎧《ヒヲドシ》ニ竜頭甲ヲ着、白栗毛ナル馬ノ額ニ角ノ生タルニ乗間、之鞭ヲ打テ、江戸ヲ弓手《ユンデ》ノ物ニナシ、鐙ノ鼻《アブミ》ニ落降リテ、渡七八寸許有鴈俣《カリマタ》ヲ以、脾《カイガネ》ヨリ乳ノ下ヘカケ、スツト射通サル、ト思テ、江戸遠江守、馬ヨリ倒《サカサマ》ニ落ニケリ」。そのまま吐血悶絶し、七日の間、水に溺れたような苦悩を示しつつ死没していったという。

これは申迄もなく義興怨霊の所為と信じられ、その翌夜の畠山入道の夢にも、黒雲の中に太鼓を打ち鬨を作るような声がして、何物か寄りくると覚えたので、その方を見やると、こは如何。

新田左兵衛佐義興、長二丈計ナル牛鬼ニ成テ、牛頭《ゴツ》馬頭《メヅ》之阿放羅刹共ヲ前後ニ其数ヲ随《シタガ》ヘ、火ノ車ヲ引テ、左馬頭殿ノオハスル陣中ヘ入るといったもので、畠山醒めてこの夢を語り、言葉まだ終らざるに「雷火落裂テ、入間河之在家三百余宇、堂舎仏閣数十ケ所、一時ニ灰燼ト成ニケリ」で、異変は現実となった。この在家三百戸の焼亡は怨霊の因縁によるのであろうか、入間郡豊岡町〔現・入間市〕の愛宕神社には、新田大明神と称して義興の霊を祀ってきた。社伝では矢口に殺害された義興の首級を、竹沢右京亮が当時管領の足利基氏在陣の入間川館に持参すると、たちまちに雷電の襲うところとなり、入間川在家の焼亡となったと伝えた。

それればかりではなく、義興の陣歿した矢口渡には、夜々光物が往来の人々を悩ました。よって「近里之野人村老アツマツテ、義興之亡霊ヲ一社之神ニ崇」め、新田明神と祀ることとなった。その点は他のものにあっても、

1　武州矢口渡自害、彼辺祟神社、新田大明神是也（新田由良系図—由良文書）

2　今新田大明神（中略）武蔵国矢口渡而生害、尊像如雷公（宮下氏過去帳）

3　武蔵国矢口之謀船卒、于時二十八歳、神号新田大明神（新田足利両家系図—鑁阿寺文書）

と伝える。さらに延宝四（一六七六）年春正月に制作された『新田大明神縁起』（絵巻物）には、神に斎ったのは延文三年（正平十三年）十月としているが、これは義興遭難の時である。

ここで一言して置きたいのは、新田・足利両氏の祖先の源氏には、どうした訳か神に祀られたものがなかなか多く、経基は神号を正一位六孫王大権現（京、西八条）、満仲は多田大明神、頼信は頼信八幡宮、頼義は奥州霊山嶽頼義八幡宮、義国は足利義国大権現といったことが知られ（新田足利両家系図）、さらに余談ながら四国地方吉野川流域、特に祖谷《いや》・山城谷・穴吹川渓谷・本山谷などには新田義貞・義宗・脇屋義助・義治を祀る新田神社が稠密に山間地帯に分布していることであろう。脇屋義助が伊予の国府で没し、義治も吉野川の山中で終焉したと伝えることと関係するのであろうか。

新田義興の多摩川矢口渡の謀殺事件は、『太平記』に基づいて述べてきたが、彼の社頭は「神職は申に及ばず、里人も近《ち》かより侍らず、おそれつゝしむ」（新田大明神縁起）といわれたのは、祟があるためであって、その怨霊性を如実に示している。『新編武蔵風土記稿』（十四）によると、後々二間三間の本殿、四間二間の拝殿、鳥居三基、鐘堂、絵馬堂、神楽堂のある社頭となり、本殿の後には義興の墳墓があって、この墳墓にふれるとたちまち祟るといわれていた。この社頭は大田区矢口町の新田神社を指していること申す迄もない。

一方、入間郡豊岡町の愛宕神社にも縁起書があって、寛文七（一六六七）年四月のものに

新田義興の怨霊（『新田大明神縁起』下巻部分。新田神社蔵）

は、弓箭《きゅうせん》甲冑の木像を安置すといい、宝暦四〔一七五四〕年三月の『愛宕宮縁起』には、足利基氏の命によって祀るとされ、神体は馬上の武人像とし、雷神の形をもって祀ったと伝えたのも、或るものに「尊像は雷公の如し」と伝えたのに吻合し、怨霊と雷電の合体した性格を示している。申迄もなく愛宕社も本来、火の神だったのである。

だが古来の矢口の渡が、現在の大田区矢口町付近にして、古くからの渡渉地点と考えることは、古街道の考察からはどうも妥当でないようだ。しかし伝説口碑としては、矢口を中心とした義興遭難の話を伝え、付近の光明寺には江戸氏の墳墓と称するものもあるが、全く当てになるものではない。矢口町を中心に新田事件が起ったと考えるようになった大きな原因は、近世江戸の芝居や浄瑠璃による影響が、庶民にそれを事実化して伝えるに至ったのに基づくと思われる。

さて武蔵国は初め東山道に属していたが、後に東海道に編入替になったとは言え、東山道には南北に通ずる奥州街道が通じ、相模の高座郡海老名《えびな》の国府から、小野に出て関戸にかかり、武蔵府中に至りて国分寺・久米川・所沢へとほぼ直線に上野の国府に通ずるのであって、後に鎌倉街道としても幹線になるのに考えると、一段と古い渡渉地点は、府中町を中心に河流を上下していたかと思わねばならぬ。『太平記』が伝える義興の遭難の記事も、どうも武蔵府中中心の書振りの匂いを思わしめる。このことは鎌倉街道上に、矢口渡があったのを本来とすべきもののようで、するとその地点は、鎌倉古街道と交叉の川瀬を、その状況によって上下したのが正しい見方であるようだ。

しかも分梅《ぶばい》は、鎌倉街道に沿うて古く開けた村落らしく、中世には分配・分陪・分倍などと書かれ、元弘三〔一三三三〕年五月の新田義貞の鎌倉攻撃に、ここを中心に壮烈な攻防戦が演ぜられたのは、おそらく街道上の渡渉地点の確保に戦略上の意義をかけた戦闘であった。これは多摩川の線が鎌倉防衛の北方に於ける第一線でもあったからであろう。

一方、矢崎《い》なる地名も伝えられているのは、調布町の矢野口と共に一つの注視点であったことは、後に述べるとして、それに加えて芝間の部落も、もとは多摩川の近くにあって、府中の出村であったことも重要な注視点であろうが、これは略するけれども大国魂神社の末社の天神社、調布町の布多天神社、矢野口の穴沢天神社の如き天神社の存在も、おそらく渡渉地点の信仰と関連しつつ、早くより神格化し、鎮座を見たものとすべく、すると谷保天神も阿豆佐味天神も当然考慮しなくてはならなくなってくる。そして怨霊として出てくる義輿の霊も、かかる天神と習合した御霊《ごりよう》の形に他ならなかったが、ここで古来難問視されてきたのは府中の五月五日の闇祭に、八基の神輿が野口の仮屋に神幸するのに、中の御霊の神輿一基が、他の神輿と道を全く変えて、裏道より仮屋へ幸することであろう。いかにも特異な神幸である。この御霊がいかなる御霊であったのか、急には明らかではないが、その原初はおそらくここ多摩川の渡渉地点にかかわる、ミズチ的なものに基づいて成長した御霊ではなかったかと思われる。だからして御霊が正道を幸しないのは、その悪霊の恐怖に対する処置を講じていたためであろうか。神輿の型も異なっている。

話を新田明神の社頭に返すに、するとその社頭が現在大田区矢口町に在るのは、全く腑に落ちないといわれよう。これは江戸城下町の成立につれて、府中付近の矢口渡が、交通路の変移につれて漸次に下流へ移ったために、渡渉に関係の力役者としての雲助たちも移動し、彼らの新田明神も奉持して、下流の新渡渉地点に祀ることとなった結果と解すべきもののようである。

交通線の変移により、渡渉地点の移動に加えて、徳川幕府は新田氏に対してはかなり好意的であったと思われる節々があり、また江戸の演劇は現在の矢口町に口碑を固定せしめるに効果したと考えられて、義興の惨劇の場を新田明神を中心として語られるに至ったと見てよい。さらに『太平記』を骨子とする『新田大明神縁起』が制作されるに至って、義興の事件は矢口町の近辺だと信じてしまうのである。

こうした新田明神の由緒を立てて思うことは、われわれはこれからも「河」の文化史的研究の開拓を期してゆかねばならぬが、その最初にくるものが、人間と自然との交渉の場、それが渡渉地点だったのである。

5　絢爛たる怨霊

夢や幻覚に出現する出来事を、現実と信ずるのは、原始人にあってはいかにも強烈で、その記憶心象はそのまま影像魂として浮かび上ってくると言われるが、かかる原始性は後世までも、御霊怨霊というものの上には断続しながら続いている。けれどもその死が凄まじく、印象的であったことが、特に注目される理由であって、つまり死者に対する記憶の社会的条件が異常だったのである。菅公のごときはその典型であったと言えよう。

されば「菅丞相ノ変化ノ神」（西源院本太平記十二）なりとあるが、新田義興の化現も、変幻のものに他ならない。陣没するものの多かった時代には、こうした変化のものが多く現われた。そうした中で著名なものに楠木正成の亡霊がある。ほぼ同時代人として、義興の場合と比較のため、これも『太平記』（二十三）によりつつ述べるであろう。

楠木正成に腹を切らせた大森彦七盛長も、その怨霊に悩まされる。それは恩賞に与《あずか》った喜びに、彦七は猿楽をして遊ぶに当たって、楽屋へゆく途中、赤き袴に柳裏の五絹着て、鬢深くさげたる十七、八歳ばかりの女が、ただ一人たたずんでいる。この女性は単なる美しい女性ではなく、変幻のもの。「俄ニ長《タケ》八尺計《バカリ》ナル鬼ニ成、二ノ眼ハ血ヲトイテ、鏡ノ面ニソソギケルガ如シ、上下之歯食ヒ違ウテ、口脇耳之根マデ広クサケ、眉ハ漆ニテ百ハケ塗タルガ如クシテ、額ヲカクシタル振分髪之中ヨリ、五寸計ナル犢《コウシ》ノ角鱗ヲカヅキ生出タ」物凄い形相に変化したのである。彦七これと格闘して深田の中へころび落つると、怪物は消えたけれども彦七は気絶する。ところが変化は再び現われる。遥かなる海上に「装束之唐笠計ナル光物」二、三百も出現し、一群立ちの黒雲の中からは、鬼形の者共が玉の輿をかいて、甲冑に身を固めたもの百騎ばかり、稲妻に光りつつ高い声にて彦七に「楠判官正成ト云物参テ候」というのである。

正成の亡霊は悪眼に三千大千世界をにらみ、南朝の忠臣にして戦場に屍《しかばね》をさらす輩は、ことごとく修羅の眷属と化し、瞋恚《しんい》の炎に燃えているのだと凄み、我朝にある名剣三振のうち、彦七のもつ名剣一振を所望する。三振のうち二振は既に「日吉大宮ニアリシヲ、法味ニカヘテ申給」わり、別の一振は「尊氏卿之許ニ有シヲ、寵愛之童ニ入リカハリテ、是ヲコヒ」とったのであったが、今一振が残っている。その残る一振を取ろうとす。この今一つ残る剣とは大森彦七が現に腰に帯している刀なのであるが、その由来談は神秘性を帯びていた。

壇ノ浦で平家族滅の時、悪七兵衛景清が海底にとり落した剣をイルカ魚が呑み、その魚、讃岐国の宇多津の沖に死んで以来、刀は海底に百余年沈んだままだった。ところがゆくりなくも漁夫の網に引上げられ、彦七のもとに伝わったという。ところがこの刀の呪力によるのか、彦七がこの刀をもっていると、尊氏が天下を取ることが容易なのだとの信仰的なものから、これを召し上げるのは後醍醐帝の勅諚だと、正成の亡霊が叫ぶ。だがこの時は再び光り渡りて、海上はるかに飛び去った。

しかるに四、五日置いてまた稲妻風陣し、黒雲の中から正成の亡霊が来襲して叫ぶのである。既に予期してか彦七は鎧に身を固めて待っている。この時には修羅の所変として後醍醐天皇・護良親王・新田義貞・平忠正・源義経・平教経に、正成を加える七人の亡霊群像として現われたが、正成は不審あらばとて続松《ついまつ》〔たいまつ〕を十四、五本、同時にサット振り挙げると、闇は忽ちに昼の如く、その光に彦七、虚空を見上ぐれば七人の怨霊は夜叉の姿に、多くの眷属にとりまかれながら大群像に浮び出たのである。この怨霊出現の姿は、彦七にのみ見えて他人には見えずして忽ち消え、あとには正成の声のみ残って飛び去った。しかしこのため彼は物狂いになり、一間に押籠められてしまう。よって彦七のその後の有様を見ると、或夜又雨風一シキリ通テ、雷光シケカリケレバ、スハヤ例ノ楠来リヌトアヤシム処ニ、案ノ如ク盛長（彦七）ガ寝タル枕之障子ヲガバト踏破テ、数十人打入音シケリ、警固之物共オキサワギテ、太刀長刀ノ鞘ヲハヅシ、夜打入タリト心得テ、敵ハ何ニカ有トミレ共更ニナシ、コハ何ニト思フ処ニ、天井ヨリ熊手ノ如クニ毛生テ長キカヒナヲ差シ下シ、盛長ガ髻《モトドリ》ヲ取テ中ニ引サゲテ、八《（破）》風ノ口ヨリ出トス、盛長中ニサゲラレナガラ、件《クダン》之刀ヲ抜テ、怪物之臂ノカカリノ辺ヲ三刀指、ササレテスコシヨバリタル体ニ見ヘケレバ、ムズト引組テ、八風ヨリ広廂《ヒロビサシ》ノ軒ノ上ニコロビ落テ、又七刀マデゾ指タリケル、怪物急所ヲササレタリケン、自二脇ノ下一鞠ノ如クナル物ツット抜出テ、虚空ヲ指テ去ニケリ、警固之物共、梯ヲサシテ屋ノ上ニノボリ、其体ヲ見ニ、一ノ牛ノ頭アリ

この牛頭は正成の怨霊の乗った牛なのか、それとも別のものか、いずれにしてもこの牛頭を中門の柱にさげておくと、夜中、鳴り且つ光ったので、これを微塵に打砕いて水の底に沈めてしまったという。

次の夜も警固するところに、蜘蛛の怪に襲われるといったこともあって、蟇目《ひきめ》を射させたり、四方の門は陰陽師に封じさせるけれども効果なく、大般若経の講読によって怨霊は遂に晴れるに至ったというのである。

6　矢刔

『太平記』に於ける義興と正成とを主体とした二つの怨霊は、既に種々な要素――特に仏教的なもの――を混糅《こんじゅう》して、その原質性の判断に苦しむところが多いけれども、義興の場合を主として考えるに、まず矢口という地名はいかなるところであるのかが問題となってくるらしい。では矢口とは何か。

三河の矢《や》矧《はぎ》橋（矢作橋にも作る）や近江の山田矢橋渡という、矢に因む橋や渡も著名であるが、矢橋の渡を例にとると、ここは矢早瀬の渡（太平記・三十一）、矢走の渡（源平盛衰記・二十八）と言われ、渡渉地の水流の速度を、飛ぶ矢にたとえたとも見られるのであろう。しかし三河の矢作川は『類聚三代格』（承和二年六月二十九日の太政官符）にも見える古名にして、矢作（ヤハギ）は矢矧による名とすべきが素直で、水流の速度によるとするのは、おそらく正しいのではあるまい。武蔵の矢口も弓箭にかかわる矢口であると思うが、矢矧・矢作・矢橋・矢走が、多く河津の渡渉地点にかかわっているのは理由のあることで、それを解くヒントは、右に掲げた『太平記』の話の中にも見えていると私は考える。正成変化の怨霊の場合、彦七は「加様ノバケ物ハ蟇目ノ声ニコソオソルナリトテ、夜モスガラ番衆ヲ置テ、宿直《トノヰ》蟇目ヲ射サセ」たとあるのも一つの鍵になるであろう。これは虚空より襲う怪異に、弓箭を以ってする対抗なので矢の突刺貫通の威力が、怪物に恐怖感を与えると共に、殺傷に効果ありと信じられた弓箭の呪力に基づくものでなくてはならなかった。

渡渉地点に矢作・矢口の如く、そうした地名の付けられた理由は、弓矢の呪力にたのみつつ、現実に矢を樹てて渡渉地点の脅威を、呪術的に制圧することの可能を信じたに基づいている。それは古代以来渡渉地点が、往来上の難処であったことに基づいており、特に波浪の根源が、ミズチ・オカミの類に起因すると信じられたことからして、渡の難所に当たって矢による呪術を施さしめてきたと思われる、根本的な理由があったとすべきであろう。催馬楽の「貫河」（三河国にある河か）に、「矢矧の市」と見える矢矧も、おそらく左様な呪術が試みられるに当たって、人々群集して市の場となることもあったのか。この点は別に説かなくてはならぬが、こうした矢は串・矛・櫛ともその形の上に於て相通じ、そしてほぼ同質性の呪力を感じていたのであって、

挿櫛は十まり七つ　ありしかど　たけふの掾《ぞう》の朝に取り　夜さり取り　取しかば　挿櫛もなし　さきむだちや（催馬楽）

とあるごときは、越前武生の道口の挿串による呪術の存在を思わしめるであろう。即ち矢串であるのだが、また『和名抄』に見える生櫛郷（美濃国武芸郡）、櫛椅郷（相模国大住郡）の郷名のごときも、かかる呪術によって生じたものかと思う。しかしここでは矢のみに限定してクシには及ばない。

けれども山中にあって矢神とか矢祭、或は矢立峠、矢立杉などの地名が伝えられるのは、矢をもって神を祭った名残とし、武将が武運長久を祈るに発するが如くに考えるのは良くない。たとえば伊豆国田方郡錦田村の駒形諏訪神社境内に矢立杉があり、往古出陣の際、武士

がこの木に表矢《うわや》を射立てて勝負を占ったとする如きは、その発生的意義ではない。これは矢張り虚空の対立呪術から考えてゆくべきもので、「武士のためしに引ける梓弓、矢立の杉やしるしなるらむ」（廻国雑記）とあるのも、本質的な発生的意味の理解ではなかった。これも矢口といわれる河の矢とも共に考うべきものとし、これ以上は他日と思うけれども、松山義雄氏の『山国の神と人』の一冊には、特に興味を覚えたから、注記の意味でこれを引いておこう。

松山氏の話は信州伊那谷の山村を中心とするものだが、山中の悪場にキュウセン山の神の祀られるのを散見すると言う。このキュウセンには弓箭・急仙・急巽・九泉・旧先などの字を宛てているのはとも角、遠山郷須沢では奇禍によって横死者を出した場所を、キュウセンと呼んでいる。これは山神の一種とされ、このキュウセン山神が奥地の部落へ行くに従って、その数を増しているのは、嶮岨な地勢のしからしむるところとも考えられている。だがキュウセンについて『熊谷家伝記』の伝えるところは、応永三十一〔一四二四〕年、赤石山地の大河原で御生害の尹良親王随身の兵士三人、敗走して天竜河畔福島の民家に押入る事件があった。このとき南信濃の坂部の郷主熊谷直吉主従六人は、一味をあざむき向方《むかがた》口の川辺に誘い出し、二人を討取り一人を淵に追い落して水没せしめ、事は一応落居したものの、後、元和元〔一六一五〕年に至って、平谷村の熊谷家縁故の家に不幸の絶えないところから、占に求めると、前記三人の死霊のなす業と出たという。これはとも角、この死霊を「弓箭川死霊」と呼んでいることは、注目を要するところにして、同書にはまた、大永元〔一五二一〕年に妻との間に噂のあった山伏を、その夫たる坂部の郷主熊谷直光が殺害するのであるが、これも大きく時間を隔てて熊谷家に、山伏の死霊が祟をなすのであった。この際も、この死霊を「弓箭死霊」と呼んでいることである。キュウセン山神について近くは八重河内の小瀬戸には、〝リンエ門山の神〟碑がまつられている。これは小瀬戸山中で山作りをしていたリンエ門が、大木の枝払い中、枝にはねあげられて、木の股に挟まれたまま樹上で死んだが、それもキュウセン山神として扱われるのに思うと、宛字は如何にあれ、キュウセンは弓箭を宛てるのが、このものの原義に近かったと思われる。赤石山脈への山地には、このようないわくつきのところが、山・川に多く、村人たちはここを通るときは戒め合うとも言っているところを見ると、こうした地点に当って、山神を威嚇した古代人の呪術に尾を引く伝承が、かかる山地だけに、比較的よく伝えられ、信ぜられているのだと思われ、そこは人間生業上にあっての難処でもあった。古代以来の恐怖が、そうした難処に落命した霊と結合して弓箭山神に成長している。だが威嚇呪術はもう悪霊の方にその名を与《あずか》っているけれども、神の名に弓箭を冠して、古代以来の感覚を失っていないところに、この地方の伝承の尊さが思われねばならぬ。それのみではなく、矢口とその神霊の上にもかなりの参考になってくるのだった。

では話をもとに返して、渡渉地点のオカミ・ミズチが、直ちに虚空の現象に直結すると信じてきたことは、おそらく石器時代に溯るはるかな以前からの人間たちの心であったことに疑いなく、降って『万葉集』にも「わが岡の龗神《おかみ》に言ひて降らしめし雪」（巻二）とて、降雪はオカミの作用とし、さらに下っても「竜は鳴神の類にてこそありけれ」、風は「竜の仕業にこそありけれ」（竹取物語）、「竜ならばや雲にも登らむ」（方丈記）などとあるのは、長く信じられてきた天空恐怖現象の端的な表現とすべきであった。されば風を起し雨をふらし、雷電稲妻の現象は竜蛇にもとづくとし、その本質的な作用に於て雷とも相通ずるのであったから、それはそのまま虚空の猛威の気象に表現すると考えた。だから「この国の海山より竜は下り上るものなり」（竹取物語）であろう。竜蛇は古代以来長く雷と通じて信じつづけられたことからして、この悪霊的なものに呪術制圧の弓箭は射かけられ、後々にも往来上の水波にかかわる最も関心事であった渡し場には、矢作・矢矧、矢口として、弓矢を立てて気象を作用するデモンへの威嚇を試みていた。

それが多摩川の矢口の渡にも、かつては試みられ、その神態がやがて地名と固定したのであって、この地点の古代的性格が僅かに顔をのぞかせている訳である。しかしそれには府中の矢崎が古く、ついで調布町の矢野口、この川に沿うて下流の矢口になってくる。そうした古代的呪術の上に、芝間村の芝間も考えねばならぬが、これは筆を改めるとしても、隅田川の竹屋の渡は一言しておく必要がある。昭和三〔一九二八〕年二月、言問橋が架けられるまで、三囲《みめぐり》稲荷の鳥居の上手に竹屋の渡があった。この竹屋は浅草側の山谷堀の舟宿の屋号から出たというが、それは以前にここに竹矢の呪術が試みられてきたことに、おそらく関係しているであろう。そこの舟宿の名前から竹屋が出たというのは、忘却の結果かと思われるということだ。もう一つ付加して理解に資するならば、松戸市と柴又をつなぐ矢切の渡の矢切も、こうした立場から理解すべき地名であるらしく、ここには柴又帝釈天が祭られているのも意味があるということである。

7 威嚇の矢

かかる古代性格をもつ矢口の渡に、新田義興の怨霊が発現してくることは、御霊信仰の上では一つの形であって、菅公の怨霊が、火雷天神といった雷電的なものに、その憤念を発散させたことは、巨大な怨霊として史上に著聞したが、新田義興の御霊も、発現の形に於てこれと異なったものであるのではない。新田大明神の尊像は雷公のごとくであった（宮下氏過去帳）といい、畠山氏の夢に太鼓の音して鬨《とき》を作るとあるのは、雷鳴の印象を投影して雷公との習合を伝えているであろう。しかしその変化の姿に時代による影響は争うことは出来ず、鎧を着たり馬に乗って多彩化し、楠正成の場合の如きは、いかにも絢爛たるもので、まるで歌舞伎の舞台を見る趣さえ感ぜしめている。

けれどもこうした怨霊変化の多彩性の奥を窺ってくると、そこにはやはり古い御霊の要素が、雷電現象の中に重なっているのは見逃すことは出来ず、黒雲一むらの中から雷鳴雷光して、変化が出てくると言ったのにも、御霊と虚空の雷電との結合が明らかである。だからしてこの黒雲に弓矢を射かけて、悪霊退散の呪術も試みられたのであったと共に、早くから雷電はまた鬼の姿にも認識されてきたのである。鬼と考える一方、稲妻は光の箭《や》とも考えられ、この刺す如き強烈な光条の箭にて江戸氏や彦七が気絶するのは、今から考えると或は感電的なものとも考えられるであろう。七、八寸ばかりの雁俣《かりまた》にて、江戸氏が胸板をスーッと射通されると思って落馬するのは、そうした点を考えしめるのだった。また彦七が射ち落した牛頭を打砕いて水の底に沈めたとあるのには、やはり虚空の猛威が、水のヌシ（ミズチ）と深く関係していることを、暗々裡に伝えたのであったと考えねばならぬ。

しかしながら、正成の亡霊の場合はこれと対照的にして、彦七は怨霊と対抗する。それだけに変化のものの顕現のし方も変っていると言え、特に天井からヌーと出てきた猿の手が、彦七の髻《もとどり》をつかんで破風口より逃出せんとするや、彦七は例の名剣を抜いて怪物を三たび刺し、怪物のひるむや広廂《ひろびさし》の軒に転落することが出来たが、怪物は虚空を指して飛び去ってしまう。この形はゆくりなくも羅生門の鬼と対峙した渡辺綱の場合と似たケースであるのが面白い。しかも怪物を切るのが海に沈んでいた名剣を以ってするの点は意味深長で、だからして『太平記』の大森彦七の話はいわば一種の剣巻ということも出来るであろう。彦七所持の剣は「天下之霊剣」であったから足利直義へ奉呈したが、直義は「サシタル事アラズトテ、賞翫之儀モ無リシカバ、沙々《イサゴ》ニ埋レタル断剣之如クニテ、凌天之光モ無リケリ」（太平記・二十三）とて、霊剣威力の失墜を述べるのは、直義の運命の上にこの霊剣の消長を添わせてゆこうとするのであろう。やはり剣巻的な要素をもっている。

そうした剣巻的な要素の流れと共に、ここでもう一度思い出したいのは、破風から逃げた怪物のことである。この怪物牛鬼の頭を砕いて水に没めたことは、水底に得た剣で鬼や怨霊を切ったこととの間に、信仰的呪術的にも連絡のないものではないことの見当がつけられてくる。それには既に言われるごとく、古代の剣には蛇体の象徴としての形が、既に呪術的なものをふくめているといわれる。こうした関係を説いてくるのは、また別個の問題として提起するとしよう。

いずれにしてもこうした虚空に通う神と怨霊との結合を背景にして、新田義興は矢口の渡に手を合せて拝む怨霊神として祀られたのであるが、こうした神は一面行疫神《ぎょうやくじん》であること勿論である。だから平安朝以来の御霊会《ごりょうえ》とも、その本質的な姿に於て一つの筋が通っている事も忘れてはならず、それ故に御霊会の芸能的な神態とも深い関連をもっている。かかる御霊は何時も天空の雷電火雷と結合してくる傾向をもち、それが歴史の場に思わぬ波紋を描きつづけてきた。何も矢口の渡に特異な現象であるのではなかった。しかしそれが歴史上の人物の怨霊と結合して、ここにはここでの色彩に包まれて伝承されてきたのである。

そうした事例として、最後に岡山県の高梁市の高梁川と成羽川との合流点の「阿部の渡り」、或は「合の渡り」に、山中鹿之助が謀殺された場合である。時は天正六〔一五七八〕年七月十七日。上月城（兵庫県佐用郡〔現・佐用町〕）を出た鹿之助が、この渡りで不慮に殺された。渡渉地点が兵を伏せるのに、地形的に好都合であったのは理解出来るが、こうした渡りに三十四歳を一期として没した鹿之助は、新田義興の如き怨霊化は充分に成長しなかったとしても、阿部部落には彼の胴塚があると伝えたのは、やはり虚空の鬼が制圧される際、首塚や胴塚の伝説的に作られてゆくのと、何か一脈の連絡が山中鹿之助の上にも結びつきつつあったのは、わが国の人々の信仰の傾向として、やはり注目せられるところでなくてはならぬであろう。

私は矢口に於ける呪術とかかわって新田明神のことのみを述べて、これを終ろうかと考えたが、遂に中世御霊に示された古代性といったものにも筆が及んでしまった。それがゆくりなくも渡辺綱の話とも関連したのは、さらに追究するものを感ぜしめ、なかなかに問題を含んでいるけれども、この一篇はこれに一応止めて次に移る。

第八章　琵琶湖周辺の呪術と風土性

琵琶湖北岸に近く野島、そこの伊崎寺の裏に湖上に突き出た大角材がある。人々呼んでこれをサオという。このサオに通路を求めつつ、琵琶湖をとりまいて生起したのであろうと思われる呪術現象の一面について、私見を述べようと思う。

1　湖のサオ

文化財保護委員会の比叡山総合調査に当って、琵琶湖上の伊崎寺を訪れたのは、私にとって大きな収穫だった。

昭和三十八年五月三十日、能登川口より伊崎寺のある野島へ渡る。ここはもとは島であったが、現在は陸続きになり、さらに野島の抱く入江も干拓予定地になっているけれども、大島と対してやはり島という感じが強い。島には息障明王《そくしようみようおう》としての不動明王を本尊とする伊崎寺がある。ここで面白く思ったのは寺の裏側の島の突端部に、サオと称する杉の大角材が一本、水面に平行に突き出されていることで、これは何とも奇異なのであった。

伊崎寺裏のサオ

　このサオにかかわって話をすすめてゆくことになるが、説明によるとサオは水面よりの高さ七間、長さも七間という。突き出ている所へ行って見るのに、なるほど、幅一尺二、三寸、厚さ一尺五、六寸の大角材である。角材の根を巨石で押え、そのまま湖上に、言われる如く七間も突き出されている。訳を聞かないと、処かわれば品かわるとでも言うのか、全く奇異な存在といわねばならなかった。呼んでサオというのはこの大角材である。

　現在のは昭和二十八年に換えたもので、既に十年も経過したので取換えの時期が来ていると住職はいうが、それにしても何のためにこうした巨大なサオが湖上に突出されているのであろうか。誰しも聞きたいのはこの点だった。サオ換えには住職が渡り初めをするから、サオには何かいわくがなくてはならないのである。

　その由来はこうだった。

　ここを通る船は、サオの先端の環より縄で吊るされている空鉢に、不動尊への供物を入れて通る。それでこのサオが突出されているのだと。なるほど、そのためであろうか、今も鉄環がサオの先端に下っている。けれども現在は左様なことをする船もなく、サオは空しく風雪にさらされている。ただ八月一日には、近郷の青年たちにより、サオ飛びの行事がこのサオを利用して行なわれ、サオの尖端から湖中へ飛込むのだ。その時、近郷村落からは船を整えて見物にサオの周辺に集まってくる。酒肴を持込んだ船も多数だという。それにしてもダイビング用に、あの大角材が突き出されているとは解せられない。それならば住職の話の如く空鉢を吊下げて、往来の船より供物を期待するためであったのか。

2　伊崎寺縁起に求めて

伊崎寺は相応和尚《そうおうかしょう》〔八三一—九一八〕との関係にその由緒は語られている。正保二〔一六四五〕年十一月、京都所司代板倉周防守への「葛川書立」によると、相応和尚、生身不動明王の感得を祈誓して葛川《かつらがわ》上流の滝壺に朽木を得、この朽木にて不動明王三体を自作し、葛川と比叡山の無動寺とここ伊崎寺とに安置したといい、従ってここは相応自作三体の不動明王の一つを祀るという。

それかあらぬか伊崎寺安置の不動明王像について、倉田文作調査官に調査結果を聞くに、八十七センチメートル〔二尺八寸六分〕の像高の木彫にして、藤原初期の遺作。比叡山直末関係の寺院中にては古い仏像という。しかし面部は江戸期の或る頃に彫り変えられているのが惜しまれると。けれども年代的には相応和尚の遺作という伝承にも、一応の理由が偲ばれるようで、他に藤原末期の聖観音像と梵天（二軀）も安置されて、当寺の創立の古さを示している。そうした点でも伊崎寺は古寺なのだと思われ、縁起にも勿論、相応和尚との関係を伝えていた。

さて伊崎寺には縁起を三本伝える。それは⑴伊崎寺縁起（延宝本）、⑵伊崎寺縁起（朱訓点本）、それに⑶夷奇耶山猪崎寺記（以上各一巻）である。この中⑶は名勝記的なものにして、天保十三（一八四二）年十一月、聞渓の撰にして自らの染筆であるが、ここにはさほど重要ではない。

ところで⑴と⑵、この両書は必ずしも同一ではないが、内容的に見て互に相補うところがあって、ほぼ同一傾向の内容にして、⑴の方に古態が思われるから、ここでは⑴を用いつつ⑵も所要に応ずることとしたい。⑴は、

于時延宝甲寅天十二月仲二日
洛葉清師荒神当
金剛仏子竪者、善住院実海書之畢

と奥書し、少なくとも延宝二（一六七四）年以前の所撰である。この奥書に基づいて一応延宝本という。つづいて、

此記代々可為什物者也、古本者当施寺、為本寺故令取納畢
書置し翰のすさミも代々迄の　此寺にすむ人は御ゑこう　実海（花押）

見ぬ代の人奉頼候

（別筆）「息障院常住物」

とある。

⑵の奥には「江州蒲生神崎両郡境伊崎寺息障明王院縁起畢」とあるのみだが、これも江戸中期の書写と思われる。全面に朱訓を施し、明治三十三〔一九〇〇〕年五月の修理記が奥にある。

さて延宝本縁起に「秘鉢之事」として、左の如き話を伝える。即ち相応和尚が空鉢の秘法を行なうに、空鉢は湖上往来の船舶に飛降り、船人をしてその空鉢に米穀を入れしめ、もって仏餉《ぶっしょう》灯油料としていた。しかるにある時、近江国平方《ひらかた》の商人、この空鉢を追返す。すると船は忽ち岩崎の水底に沈没し、それ以来毎年、平方浦の船は必ず破損するのだといい、これひとえに息障明王の怒によるとした。ところが中古、平方の人々は小野という行人を求め修法し、その成就するや、湖上は陸地の如く平穏になった。行人小野の語ったところによると、沈んだ平方の船は「櫛下沈在之」、船には既に倶利迦羅《くりから》竜が来り住んでいたと。

この話は⑵にも見えるが、これは説話にして事実とすることは出来ない。けれどもそうした話が伝承されるのには、こうした話を支持する背景になるものがなくてはなるまい。特に平方の船が櫛下に沈み、それには竜が住んでいたというのは注目すべきことのようである。しかもあのサオは、少なくとも延宝年間〔一六七三―一六八一〕以前から櫛ともいわれて、このクシとはまたサオを理解する上に、重視すべき名称でなくてはならぬ。

縁起にはさらに「櫛事」の一章もあって、これには「空鉢法よりの縁起」だとして、「桙前に袋を懸け、往還必ず上分を捧ぐ」（以上・原漢文）とある。つまりサオの先に袋を懸け、湖上往来の船より上分を得ていたとするが、ここにサオをまた桙というのが注目を引く。つづいて金胎両部の論理を説くのは略するけれども、「桙飛云事、表捨身、求菩提之行云云」とて、仏説めいているけれども、ここにサオ飛び（桙飛び）の延宝年間以前に行なわれていた点も推測せられ、したがって現在八月一日のサオ飛びのよって来る古さを思わせる。(2)の縁起にも、

一、桙飛ノ事、自ニ空鉢ノ法一之縁起也、桙之前ニ掛クルレ嚢ヲ之事、往還之旅船、必ズ捧グニ
　上分之米穀ヲ一

とあるのだった。

以上の縁起に秘鉢とし空鉢と見える、そのものの残片に当るのかどうか、伊崎寺には空鉢の木片があった。年代は捕捉し難いけれども、復原してゆくとかなりの大鉢を形成すると考えられ、たとえ破片にもせよ、空鉢の一片を伝え、しかも縁起とサオと関係して伝えられる点は、それを追究してゆくと、思いがけぬ古代発見の鉱脈があるのかも知れない。

縁起により伊崎寺のサオは少なくとも江戸時代、櫛《くし》・桙《ほこ》・棹《さお》と呼ばれていたが、では何故にかかる巨大な大木材としてのサオを、湖上に突出せしめねばならないのであったのか。それは既に示した『伊崎寺縁起』の話の解釈のように理解すべきものであるのか。

3 比良八荒の場

説話的だとしても、『伊崎寺縁起』はたしかに古い要素を探り出すべきものを伝えると思われるので、それを探り出す糸口に、或る所の船がここの岩鼻にて難船沈没したと伝えることから眺めよう。

古代往来の琵琶湖上の実態については、種々の角度から、南岸と北岸とに分けて考えて見なくてはなるまいが、野島方面の南岸の汀線は、江戸時代以来の干拓に湖中へ湖中へと陸地を拓げていったと思われ、着岸には好条件でなかったとしても、出漁の舟は古来変わらなかったのであろう。だから荒天に漁舟が翻弄され、ここ野島の崎はまた難所の一つだった。そうした難所の現実は、古代以来大きな変化のない地理的環境にして、特に冬期の比良連峰からの西、或は北風はまともに湖上を吹き狂って波を揚げて止むときがない。比良八荒といわれる強風もそれだった。

「比良八荒の荒れじまい」と春の初めにいわれる。冬からつづく比良連山よりの強風が、既に彼岸も過ぎ、もう春だという頃、強く吹く時がある。これが「比良八荒の荒れじまい」

で、東大寺二月堂のお水取ともほぼ一致する。また一名、比良八講《はっこう》というのは、荒れじまいが法華八講の行なわれる頃にも相当するためとも解されている。『近江国比良天満宮縁起』にも、二月二十五日を御《み》八講《はっこう》といい、この頃「比良の風あらくふきおち、こすい《湖水》の浪高きゆゑ、今に至て浦々の舟を出さず」とあるのも、比良の八講荒を言っているのであろう。

さらに比良八荒に関しては悲恋物語を伝えるけれども、それは後に譲り、ともかく湖上の強風は伊崎寺のある野島にも猛襲し、サオのある岩角に物凄い波濤を揚げる。だからして平方の船の伝説は、この点からも意味がある。湖上には、こうした難所は他にもあったが、ここ野島の難所にサオ（櫛・棹・桿）が突出している。私はそれをこうした季節風的なものをまじえた暴風雨の風土的な把握に、伊崎寺と共にサオは考えるべきだと思う。

さて何時から伊崎寺と呼ばれたか。寺名の由来を延宝本の縁起には、

(1)　当山形似伃《伊》字、故称伊崎寺

(2)　役行者開基之時、金光現空中、其光宛如伃《伊》字三点、仍号伊崎寺

という。しかしこれらの説がどれ程当てになるのかは明らかでない。次に同縁起には「私因物語云」として猪前寺とするのがある。即ち、

(3)　優婆塞巡峯之疇、猪現篠分道顕、故猪前路踏始、行者次巡礼給、依号猪前寺

と。日本武尊の伊吹山中の彷徨に、白猪がデモンとして現われたと伝えるのは、既に推移はあったとしても、こうした点を考えると、伊崎の猪前にあっても注目すべきことのようで

ある。

日本武尊の場合、白猪は山のデモンでありつつ、山神の使者の如き姿を示していたが、ここで猪の参考のために富士裾野巻狩の挿話を示すであろう。『曾我物語』(八)によると、新田四郎忠綱が猛りの巨猪に逆乗って仕止めたのは、著聞な語り草にして、この猪こそ「富士の裾野隠居の里と申す処の、山の神にてぞましましける」。それだからその夜、曾我十郎と忠綱とが打ち合って手負ったのは、山神としての猪を討ち止めたによる祟とし、猪のもつ意味を伝えていたのも思い合わすべきであろう。

いずれにしても山の神としての構造をもつ猪が、役行者の命によって盤石を噛み、また鬼神とも化したという『伊崎寺縁起』の伝承には、風濤の荒れる日の多い琵琶湖の風土を考えてもうなずかれるものなしとしない。

4　イサキの意味

話を本筋に返して、では伊崎寺のイサキとは何かというに、私見を端的に披露するならば、イサキとはイとサキとに分けて考えるべきもので、イとは「いゆきはばかる」、またイブキ(伊吹)のイの如き接頭語と見るならば、語幹はサキにあるようだ。サキは御崎の先にあるから、サキ寺と呼ばれるに至ったとも考えられようが、湖上の冬期の荒天を思い、ここが航行の難処であることに併せて、さらにあのサオの下に平方の船が沈み、その沈没船にはやがて竜の棲家となっていたという話をつなげてくると、イサキ寺のサキは船などを裂く、破砕する作用からきているかと思われる。それは雷火などによる裂くにも通じ、字を当てて辟・析としてもよかろうが、伊崎寺にもそうした凄じい自然の猛威による破砕の印象が、サキという寺名の根底に横たわっているのではないのか。こうした感じから山神の構造をもつ猪の牙の威力を考えて、猪前寺とした点もうなずけるところで、延宝本には猪を、目して葛木守護神深沙大王の化身だともいう。

こうした伊崎寺としてのイサキの理解の上に、櫛とも棹とも、また桙ともいうあの巨大な湖上の大角材のサオが問題となってくるであろう。

一般にサオと言われるものに竹竿があり、間竿《けんざお》や三味線の棹、簞笥長持の棹もあるのにも考えると、サオの概念が浮かんでくる筈である。こうした概念のサオが、縁起には櫛・棹とも表現されており、サオと同一の範疇のものとされていたことが、私には重要なのである。しかし文字を当てて現代風に考えるから分らなくした面もある。クシ一般として考えると串もある。串には突刺の用途が思われ、幕串といえば、幕の横上に通ずる棒にして、あの湖上のサオがクシ（櫛）といわれたのは、また串でもあったことを示しているであろう（もっとも古代の櫛には、串としての用途と構造とがあったけれども、ここには略する）。

次いで棹である。ホコは矛・戈・鉾と字も当てられようが、棹とは木ボコである。ホコの語源はともあれ、突刺に使用されるのをホコの本来とし、このものは形としても、また用途の一面としても、串にも類似する。言わばかかる凶器性のものが、湖上に大きくサオとして突出するのは、今日何と説明されていようとも、原義的には何かに対立する呪力に基づくと考えられる訳で、特に湖上に突出するのは、湖中のモノとの対立が考えられねばならぬ。

そうした刺突的な対立を考えながら見渡すと、竹生島《ちくぶしま》・竹島の竹を冠する島々の湖上に浮かぶのも、何か呪術の揺曳に基づく島名かと考えられ、そうなれば及んで竜神信仰としての竹生島の弁才天にもふれなくてはならないのだった。

琵琶湖のさざ波は近江の枕言葉になっているけれども、しかし湖岸一帯は強風激浪の場でもあって、そういった気象の激しさは、夷服岳神（伊吹岳神）と浅井岳の神との、壮烈な山争いの説話の背景ともなっている。夷服岳の神が抜刀し、浅井比売の頭を切ったといい、浅井比売の頭は湖中に堕ちて竹生島となるとあるが（帝王編年記—養老七年）、この竹生島の竹生には、これから申すように、そこにも気象のデモンへの対立の呪力が潜んでいるらしい。

竹生島の由来縁起には種々の伝書があろうが、ここに応永二十一（一四一四）年八月、旧記から繁簡の要を得たという『竹生嶋縁起』（『神道物語集』所収）にも、野島伊崎の突角に起こった次のような説話を伝えている。

それによると、この島の峻険な岩の孤立するところに岩屋があり、往還の舟は島上に供物を捧げるのであったが、或る時、穴太《あなほ》古麿、造酒の大瓶を船に載せてここを通過するに、島神は空よりその大瓶を取って巌頭に置き、船また動かず、古麿は幣帛を捧げて、古麿の子孫累世、島の大神への奉仕を誓ってこの難を逃れることが出来たとて、伊崎寺のサオにからまるものと類似する伝承を思わせている。それかあらぬか、竹生島の六月の蓮華会（現在八月十五日）に、大鳥を造って船に飾り、これを湖に祭って後、切り破って湖上に投ずるのであって、『祭礼記』に「祭終リテ後、金翅鳥ノ作リ物ヲ破リテ、湖水ヘ投ズルヲ以テ終トス」（東博本竹生島祭礼図附属文書）とある。しかしこの行事のもつ呪術性を説くのは別の場に譲りたい。[注]

こうして竹生島を考えていると、先年ある古書籍市（昭和三十七・五・十六京都古典会）に、

譲与　竹生島金竹坊事

合壱宇者

右件坊者、浄仙重代相伝之処也、而相副本証文敷地雑具等、限永代譲与了、忍々(?)処也、

更不可有他妨、仍為後日譲状如件

弘安十年歳次丁亥十二月十八日　僧浄仙（花押）

とある浄仙の譲渡状が思い出された。この一通を示したのは、竹生島に金竹坊なる一坊のあったことが、伊崎寺のサオにかかわって金竹に興味を覚えたからに他ならない。諸国にある竹林寺（大和国平群郡〔現・生駒市〕生駒山・土佐国長岡郡〔現・高知市〕五台山など）という寺名の竹林も、こうした点からも考えて見ねばなるまいが、これをさらに琵琶湖東の地帯に見渡すと、南大萱・北大萱の村々が知られ、この村名の裡にも、萱のもつ長剣状葉の刺

突類似の呪力性を信じていた、過去の生活の一面も想見出来るような気がした。だから『江州栗太郡駒井庄大萱村宝光寺薬師如来略縁起』(江戸末期のもの)に、この里に大蛇住みて人民を悩まし、人住まずして萱原となり、よって大萱村と言うのだとあるのは、実は話が逆で、デモン制圧の長剣状類似のものとして大萱を立てて、翻弄擬態の呪術の発揮を試みていた地点であったことを暗々裡に示しているのであろう。それが村名に拡大されたのだ。

ここでは説いている訳にはいかないが、近江八景の一つの矢橋(八橋・矢馳)も、矢による刺突の呪術による地名化が、充分考えられる条件をもつことを申して次に移る。

注　六月の蓮華会にさきだっての三月の竹生島の島繋ぎの行事の如きも、琵琶湖の風浪への呪術に発したものと考えてよく、これは竹生島の側にある浮島と元島の大小二つの島に〆縄をかけ渡す行事で、三月一日島繋ぎが行なわれる。その三日には宝厳寺の僧侶が、島繋ぎ法要とて五色のノボリを立てた船に乗り、島の周囲を読経して廻り、最後に元島付近の海中に供物を投げ込む行事があるが、海中への投供はさらに考えねばならぬ。

5　葛川明王院の碑伝

そうした場合、あの延宝本縁起に見える平方の船舶の遭難と沈没の話は、ここの難処の風浪の背後にひそむデモンが対象であったと思われ、それは気象的なものの上に、原型としてのデモンは成立していると考えられる。そうしたデモンに水底の竜といったものが考えられてくる時、そのデモンを突刺すことの出来る脅威のものと信じられた地上呪術として、クシ・サオ・ホコの如き突刺の威力を誇示して、デモンの人間社会への襲来に脅威を抱かしめると考えたのは、原始社会以来その例示にいとまがない。

ただ一言はさんでおきたいのは、かかるデモンの原質は、原始の世から天と地、空と水との間に生起した自然の猛威そのものの中に、形成の場をもったけれども、風土や立地条件、或はそれに基づく民衆の感情により、それが鬼類化したり、蛇体化を主としたり、あるいは両者を合わせてさらに怪奇性を深めて変化するのだったが、これを水による琵琶湖の立地条件から眺めると、かの丹後の天の橋立と同じように蛇体、竜神化の傾向を辿ったのは已むを得なかった。

ところで、こうした刺突的恐怖性のための呪術として、何時のころか野島の岩角でも試みられたと思われるが、おそらくそうした古代呪術的なものの連続の上に、巨大な恐怖呪術の象徴として、岩角から巨材を湖上に突出すに至ったとすべきであろう。しかしこうした用意のために、巨材を何時から突出したかは、延宝年間以前からとしても、その歴史経過の詳細を明らかにする事は出来ない。その初期には大小種々の角材を突出していたのかも知れぬ。そうしたことは考えられる可能性のあることだった。それにしてもその来し方を明らかにすることは出来ないけれども、あの巨大な湖上のサオは、はるかな過去の忘却を、学術的操作によって蘇らしめることが可能な、古代的伝承だと私は理解したい。さりながらこれを理解するためのサオの含む古代性の広がりは、単にこれだけの説明で片付くものではないことも事実であろう。

ここで私は、伊崎寺と時を同じくして調査した葛川息障明王院の、参籠札と俗称する碑伝《ひで》を考え合わせねばならなかった。

葛川明王院は比叡山の裏側に当り、安曇《あど》川の上流に当る坊村にあり、相応和尚の開創を伝える。しかして明王院の概要は『葛川明王院』(昭三十五年十一月刊)に譲るにしても、ここに数多《あまた》の碑伝が伝来することにはふれねばならぬ。碑伝合わせて四百八十一本。なかでも元久元〔一二〇四〕年六月在銘の大碑伝が著名で全長十二尺三寸。伊崎寺のサオの長大には及ばないが、やはり長大。もとは土中に埋め立てられていた関係から、腐蝕の根元は若干切断されたと思われるから、さらに数尺近くの長さがあったとすべきであろう。尖端部に護法尊を描き、ついで七所大明神・地主大権現・八大金剛童子を勧請し、元久元年六月二十四日の年記について、権大僧都成円以下の滝修行者の名を墨書する。この種のものとしてはおそらく現存最古の遺品といわれる。

ここに元久元年在銘の大碑伝の存在することは、既に元久元年以前から碑伝が立てられていたことを物語るとしてよく、後の記録にはこの種のものを卒都婆と呼んでいるようだ。あの『相応和尚伝』、正しくは『天台南山無動寺建立和尚伝』には、相応和尚一代の行実が、その法験とともに綴られるけれども、その巨細は略しても、卒都婆に関しては仁和三〔八八七〕年、日吉大宮社前に卒都婆一基を立て、法華経一部を納めており、彼が造立した華台大菩薩宝殿の前にも、寛平元〔八八九〕年に卒都婆を立て、同じく法華経一部を納めたと伝えているのを、共に碑伝だと解すると、元久元年の碑伝よりは三百余年以前に当っている訳である。おそらくこうしたものの連続の中に、元久元年在銘の碑伝が稀有にも伝来していると眺められるのだった。

それにしても一体何の用途に、かようなものを立てねばならなかったのであろうか。祭儀のためか、供養の目的か。

元久の碑伝の記文中に「第十四日夜、十箇日之内、滝之日八千枚」とあるのは、現在の私たちには意味不明の点はあるが、おそらくここの滝修行との関係を示しているのであろう。そうした滝との関係に於て眺めるべきは、熊野那智の飛滝権現《ひろう》にも、「那智滝図」（根津美術館蔵）によると碑伝が立てられていたことである。この碑伝も滝と関係したものと考えられねばならぬ。碑伝のもつ意味が仏教考古学的立場に、如何様に解されておろうとも、原始的信仰の裡に発生の基盤をもっていることだけは思っておかねばならぬようだ。

いったい、碑伝について早く述べた石田茂作博士は、碑伝の言彙が大言海・言泉・日本国語大辞典、さては広文庫・仏教大辞典・古事類苑にも皆目所収のないのに驚き、その文献を求められたのである。

1　修験道修要秘決集（中）―第七、峰中碑伝之事

2 修験頓覚速証集（上）―第二十五、峰中碑伝事口決内
3 彦山修験秘決印信口決集―七、山用名類集
4 三峰相承法則密記（上）―第十九、手碑伝書様事
5 峰中作法（中）―玉置山出生笈伝次第
6 木の葉ころ裳（上）―十七、小篠之碑

といったものがそれで、碑伝は修験者流において立てられるのを常態とした。しかもこれらの文献の成立した時代は、既に修験道の固定化の頃で、碑伝にも形式化と教義的な付加はあったが、それにしても碑伝には円木《まき》碑伝・伝《つて》碑伝・切碑伝・板碑伝・手碑伝（彦山修験秘決印信口決集）が知られる。これらについて「木材丸太をそのまま用ゐ、正面をけづり冠を彫出した円木碑伝と、板に幾分の加工を施した板碑伝と、路傍の立木を中途で切り、立木のままで其頭部に冠形を刻出し、一面を斧でけづつて墨書に備へた底の切碑伝」（碑伝について―石田茂作博士―銅鐸十二号所収）といわれ、特に「切碑伝は山伏の実際生活に即したもので、これこそ碑伝の原始形」（同上）かとも考えられているのだった。

さりながらここは碑伝の形式的考察をするのではないから、多くを略するけれども、葛川でも那智の場合でも、碑伝が滝との関係に立てられたと思われることは――勿論これだけの事例では不安なしとしないが――そこに何か重要なことが潜んでいるのでなければならぬであろう。

そのためには滝を古代人が如何に観念して信仰的な世界へ導いていたのか。つまり上代人は滝をいったい何と解したのかが考えられねばならぬ。

6　滝に抗するもの

タキとタギツ瀬とは、水流の姿として別のものでないことは詳説するまでもない。タギリ湧く水の姿の名詞化がタキなので、そうした滝への原始的な信仰は、実は竜蛇――ナガ物――にかかわっていた。この点は既に説かれており、私も他でも述べたが、竜蛇にかかわる姿にも考えられたタキ・タギツ瀬――大きくは水波――に対する呪術的の制圧原型が、あの尖った大碑伝の中にもあると考えるもので、葛川の元久元年在銘の巨大な碑伝には、呪術的威力の強力さを象徴するものが思われたのであろう。

熊野曼荼羅一般にあって那智滝を描く部分には、滝中に朱い宝珠が描かれている。この宝珠とは火焔の珠に他ならない。この点、延宝本に葛川に相応和尚練行の時、倶利迦羅の使者として大蛇まず現われ、なお祈念すると、滝壺に炎の燃える不動明王出現したと伝えるのも、信仰構造としては類似性を示しており、滝の宗教的性格が何であったかを暗示している。しかも葛川の滝に現われた倶利迦羅竜は、あの伊崎の岩角に沈んだ船を棲処《すみか》としたと語られていたのは興味あることだった。

こうした滝の性格を考えると、あの元久元年の大きな碑伝には、既に修験者流による流儀

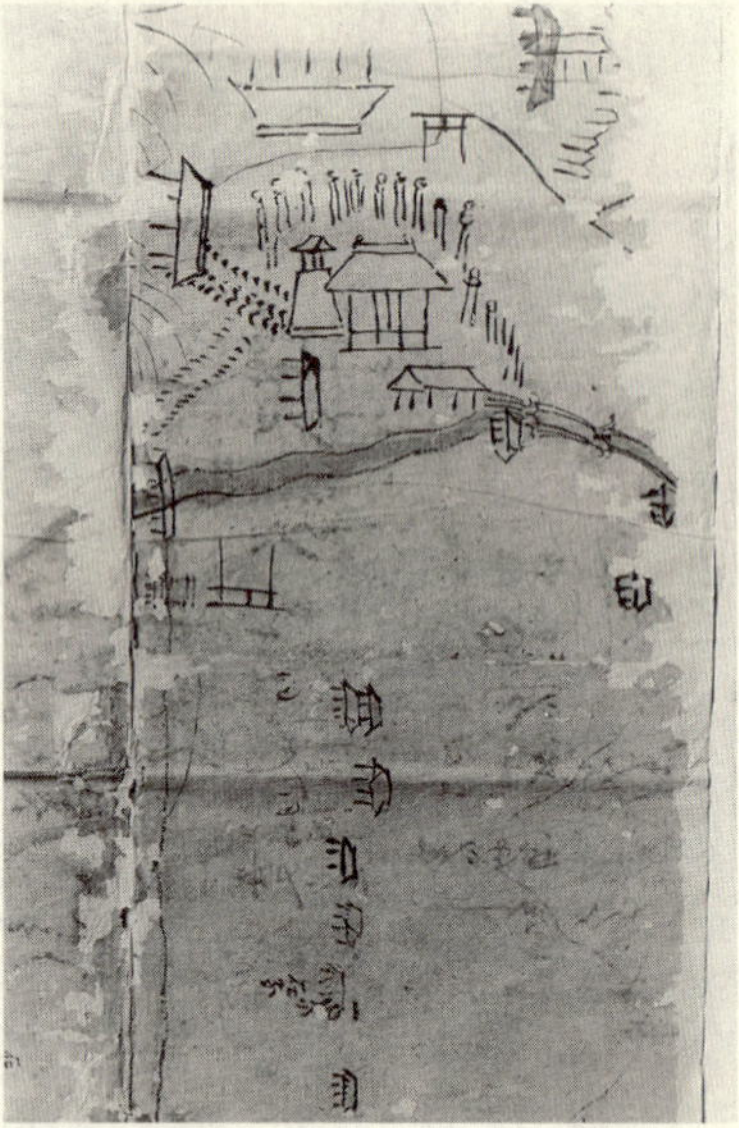

葛川明王院古図〔葛川与伊香立庄相論絵図〕
（部分。葛川明王院蔵）

の濃化が思われる。碑伝が修験者によりて立てられてきている事は、碑伝が時代と共に形式化したとしても、その原形は山霊との関係に発し、頭部を鋭角化したのは、他のものとも比較しなければならぬが、おそらくそのためであったと考えられ、しかしてこの山霊とは、雲を起し霧を捲く気象変化の眼目にして、暴風雨雷電の根源に古代人はデモンを見てきたのだ。このデモンとの対立の姿が、碑伝の中に揺曳しており、それは水霊——滝や海波——との対立にも置き換えられるものなのであって、この制圧史の中にこそ、わが修験道の成立の要因を究明すべきものが存していると私は見ている。だからして修験道史研究の出発点はまずここら辺にも大きな問題を孕んでいるとすべきだった。

さて葛川の碑伝に返って、元久元年の碑伝以前にも形式として切碑伝や円木碑伝、或は角碑伝の類が存在したのであろうが、そうした多くのもののうち、元久元年在銘の碑伝が今日まで伝来してきたことは、元久元年前後に当って、この大碑伝を立てねばならぬような大きな恐怖――虚空の猛威による崩壊や津波など――が、この地帯を襲ったことにかかわって、忘るべからざるものとして、特に伝来すべき理由が存したためかとも思われる。

それにしても、碑伝は後々大小種々、一種の奉納物の如き形を呈し、文保年間（一三一七―一三一九）の『明王院地主神社古絵図』には、林立の盛況を伝えたが、元久元（一二〇四）年在銘の一本を除いて、中世の年記のものは五十七本、近世のもの四百二十三本、合わせて四百八十本を現存する。けれども元久元年のものから、現存中世期のものは元弘元（一三三一）年が古く、それにしても元久元年から百二十七年を経ている。その間の碑伝は現存しないけれども、この百二十七年間にも、種々の碑伝は立てられつつ推移したであろう。前記の古図（図版には別のものを示した）には、丈余の碑伝三十五本余が、明王院本堂を取巻いている状況は、元久元年六月の巨大な碑伝に劣るとは思われぬ壮観さである。

碑伝が既に仏教的であったとしても、元弘元年以降の碑伝には大聖明王・大悲明王・不動明王などを勧請するのに考えて、その原始的意味には重要なヒントを示している。そのためにはソトバに対する私の原始信仰的理解を述べて置くとよいが、ここでは手っ取り早く、唐土の事として伝える『宇治拾遺物語』（二）の山頂の巨大な一本の卒都婆の話を、述べておくのが好都合であろう。

この山頂の卒都婆に血の着く時は「此山は崩れて深き海となる」と伝えられていたが故に、老女はそのために毎日、卒都婆を見に山に登って行った。或る時、若者たちが戯れに卒都婆に血をつけて置いたところ、果して伝えの如く風吹き雷電の轟くかと怪しむ裡に、山容は崩れて深き海になったとあるのは、卒都婆のもつ呪術的意味をよく伝えていると思われる。それは説話であっても、その底には自然の猛威と対立する卒都婆——碑伝でもあろう——に呪力が信ぜられていたことを示すのだった。

これを一つの手がかりとして『拾遺往生伝』（中）の左の話も、やはり注意する必要があろう。それは肥後国国府の府生（失名）が、羅刹鬼に追われるところがある。この鬼が法華経の功徳にかかわるのはともあれ、昔一人の聖《ひじり》が西峰にソトバを立てて、法華経を籠めたと伝えるが、この山上樹立のソトバも、鬼——その原型は自然猛威のデモン化にある——に対した趣を示していたことは、「浅草の雷門」の場でも触れて置いたけれども、これにも唐土の山上の大ソトバと通ずる呪力性がよみとれる。

こうした事例を通して葛川の碑伝も、構造の内面性に於てこれらと別だとは思われない。そうした自然の猛威を象徴すると考えたタキ——それは水霊にして竜にも思われた——に対していた恐怖の形は、やはり高野山奥院に林立してきたソトバの意味とも、別個のものであるのではなかろう。『高野大師行状図画』（下）の「高野臨幸」の場面に、平屋の高さに近く、或はそれよりも高いソトバが林立しながら描かれている。

これらは通俗的に供養物とも考えられている。後々にかけて左様に眺めて疑わないけれども、それは本来の意味の忘却の結果と、仏教信仰の上塗りによる後の解釈と考えるべきであって、高野山を襲う雷電風雨の猛威を考えると、その猛威が没後の空海という巨霊と結合して、猛威の場の猛威をさらに巨大化せしめないための、呪術的処置に根源を発していると考えるのが妥当であろう。そうした場合、書かれている種子梵字《しゆうじ》の意味も仏教的にのみ解する前に、不可解な字形の駆使により、デモンを困却せしめると言った趣旨がなかったとも考えられないのである。デモン翻弄の智恵であろう。

7　護法尊

かくて元久元年の大碑伝の尖端に描かれた護法尊を考えるため、再び相応和尚の伝記を眺めるに、相応が天安二〔八五八〕年、右大臣藤原良相の女、西三条女御の重病の悪霊を呪縛し、貞観七〔八六五〕年には染殿皇后の天狗を放たしめ、仁和元〔八八五〕年には六条皇后の霊狐を、呪《まじない》によって放ち去らしめた如き呪験《じゆげん》と共に、彼には護法童子——たとえば竹林・鶴林——を駆使したことが伝えられている。よってこれらの事蹟を考慮に加えつつ、元久元年のあの大碑伝頭部の童子としての護法尊の存在を眺めると、どのような意味をもつのであろうか。

かかる童子は『信貴山《しぎさん》縁起』の剣の護法童子の性格とも別のものではなく、後にも少しく

元久元年在銘の碑伝に描かれた護法尊（葛川明王院神札による）

触れるけれども、それが如何ほど仏教理説化の上に説かれようとも、原質的には雷神的なものにつながる童子にして、従って元久碑伝の護法尊もまた重視すべきものでなくてはならなかった。適切な例ではないかも知れないが、火に関する護法について『日本霊異記』（下ノ十）に、熊野榎本氏の牟妻《むろ》の沙弥が法華経を書写し、皮筥《かわばこ》に入れ、時として読誦していたが、神護景雲三（七六九）年五月二十三日、失火に家は全焼した。けれども法華経のみは焼けず、讃には「貴きかな榎本氏、深信功を積み、一乗の経を写す、護法神衛《まも》りて、火に霊験を呈す」とあるのは、護法と火との関係を示す早き一例かと思う。さればこうした火にも対する事の出来る威験の護法が、元久元年の碑伝の先に描かれている古代信仰上の意味というものは、軽々にはすまされるものではないというのである。

かくしてこうした手続きの末に伊崎寺のサオと、葛川の碑伝とを比較する場が出てきたように思う。

サオの呪力的構造は、野島の岩角に生起する風波の恐怖関係に於て捉えたが、葛川の碑伝も滝への対立に発する呪術と考えてきた。すると両者の呪力的な構造は別のものではなく、ただサオが水平に、碑伝が垂直にといったことが異なると言えるであろう。こうしてサオと碑伝との古代信仰構造上の類似の意味が発見されてくると、両者は時代を大きく隔てているけれども、野島のサオの民俗行事としてのサオ飛びが、裸体の男子によって今なお行なわれるのには、忘却があろうとも、これは一種の護法飛びでなくてはならぬ要素をもっている。護法は跳躍する。だからして近郷の若者たちによるサオ飛びは、あの葛川の大碑伝の護法尊と連絡すべきものを行事として伝えたのだとの解釈を可能にせしめてくる。これは私には驚きでもあった。

8　柱松の民俗

すると各地の民俗としての柱松行事に、柱に登って点火するのも、修験的なものとたずさえて、本来の意味からは別の如き姿を呈したとしても、よく観察するとき髣髴《ほうふつ》として古い姿が浮かんでくるようである。柱松には投松明——投げ上式の点火法——による例が多く知られるが、柱に登って点火するのには、サオ飛びや元久の碑伝上の護法の存在とも、発生事情の信仰において相通じた内容をもっていたかとの推察を可能にする。注

堀教授の発表によると信州飯山町（現・飯山市）の祇園さん（小菅八所明神）の柱松行事には、松児《まつこ》（稚児であろう）が抱え上げられて柱松に点火するが、その松児には注目すべき

童子の要素を伝え、福岡の白山神社でも柱松の点火には、当番のものが登って点火した。こうした頭柱点火式の柱松は、サオや碑伝に関して考えてきた呪術的要素とともに、人が登って点火するその姿に、護法の名残というか、零落の姿が民俗行事として伝えられていると考えられるであろう。けれども柱に登ることによって天空に舞い昇る実修としての柱松の解釈については、おそらく発生的な意味のものとは、今のところ私は考えていないことを申し添えるが、迎え火送り火のことなどについては、ここではすべて略しておく。

投松明式の柱松のその柱の意味に関しては、言及しなかったけれども、この柱にもやはりほぼ同じ呪術性が思われていたのであって、古代要素の存在を思わせる柱には、虚空や水陸の自然の猛威への示威が含まれているものがある。これらの或るものについては別に述べる機会もあろうが、話をソトバを含めた碑伝乃至サオに還して、これらに対するけれども私見——或る脅威に対立する呪術と捉えたこと——が、より本来に近い解釈と認められるならば、それを側面からさらに支持するものが指摘されてくる。

その一つは伊勢朝熊山《あさまやま》のソトバ群であろう。伊勢の海を眼下にした場所で、海を前にしたソトバ群の信仰性は、あの伊崎寺のサオが岩角の風浪に対していたのと、同様の位置関係に捉えることが可能で、滝に対していた葛川の碑伝ともまた別の信仰要素ではないと思われる。それでは神奈川県愛甲郡中津村〔現・愛川町〕、八菅神社の正応四〔一二九一〕年九月七日在銘の碑伝も紹介しなくてはならぬ。これは総長十三尺に近く、頭部を剣形にするのは

ともかく、左側に、

　小野滝山千日、籠熊野本宮長床衆竹重寺別当、生年八十一、法印権大僧都顕秀初度

とある。右に小野滝山とあるのは、碑伝・ソトバなどを水霊との関係に考えた今までの経過と、また吻合するものなしとされないのである。そうした理解の上で「近江にをかしき歌枕、老曾《おいそ》・轟《とどろき》・蒲生《がまう》野《の》・布施の池・安吉《あき》の橋、伊香具野《いかごの》・余呉《よご》の湖《うみ》の滋賀の浦に、新羅が立てたりし持仏堂の金《かね》の柱」と『梁塵秘抄』にある中の、余呉の湖の滋賀の浦に、新羅が立てたという金の柱とは一体何であろうか。この新羅は園城寺の鎮守新羅明神で元服した新羅三郎義光だとも言われるのはとも角、『山槐記』（元暦元・九・十五条）の「近江国注進風土記事」には金柱は「古麻長者持仏也」とあるが、これはおそらく金柱の先に狛《こま》長者の持仏が護法尊として付けられていたのであろうが、その本体はまたカネのサオでもあり、余呉湖の水霊としてのモノに対立の呪術的なものだったと解せられるであろう。既に引用した古文書の金竹坊も思い出されてくる。すると「雲母谷《きららだに》、大嶽蛇《おほだけざ》の池、あこやの聖が立てたりし千本の卒都婆」（梁塵秘抄・二）と歌われるのも、仏教遺物としてのソトバの名に捉われることなく考えてゆかねばならぬ。この事実は、ソトバを仏教的立場にのみ解してきた従来の理解の仕方が、根本的に批判されねばならぬことでもあって、ソトバ発生の原型的なものが、単に供養としてのみ国民生活に融合していたのではなかった。

　人々のよく知る『平家物語』の鬼界島の流人、なかんずく平康頼は都恋しさの余り、「薩

摩潟、奥の小島に我ありと、親には告げよ八重の汐風」「思ひやれしばしと思ふ旅だにも、猶古里は恋しきものを」の二首を詠み、卒都婆千本に書付けて薩摩潟に流したのである。その一本が厳島に漂着したと伝えるが、この卒都婆が仏教化する以前の伝統的感情には、海のデモン制圧につながる古い呪術の伝統が思われねばならぬということで、これが康頼によって海へ流された時代には、ソトバとして既に仏教によるものとなっていたのである。

石田博士の碑伝から板碑に及ぶまでの類型的研究は、考古学研究として意味をもつが、碑伝が板碑にまでその形式を伝えているのは、高野山奥院の弘法大師廟のソトバについても既に言った如く、変化を遂げつつもそれが供養形式の裡にも伝えねばならぬ理由があったとすべきである。と言うのは墓は御霊幽霊の場にして、そうした場の幽霊が虚空のデモンと結合し、恐怖として巨大化することを防がねばならぬ。そこに呪術的な対立の必要がとても早くから成長していた。墓とソトバとの結合の理由はまずはそこにあったろう。

注「柱松と修験道」（和歌森太郎氏―日本民俗学会報三十七号）は参考になる。堀一郎氏のものは神道宗教学会（昭和三十九年の大会）の発表によった。

9　護法飛び

かくしてさらに元久元年の碑伝の護法尊は、既に一言したように碑伝そのものにも問題を投げかけているから、護法について考えるのに、『信貴山縁起』の剣の護法の本質については、他でも所見を示したが、[注1]それは雷電性にも蛇性にも、その要素をもちつつ成長してきている。これが滝の水霊制圧呪術としての碑伝にも着けられていたことは、この童子はまた水霊のデモンとも対立出来るものだったことを示していよう。しかしこれを詳述すると長くなるので略さねばならぬが、ここの山中に起る風や水や雷は、そのまま湖東方面を襲うのであって、相応和尚が、葛川と伊崎とを結んで道場を建立したと伝える意味は、古代以来の気象の恐怖の仏教的な制圧だと言うことでもあったとも言われるべきで、その場合の呪術形式をサオに於て伊崎寺に伝え、修験化しては葛川に碑伝によって残存していると考えられよう。さり乍《なが》ら伊崎のサオには、船の米と関係する空鉢がまつわって、『信貴山縁起』の飛倉を媒介とせねばならぬような問題の複雑さをもっている。竹生島でも大滝のある所、即ち島の坤《ひつじさる》〔南西〕方に役行者《えんのぎょうじゃ》が造立したと伝えるソトバにも、おそらく同じような呪力を秘めていたと考えるべきであろうが、しかし私はもうこれ以上に間口を拡げている訳にはゆかない。

ただ一言して置きたいのは空鉢であろう。これは相応和尚の伝を考えると、寛平元〔八八九〕年に玄誉阿闍梨が和尚に飛鉢を奉ったという以外にも、和尚には飛鉢に通ずる要素をもち、伊崎寺の場合、これに往来の船が米を入れたというのは、いきおい葛川の碑伝の護法童子と、信貴山の剣の護法とは、連絡可能な護法としたことから、伊崎のサオの空鉢は、また飛翔性の空鉢と考えられる可能性があるということであろう。[注2]そして伊崎のサオにもおそらくその初めは護法が付属していたかと思われ、それを八月の護法飛びに忘却を思い出させてくれていると言うのは言い過ぎではあるまい。ここに『信貴山縁起』を古代信仰の場から考えるべき連絡線もつかめてくるし、これをかように考えしめる要素は、また琵琶湖の周辺にも乏しいのではない。

俵藤太《たわらのとうた》秀郷《ひでさと》のムカデ退治の話の如きが典型的な一つで、秀郷を俵藤太といったことが、何としても注目されてくる。俵とは常識的に米に関係する。しかしこれに係ってはいられないけれども、お伽草子「俵藤太物語」には、百足《むかで》を三上山の怪としつつも「風雨夥《おびただ》しくする程に、比良の高嶺の方よりも松明二三千あまり焚き上げて、三上の動く如くに動揺して来る事あり」とし、『三井寺仮名縁起』もまた比良山方面よりの来襲を伝えつつも三上山のことにする。三上山とし比良山とする、何れの方向が合理的であるのかは措き、比良山方面よりの火の怪物ともいうべき百足に、女性にも化現することの出来る瀬田橋の大蛇が対したのは、そこがまた比良八荒の荒れ狂う場に近いと共に、往来渡渉の重大な場であったことが、この物語追究の見どころを思わせている。

されぱここに一つの飛躍かと思われるような事柄を示すのに、それは北野天満宮創立にかかわることであろう。

延喜九〔九〇九〕年の藤原時平らの震死、延長八〔九三〇〕年に於ける清涼殿の落雷は、菅公怨霊のなすところとしたが、その後、天慶五〔九四二〕年、右京七条二坊に住む多治比文子に託宣あり、託宣に従って右近馬場に天神小祠を建てた。その後数年、近江比良宮の禰宜神《みわ》良種の男子十七歳なるに再び託宣下り、良種並びに朝日寺の僧最珍らは、北野松原に宮祠を営み、これが他ならぬ北野天満宮の起源という。さりながらこの託宣を受けたのが、こともあろうに比良山麓に坐す比良宮の禰宜の子であったというのが注目をひく。それで推測をめぐらせば、その十七歳の童児とは、おそらく基本的性格に護法童子にも通ずるものであって、これが特に比良宮の関係者であったと伝えるのは、比良山の虚空の猛威とその呪験に思いを致して、さらに追究さるべきものであるということだ。

注1　護法については『古代信仰研究』（拙著）にも詳説して置いた。

注2　サオの尖端の空鉢と米との関係には、民俗行事に柱餅のあるのも、この関係に考えられねばならぬであろう。これは長崎地方にあった習俗で「柱餅とて、しまひに一臼を大黒柱に打ちつけて、正月十五日の左義長の時これをあぶりて祝ひける」（世間胸算用・四）。宮城県ではこれを臼餅柱というが、こうした習俗の中にも、柱と米との呪力関係が考えられる。

10　悲恋の物語

かくして比良八荒にまつわる一つの伝説を示し、この伝説が以上述べてきたところと、どう吻合するのか、といった点に及んでおきたい。

私はこの伝説の成立年代には何とも言えないけれども、伝説によれば、比良に初荒山というシコ名の角力がいたという。この力士に湖東の乙女が恋慕し、乙女は夜毎、盥《たらい》の舟に乗り、比良明神の灯を眼当てに漕ぎ渡し、初荒山と逢瀬を楽しんでいた。聞けば十数キロメートルもある暗夜の湖上をたらい舟にて渡ってくる。男は女の執念に恐れをなし、百夜通えば結婚すると契ったのである。男にして見れば、よもや百夜は通えまいと考えたのであろう。ところが百夜目という夜、男は恐ろしくなり、女が目標としてきた比良明神の灯を消したのである。結末は何処でもあるように、女の溺死による悲恋物語に終るけれども、その後、乙女の祟で初荒山は狂死したという。別の話では、初荒山は八荒山といい、野洲郡守山町〔現・守山市〕木ノ浜の住人とし、滋賀郡堅田町〔現・大津市〕真野の辺では初荒山ともいう。しかし相手が力士に統一されているのではない、一説には比叡山の若僧が東江州木ノ浜に托鉢し、そこで病を受けたが、村娘お光の看護によって回復した。この若僧とお光の間に恋が成長し、娘は若僧を慕い若僧の籠っている堅田の満月寺へ、湖上を渡って百日間通うこととなるが、僧は女の執念に恐れをなし、九十九夜を過ぎた百日目の夜、乙女の湖を渡る目当ての浮見堂の灯明を消したのである。暗夜湖上の乙女の運命は申す迄もない。比良の八荒はこの乙女の怨念によるとも言った。

比良の強風は湖辺一帯を襲うのであるから、こうした伝説が湖岸各地に行なわれ、高島郡安曇川町〔現・高島市〕の北船木辺では、女の名がお種、同町南船木ではオイサ。彼女は水死して魚となり、イサダ——イサギ——になったと伝えるが、この魚の名がイサギとは、伊崎寺のイサキと思い合わせて興味深い。

　これらはもとより昔より語りつがれた類型のある一個の伝説にすぎないのであろう。しかしこの物語が、比良方面と湖東とを結んで語られたのは、やはり意味なしとせぬ。延宝本縁起に、平方浦の船が沈没したと伝える、その平方とはヒラ方（比良の方という意味か）とすべきもののように思われ、加えるに男の名が八荒に因みの初荒山とするのは、既に考えた如く、比良連峰よりの冬の強風にかかわっており、この強烈な風による波濤は、湖上の往還を悩ましたが、初荒山という力士には、暴風のデモンの怪力が象徴されているかも知れない。湖東の乙女は、こうした怪力のモノ（力士に象徴されるか）に対していた古代乙女の姿を暗示しているであろう。つまり古代巫女の姿が忘却の中にも投影しているのだ。そうした乙女はしばしば死の危険にさらされると共に、デモンに対しては翻弄的呪術を行なっていたのを古代実情とし、伝説にあるがタライの如きに、水霊翻弄の名残の揺曳を感じようとするのが、私だけでなければ幸である。

　だからかかる恐怖の地にこそ、長い年月に亘って種々な呪力的対立が投入されていった理由があったけれども、いずれにしてもあの巨大なサオは、そうした呪術の中では力による対抗の一つで、かえりみれば琵琶湖を背景にもつ雄大な伝承とすることも出来るのだった。とともにこうした風土性と呪術の問題は、これからは一つの筋を通した学問的なものとして、これを組織立ててゆかねばならぬことを提言しておきたいのである。郷土芸能といわれるものの固定化や伝播についても、そうした芸能が風土の中に土着したり、類型化したり、或は一見異質化してゆくのにも、民俗学者の紹介にのみ任せないで、いよいよ文化史学の問題として系列化してゆかねばならぬ。そうした上に琵琶湖畔地帯の呪術と風土との理解は、一つのサンプルとなろう。

第二部　山の鬼・水のモノ

第九章　大江山から宇治の橋姫へ

1　神楽の酒呑童子

中世の鬼も一筋縄ではゆかぬものばかりであるらしい。大江山の鬼が羅生門の鬼に連絡したり、伊吹山の鬼どもが、これにからんだりしている。しかしながら鬼の側から見ると、鬼相互の間には連絡の筋がつかぬでもない。これはおそらく鬼の背後を支えて、連絡させるものが存在したとしなくてはならない。そうした点を考慮に加えつつ、しばらく鬼の物語を並べ、それが水のモノ――このモノはデモーニッシュなものである――とどうつながってゆくのか、といったことをたどってゆきたいと思う。

羅生門の鬼は、中世の異類退治譚の中でも、都を舞台とした圧巻の一つであろう。そのためか、種々と語り伝えられてきた。奥羽地方陸前の北部から、陸中の南部一帯にわたって行なわれる、いわゆる南部神楽[注]に演ぜられるのもその一例で、詞章はややまちまちのようだが、こうした神楽系のものから糸口を求めてゆくのに、岩手の下閉伊郡下岩泉の神楽は、さん候、かう御前に罷り立ったる士《もののふ》をば、如何成士と思召のふ、我れは是れ、そふも京に隠れも無き、摂津の守源の雷公の家臣、渡辺の源悟綱とハ、げに我が事にて候

と先ず語る。源頼光に雷公と字をあてたのは興味があるが、かくて綱が羅生門の魔性変化の鬼を見届けるため、印《しるし》の禁札を羅生門に押し立てることになるが、山伏神楽の鬼は自らをこう語っている。

我こそはハ〳〵、丹波の国、大江山ニ住家ヲなす、酒呑童子のけんぞく、茨木童子とハ実に我が事ニて候

この茨木童子が、綱に腕を切取られるのだが、秋田仙北郡〔現・仙北市〕西長野の実演では「武士は中央に座し、扇を置いて太刀をとり、これより四方を拝し、さて両手をひろげて立上ると、その場にめぐつてめぐり返し、再び座し、次に扇を左手に、鈴を右手にとつて、左右を拝して立上り、一舞ひある。次に扇を開き、両持物を合せ開きしつゝ舞ふ。次に鈴を置き、扇を右手に持ち、投げてとることがあり、又左手に、右手にと持ちかへる。次に太刀をとり、順逆にめぐり、次に太刀の鞘《さや》を外して抜身と鞘とを持つて、これを色々に使ふ。これは両刀の積りらしい。次に鞘を置いて四の角に控へてゐると、ピー〳〵と笛をならしつゝ幕をかゝげ、ざい、鬼面、襯衣《しんい》に、褌《ふんどし》一つのものが、幣束を持つて出てきほふ。武士はこれを追ひまはす。と、鬼はすぐころんで幕に入る。これは石火の様な早さである。舞台に未練などは少しもなく、姿を見せたと思ふと、早業があつて、すぐ入る。この舞約十四分」とい

った舞踊的な演出であるらしい。同じく山本郡〔現・能代市〕富根部落に伝わるのは、
君よりたまはりたる印の札を、石段に立置、立かへらんとする所に、鬼神は怒れる姿を
あらはす、ひきさき、くわんと飛でかゝる、飛ちがひて、ちやうときる、鬼神は片腕切
落され少ひるみて、ついぢに上り、つひには其腕取かへさんものをと雲の内にて、呼る
声あつて、行方しれずに、なりにけり
と謡いながら舞うが、綱の方は「打もらしたる、口惜やと、鬼神の片腕、左手《ゆんで》にさげ、馬引
寄て、ゆらりと乗り、御所を指して急ぎける」。
こうした詞章や演技の裏にある史実性を求めているわけではないが、それにしても、羅生
門の鬼の素性は何であろうか。
綱は、大江山の鬼をも討ち平らげるけれども、討ちもらした鬼童子が茨木童子となって羅
生門に現われる。これも南部神楽によると「君の詮議にて、大江山酒呑童子を平らげんとし
……宣旨《せんじ》を蒙り」丹波国の大江山さして急ぐのであった。
大江山の酒呑童子は「色うす赤く背を高く、髪はかもりてみだれ髪、髪のおへさに角おへ
て、見れバなか〳〵恐ろし」というもので、舞の方では白鬘・鉢巻・鬼面に、ぼろぼろのチ
ャンチャンコの様なものにズボンという半ば道化の仕度。それに長刀及び棒を持って武士と
相対して舞うのだが、鬼としての童子は態《わざ》と型を崩して荒れ狂っているようである。
神楽の曲目中に、なぜこのような鬼退治の舞があるのかは、大蛇退治なども考慮しなが

ら、神楽そのものの発生事情にもつながる大きな課題なので、神楽研究の人々にもゆだねなくてはならぬであろうが、大江山の酒呑童子の色うす赤きは、「明暮酒をすきたる」によるらしく、「赤きは酒の科《とが》ぞ、鬼とな思《おぼ》しそよ」と『閑吟集』に歌われる。

注　南部神楽については、本田安次氏の『山伏神楽・番楽』による。

2　二つの大江山

鬼の住む丹後の大江山とは、案内書によると福知山行きのバスを利用して、比較的簡単に行けるらしい。普甲峠に下車し大江山の主峰を目指せば、これが伝説の鬼の山。宮津湾と阿蘇の海とを分つ天ノ橋立の股のぞきの景観はともかく、重なりそびえている丹後の山々に並ぶ大江山を望んだとき、少年の日に「鬼共多く籠りいて、都に出ては人を喰う」と、唱い馴れた伝説が入りまじってくる。

だがこれは丹後の大江山にして、丹波のそれではない。けれども丹波と丹後とに、大江山があるということになる。

それでは正しく丹波の大江山とは何処かというに、それは山城国乙訓郡と丹波の南桑田郡の国境にそそり立つ山で、両国をつなぐ唯一の交通路の岐路に老ノ坂がある。老ノ坂は大江坂の転訛かといわれるが、かの「大江山生野の道」はこの道に当っていた。大江山の東麓には大江郷（和名抄）があり、およそ今の大枝《おおえ》村（現・京都市西京区）に当ると見られ、西北麓の南桑田郡にも大江駅（延喜式）があった。だからして「丹波路の大江の山」（万葉集）とは、本来の丹波の大江山にして、峠の手向《たむけ》の西二町ばかりが国境で、ここに子安観音を祀る大福寺、或は酒呑童子の首塚があると言い（山州名跡志）、渡辺綱に腕を切られつつ逃げてゆく鬼の方角も、大江山と多少はズレても、やはり愛宕山の方向にして丹後の大江山ではなかった。しかし大江山両所説については、

大江山二所あり、山城丹波の界、樫原の西に俗老の坂と称するもの、大江山の坂を誤るなり、和名抄乙訓郡大江とあり、……此山つゞき小塩良峯今称善峯と南へかけて、都の西に屏風を引たるごとし、又丹波丹後の界なるものは、酒呑童子といふ賊の籠り所にて、今千丈嶽といふ（閑田耕筆）

と言われた。しかし丹後の千丈嶽としての大江山は、後に鬼の伝説が移ったともいわれるけれども、鬼の伝承を支持する面が、丹後の大江山にも皆無と言うことは出来なかった。ただそれを本格的に説くとなると、武蔵の海辺に生きてきたものや、或は難波の海に生活したものの姿とも比較を加えて、丹後の与謝海の海辺に生きてきた停滞性の住民の上にも及ぼしてこねばならないので、ここではとても委曲を尽くすことが出来ないであろう。さりながら与謝の海辺を制圧していた古代民の姿というものは、籠《こもり》神社の伝承や浦島太郎伝説にも象徴され、且つ推測されるものがある。とは言え彼等とても長き時間の経過には交替があり、やがて山中の交通路に、後退したものの停滞の繰返しの姿の中から、丹後の大江山の鬼の話も生

まれるに至ったかと思われる。

だからして伝説の鬼について、丹後の大江山をも考慮の裡に加えると、それはいきおい丹波の山にも及ぼされ、さらには難波の大江（万葉集に見える難波小江）にもつながる可能性をもっている筈である。それは山岳でありつつも、山の名に入江、船江など海辺を思わせる大江をもっことで、『摂津名所図会』には、大江橋は渡辺橋に同じだといっているのに考えると、難波の大江が大江山の大江と、どう連絡するかが問題となってくるかと思う。彼等には海辺の印象を持っていた。

さて大江山に籠った酒呑童子の眷属が茨木童子、しかもこの童子は大阪府下の茨木市、旧島下郡茨木村がその本拠地であるらしいという。茨木は古く中条庄に属する村にして、宝亀年中〔七七〇―七八〇〕には荊切、後に荊木、また茨城とも書いたが、正治年間〔一一九九―一二〇一〕から専ら茨木に改めたといわれる。

よってこの辺りをまず古代地形の上から眺めると、往古、河川の氾濫と海水の逆流に惨状を呈した地区と考えられ、長岡遷都の翌年、延暦四〔七八五〕年には堀江川の水量をかわすために三国川を通じ、ここで淀川は三つに分流することになる。淀川の一分流としての三国川を今は神崎川と呼ぶけれども、古くは安威川の下流で、淀川と関係のない別流であったようだ。それにしても三国川の水量は豊かで、淀の本流の観を呈し、三国川の河口の大輪田泊《おおわだのとまり》が港津上に重要な地位を占めてきたのである。茨木童子といったものに象徴される停滞性のもの達は、もともとこうした水流氾濫の地点に住んでいたように思われる。後に触れるところもあろうが、鬼類的な茨木童子といったものは、「鬼とな思しそよ」、実は鬼であるのではなくして、後進的停滞性の裡に、散所民的なものとして、これが現在の茨木地点に伝説化を遂げたことを示すと考えているが、沖積によるデルタ化と共に、鬼と言うべき低階級の彼らは、古来の生業のために、やがて西国街道が淀川を横切る地点に移動したのかと思われる。

3　茨木童子

伝説によると茨木童子の出生地は、川辺郡東留松村（現・尼崎市）にあったと伝え、土俗の口碑には、昔、ここの土民一子を設けた。生まれながらにして牙が生え、髪は長く、眼には光があり、強盛なこと既に成人を越えていた。一族恐怖して島下郡茨木の辺に捨てたけれども、後に丹後国千丈嶽の酒呑童子に拾われて育てられ、後丹波国大江山の嶽窟を守らせたという（摂陽群談）。茨木市内新庄町の井路には、茨木童子の姿見橋があり、童子はここに捨てられたと言っている。橋の呪術的意味には触れないけれども、ここに橋が点景されるのは、思いなしか気にかかる伝承的な意味がある。それは橋姫的なものとの連関にも思いを致すからである。

こうした伝説の基盤になったものを洗ってゆくと、すでに述べたように、そこに低階級の散所民の生態のすさまじい姿と言ったものを、考えない訳にはいかないのだ。その点を考えさせるのが『徒然草』に見える「ぼろ〳〵」の話であろう。

勝尾寺川の川原に宿河原がある。宿河原の宿は、賤民を指す夙《しゅく》であるらしく、こうした川原には散所が多かったし、ここの宿河原は西国街道に沿っていた。西国街道は大体平安朝の初めから開かれ、平安中期以後はよく利用されたらしく、道筋は西宮からたどれば郡山・上野・太田から芥川・山崎・鳥羽を経て、平安京の南門羅城門に達していた。

この街道は信仰史的な面でも、重要な問題をもつ道筋であったが、かの山崎の対岸、桂川・宇治川・木津川三川合流地にそびえる男山には、貞観年間（八五九—八七七）の初め、大安寺の僧行教が宇佐の八幡大菩薩をこの峰に勧請して、平安京の王城鎮護をたのんだのも、都にとって重要な地点であったことを物語っており、ここを流れる幹流が交通上の大動脈の淀川にして、摂津の平野を貫通している。

話を西国街道に返すのに、街道に沿って宿河原があったことは既に言った。

この宿河原が賤民的部落でもあろうかと考えたのは、散所的性格の考えられる川原であることと、奈良などに知られるシュク村を思わせる名。その他にあっては鎌倉時代、賤民救済に東奔西走の興正菩薩叡尊《えいそん》が、弘安六（一二八三）年十月、芥川真上（高槻市）の地蔵院から、竜王山の麓の忍頂寺に教化のために登ってき、さらに弘安七年には茨木の村々をも訪れていることにもよる（感身学正記）。叡尊の来訪は単なる物見や物好きのためではなく、おそらくここの住民の後進性或は賤民性と深刻につながっていなくてはならないと思うが、ところで『徒然草』のぼろ〳〵塚の話である。この塚は武蔵の多摩川の宿河原のことだと言う説もあるけれども、私はむしろ両者がほぼ同じような生態のものの集落であったと思っているが、その点は別として、

宿河原といふ所にて、ぼろ〳〵おほく集て、九品の念仏を申ける（徒然草）

とあるのは、或は叡尊の教化による姿を未だ留めていたのかも知れない。とまれ兼好に描かれた彼らの生態は、やはり古い集団の仁義を伝えていたようである。この念仏集団に東国のボロボロ、名をしら梵字というものがやってきて、中のいろをし坊を尋ね出し、前の河原で仇を討ったという。共に刺し合って死んでしまった。ここにも彼ら集団の放逸無慙《むざん》な有様が出ていると考えてよいが、今も郡山にホロホロ塚というのがある。

それにしても停滞性の民衆の住んだ宿河原を、西国街道が通って鬼の棲む羅城門に行きつくのは、何か考えさせるものがあるようだ。それであるから街道の西の方を見ると、神崎川・武庫川・夙川・芦屋川が海に注ぎ、西国街道がそれらを横切っているが、それぞれの渡渉地点には、その来し方に種々の問題点を残している。夙川の河原にも、宿河原と名を付けているのは、おそらく茨木の宿河原の者のようなものが住んでいたことによる地名化なのであろう。

4　茨木を考える

ところで茨木の地名を考えて見るに、常陸国に同地名がある。常陸の茨城は、昔、国巣《くず》——先住民であるか否かは別として、俗語には土蜘蛛、或は八束脛《やつかはぎ》という——がいた。これを山の佐伯《さえき》、野の佐伯とも呼び、土窟を掘って常に穴居し、人が来ると穴に隠れ、人去ればまた現われるといった低階層民で、性情は狼や梟《ふくろう》の如く、掠盗をこととした。よって黒坂命《くろさかのみこと》（黒坂はおそらく黒裂・黒柝、ものを裂くことに関した名であったと思われる）、彼らの出遊を窺い、入るべき穴を茨蕀《うばら》にて塞ぎ、騎兵を放って急襲するに、驚いて穴に入ろうとしたが、茨蕀に刺されて死傷し、平定することが出来たので、茨蕀の名を採って郡名にしたと言う。一説には佐伯、族長となって衆徒を率いて国中を横行したので、黒坂命は茨にて城を造り、彼らを攻めたので、郡名となると『常陸風土記』に伝えている。

さきに梟賊を攻めた大将格の黒坂命のサカを、柝・裂・辟かと考えたのは、賊が蕀に裂かれたこととわかるであろう。それでこの古伝説をもって主張するわけではないが、摂津の茨木も荊切・茢木とし、しかも古地名であったことに考えると、或は類似したような古伝の背景をもって伝えられていたのではあるまいか。この点『摂津風土記』が伝わらぬので、必ずしも強く主張は出来ないけれども、常陸の国巣としての土蜘蛛は、「狼性梟情、鼠窺掠盗」（常陸風土記）であったことと、茨木童子の末にかかわるかと考えられる可能性をもつ宿河原の民とが、時代を隔てていながら、粗暴性において或は類似するかと思われるのは、『常陸風土記』の国巣のようなものの生態が、長く連続していたためではあるまいか。

そのように考えられる可能性があるならば、一説に藤原鎌足を常陸の出身とし、没後茨木に近い阿威山に葬ったことも、何か連絡するものなしとはされ得ないであろう。白雉《はくち》四〔六五三〕年、鎌足の子に当る定慧が大和国多武峰《とうのみね》へ改葬するまで、阿威山はその荒墓だった。そうした関連性を、地名の上からも拾って見ると、現在の安威村落〔現・茨木市〕の北に接して桑原がある。桑原は古く大きな地域だったらしく、三島県主飯粒が上桑原・下桑原などの地を安閑天皇に献じた事が、『日本書紀』に見えるのはともかく、この桑原の地名から私は雷除けの呪言との連絡を思わずにはいられない。それのみでなく、常陸鹿島の神タケミカズチは、名だたる雷神であったが、ここの桑原にも雷公の鬼が、ちらりちらりと忘却を思い出せと顔を見せているようだ。しかしてこの雷公性は鎌足を改葬した多武峰の墓や公の神像がしばしば破裂したと伝えたことも、無関係なことではなさそうである。しかしこれは別途に譲って、ただ一つのヒントを示すに止めよう。

はつかにも　君を三島の芥川　あくやと人の音づれもせぬ　伊勢〔夫木集〕

次に言う『伊勢物語』の芥川もこの附近にして、高槻市の中でも人家の密集した一区となっているけれども、ここはやはり問題のところであるらしいということである。

丹波国南桑田郡の山地を流れ出て、大冠の西に至って淀川に注ぐ水脈が、芥川にして、『伊勢物語』では、昔男ありけり、年経て女の許に通っていたが、辛うじて女を盗み出し得て、芥川畔の草原に置く話がある。これは『今昔物語』〔二十七ノ七〕の話とも同じ筋で、他でも述べて置いたが、この場合、この女の素性は気にかかる。ここは鬼が住んでいたが、それを知らず宿った二人の上に、夜半、凄まじい雷鳴があり、女の方が喰われてしまうのはただ事とは思えない。この説話に象徴されるものを分析してゆくと、おそらくこの辺にも屯集した人々の、惨酷無比な生態が反映していてのことでなくてはなるまい。それを単に嫁盗みの習俗の上からのみ説いて事足れりとすることの出来るものではない筈だ。仮りに嫁盗みだとしても、何故に嫁は盗まれねばならぬのか、その根本的な理由が追究されないでは、ただ民俗的なものからの安易な結着が許されてよい訳はない。おそらく天地の猛威——特に波浪——に対していた巫女の問題から、糸口は見付けてこねばなるまいと思う。それだから『伊勢物語』に見える女盗みの場合、女の多くは水のあるところに連れてゆかれるとか、或は水が飲みたいなどと言っているのも、芥川畔に女を置いたのと似た構造で、背後には渡渉地の恐怖に対する呪術の反映が、推移の形をとどめている。

芥川（嵯峨本『伊勢物語』より）

こうした点も捉えてのことであろうか、折口信夫博士がミソギに関係づけて、「水の女」といったことをよく言われたが、水にかかわる女を考える場合、常識的な意味での神道のミソギから、この女を考えるのでは本質的な理解になってこない。そうした意味でのミソギの水の女の存在というものは、よほど人文の進化をとげている。だからそれ以前の問題として彼女を喰ったという鬼の原質は、何であったかがまず捉えられねばならぬのであって、芥川の話は、そうしたものの投影を含みつつ説話化されているに過ぎぬ。だからして追究してゆくと、これは茨木の鬼童子とも無関係なものでなくなってくる。この点、さらに触れつつ考えるべきであろう。

5　モノノフの八十氏河

茨木の鬼童子が、羅生門で渡辺綱に腕を切られたのは、剣巻にも一説として語られるのだったが、また宇治の橋姫の原型的なものが、洛中を荒れ廻る話もあった。

再三述べたように、宇治川は山崎にて木津・桂川と合流して淀川の本流を形成するが、宇治川の川筋を溯れば、「此川ハ大事ノ渡也」（源平盛衰記・三十五）といわれ、梶原源太・佐々木四郎が先陣を争った宇治の渡に行きつく。

この川は言うまでもなく琵琶湖から出て、瀬田・石山・鹿跳を経て山城の国に入り、上代には宇治町の西北より直ちに巨椋池《おぐらのいけ》に注いで山城川と合し、末は淀川に合されたけれども、古代交通上に宇治の渡渉地点が、今の何処に当たっていたのかは明らかでない。常ならぬ河瀬により多少上下したとしても、おそらく架橋以前の宇治橋の辺が、その中心をなしていたと考えてよいのであろう。

　宇治川は氏河とも書き、渡渉地点については宇治渡《わたり》・迂遅《うじ》乃渡・氏渡とも言い、「氏河は淀瀬無からし」（万葉集一一三五歌）で、瀬の淀んだ場所のない急流にして、渡渉には古来なかなか困惑したらしい。「船渡せをと喚ばへども」（一一三八歌）早瀬の音に消されてしまい、「旅行く人の立ち難《がて》にする」（一一三九歌）ほどの難所のため、旅行の目安も立ちにくく、したがってこの渡渉地点には、剛強の渡子を必要とし、早くからそのための人々が、この渡しを生業の場としてきた。それが次に言う千早振る人々であったらしいことは認めねばならぬ。

宇治橋より宇治川を望む

　宇治の渡とは、大体今日の宇治橋付近を言ったものと思うが、琵琶湖から流れ出た水量は巨大で、早くから「ちはやぶる宇治の渡」（古事記）に、それを示しており、水流を横ぎり渡す人々もまた、「ちはや人」でなくてはならなかった。チハヤブルとは千磐破・千速振・千早振・千石破・千羽八速などの字が当てられるのを見ても、神威的な活動の激しいことを畏んで言う言葉であったから、チハヤ人もまた勇猛精悍な人間に他ならない。こうしたチハヤ人が、覆没を覚悟しなくてはならぬ上代以来の渡渉には必要であって、ここに強猛な渡守が求められてくる。

「ちはや人　菟道《うぢ》の済《わたり》」（日本書紀・十二）とあるのも、そうした精悍な渡守を要したことの早き事例であったろう。

されば、宇治渡に菟道稚郎子《わきいらつこ》、大山守《おおやまもり》の両皇子が争われた時、大山守命は、渡渉せんとして河に落ちて覆没されているのは、著聞の一例にして悲しい物語だ。千早振――荒れ狂う――宇治渡が偲ばれる。

柿本人麿がこの河に至って、

物の部の八十氏川のあじろぎに　いさよふ浪の　行へしらずも

と詠嘆を残したのも、急流の状況をよく伝えている。だから古来、この河に水没した者は数知れなかったと思うが、大化二（六四六）年、道登の架橋を見たというものの、この急流に渡した橋は終始安泰ではなかったし、橋寺（放生院常光寺）を建て死没者の供養に当ててきたのも注目してよく、しかも水死者の生ずる根源は、水のデモンとしてのミズチによるものと固く信じられていた。逆巻く波浪は、その姿と考えられたのであろう。

宇治はこうした通行往来上の要害の渡渉地点であったから、ここの橋姫が世の橋姫信仰の代表的なものとなったのは肯かれる。

宇治川の渡渉と千早振る宇治人の存在を考えつつ『徒然草』を見ると、亀山殿の池に大井川の水を引かんとして、大井の土民をして水車を作らせたが、遂に水車は廻らなかった。今度は宇治の里人を召して水車を作らせると、容易に水車を作ると共に、水車は意の如く廻転して「水を汲み入るゝこと、めでたかりけり」とある。私はここにも水に訓練されてきた宇治の里人というものの、来し方の歴史をその背景に思わぬ訳にはゆかなかった。

6　狭筵の女

宇治の橋姫は『古今集』(十四・恋)に題不知・読人不知として、

さむしろに衣かたしき　今宵もや　われを待つらむ　宇治のはしひめ(元永本古今集「うぢのたまひめ」)

とあるのが初見だと言われ、『源氏物語』にも「宇治十帖」の巻名に「はし姫」のあるのは周知のことだが、『古今集』の宇治の橋姫については、藤原清輔の『奥義抄』(六)からついて顕昭の『袖中抄』(八)以来、諸説が開陳されてきている。

(1)　橋をまもる神を、橋姫といふとも心えられたり(奥義抄・六)

(2)　うぢのはしひめとは、姫大明神とて宇治の橋下におはする神を申すにや(袖中抄・八)

さらに『奥義抄』には「橋姫の物語」を示し、物語中の主人公の詠んだのが『古今集』の右の歌だとしている。事情はともかく、これはやはり注目をひくことでなくてはならない。

宇治の橋姫については「所レ祭の神諸説あり」（見聞談叢）と言われ「一説に昔妬婦あり、毎夜宇治川に来たりて水にひたり、現身鬼とならんと祈り、遂に鬼となりて人をなやます、その霊をまつると」（同上）。このもとは『平家物語』剣巻の話であろうが、後には六条御息《みやす》所《どころ》が恋仇葵ノ上を祈り殺すために、貴船明神に祈って宇治の川瀬にくぐると伝えたものもあった。また一説は『顕注密勘』に「宇治のはし姫は、宇治の橋寺のむすめなり、いづくとも通ふ人ありて、ほどなく懐妊す、つはりに和布をねがひければ、男伊勢の浦へ、和布をたづねにゆきてうせける由を聞て、姫たづねゆきてみれば、海中より幽霊出でゝかくよめり」（同上）とて、「さむしろに衣かたしき……」の一首を詠んだという。けれどもこの方は、

さむしろに衣かたしき　こよひもや　宇治の橋姫　われをまつらん

といささか相違する。「さむしろに衣かたしき」の一首について、古来の解釈はどうあろうとも、これには狭筵《さむしろ》を敷いて、今宵も男を待っている橋畔の女、というものが考えられるであろう。あの「平家剣巻」に出てくるような橋姫の狂乱からすれば、これはいかにもロマンチックな夏の夜の女らしくも見えようが、しかしこうした姿の橋姫の上には、恋愛感情も漸く染着して別な推移をたどろうとしている。つまり文学化の素材となりつつあると言ってもよいが、しかしながら狭筵の女には、既にある物語を背景としたような読み振りが思われ、『袖中抄』（八）に「宇治のはし姫の物語」はそれに恰当《こうとう》するようだと言っている。右の一首

につづいて、

ちはやぶる　うぢのはしひめ　なれをしそ　かなしとは思ふ　年のへぬれば

がある。元永本『古今集』には、「宇治のはしもり」となっているのはともかく、この橋姫に千速振るという形容詞を冠して、「ちはやぶる宇治の渡」（古事記）の激流ともマッチしたものを思わせるのは、貴船明神に祈って、宇治の川瀬に来た公卿の女のイメージに通ずるものを払底してはいない。それかあらぬかこの橋姫は気性が劇しく嫉妬深く、しかも祟神《たたりがみ》に伝えられてきた。それならば、宇治橋畔に狭筵を敷いて男性を待っているという女性が、そんな劇しい気性とどうして通じているのだろうか。これは一体どうしたことなのだ。

7　橋姫物語

『奥義抄』（六）に載せる「橋姫の物語」の梗概は、

昔、妻、二人もたりける男、もとのめの、つはりして七いろ《（そカ）》のめを願ひけるほどに、海べに行きて、竜王にとられて失せにけるを、もとの妻、尋ねありきけるほどに、浜辺なる庵に宿りたりける夜、おのづから此男に逢ひにけり、此歌をうたひて海辺より来れりけるなり、扨ことのありやう言ひて、明くれば失せぬ、此の妻、泣く泣く皈りにけり、今の妻の此事を聞きて、はじめの如く行きて、此男を待つに、又此歌をうたひてければ、我をば思ひいでゝ、もとの妻を恋ふるにこそと、ねたく思ひて、男にとりかゝりたりければ、男も家も、雪などの消ゆるごとくに失せにけりという。これが橋姫物語だとしても、果して宇治の橋姫の話であったか否か、それは疑問でなければならないであろう。

ところが一方、橋姫との恋愛譚は、離宮明神と結びついて語られた。やはり『袖中抄』や『顕注密勘』の所見が早いもので、離宮明神が夜毎、姫大明神の許に通い、暁に及んで宇治川に川波おびただしく立つ音がするという。男神がかえるのであろう。川を挟んで相対するこの両神は、三輪神婚を思わせるような夫婦神の形を示しているが、すると狭筵を敷いて男を待っていた橋姫とは、そうしたモノに対する気性のものだったのか。

『袖中抄』『顕注密勘』には、また離宮明神ならぬ住吉明神との交渉も伝えている。「住吉は神代よりおはします、年久しくなりて後、始めて宇治の橋ひめに通ひ給ふと申さむ事も、おぼつかなし」と、顕昭は疑っているけれども、信仰史的・説話的に見た場合、何も覚束ないことではない。

前引の「橋姫の物語」は、既に住吉明神を背景としたもので、これが狭筵の歌に関連して説かれてきたことを考えると、住吉明神が、宇治の橋姫に通う話になってくるのは、その筋の出てくる背景が考えられる。

さりながら離宮明神が、暁に川波を立てて帰ってゆかれると言う伝えも、重要な意味を持つのだった。そうしたものを考慮しつつ、この神の性格をうかがうのに、それを端的に申すと、川波を立てて河を横ぎってゆく姿から、それは水霊としてのミズチ――蛇体――の信仰に、原型的な一面が思われるということである。伊勢の五十鈴川《いすずがわ》の場合は、五十鈴川を渡って女性のもとを訪れた神の帰った後、寝床にはヘビの鱗が落ちていたとも伝えたが、宇治の橋姫の蛇体性については、橋姫の物語の中にも明らかにうかがうことが出来る。一方では宇治の橋姫と住吉明神との通婚説話が出てくるのも理由のないことではなく、ここでは述べることは出来ないが、住吉明神には、既に好色性の色彩は濃いものがあった。

こうした宇治川の神に関連して、さらに宇治川の水霊への神事を辿って見るのに、あの宇治大幣の神事に、傘を三つさした大幣を宇治橋へ（笠と下駄も）携えて行き、橋の三ノ間から川へ放り込み、後を見ずに帰ってくるが、大幣の水面に達するや、大蛇と化して流れを泳ぎながら下流に去っていったという（京都民俗志）。この話をこれまで述べたことから考えると、まことに注目すべき宇治川の水霊に対する呪術処置を伝えているように思われる。

大幣は一種の串であり、それについた紙垂《かみしで》の如きは、比礼に比すべき要素をもっていると考えられ、その大幣を河中へ投げ入れるのは、串による水霊制圧の古いうぶな姿を象徴していると思われる。それは『古事記』の、

ちはや人　宇治の渡に　渡瀬に　立てる梓弓檀弓……

とある弓の如き棒状のものを、川瀬に立てて、刺突の恐怖を、水のデモンに与えることが試みられたことにも似ており、杭の如きが、大和の初瀬川に立てられていたのは『万葉集』に

よって知られるが、これも宇治の渡の梓弓とほぼ同質の呪術で、それは串とも通じ大幣とも別の構造ではないであろう。

さらに宇治大幣神事の際、笠を携えてゆくのも、笠の古代呪術の残存としては、まことに大きな暗示で、水霊の眼に対して円型の笠をもって、対立すべき巨眼としていたことを示している。この問題は私の一目小僧論に展開してゆかねばならぬから、他に譲る。注

注　笠氏の古伝承（伝承文学研究四・五号）参照。

8　水霊の制圧

話を離宮明神に返して、この神の蛇体性を考えると、橋姫への夜の訪れには、ちょっと申した如くその底に三輪神婚のような姿が思われぬでもない。この見通しが正しいならば、橋姫は水霊のデモンに対した巫女の神格化である一面、遂に狭筵《さむしろ》一枚で用を足している零落した女の姿も、信仰の推移によって出て来る訳のものだった。

こうした原型的信仰を踏まえて、今まで再三にわたって述べたところであったけれども、あの「剣巻」の話に時代を嵯峨天皇の世にかけて、或る公卿の女が嫉妬のあまり、生きながら鬼となり、自分が妬《ねたま》しいと思っている男女を取り殺そうと山城の貴船明神に祈るのが、やはり思い出されねばならぬ。

示現あり、宇治の川瀬に行きて三十七日、水をかぶれと。その通りすると「貴船社ノ計ニ

テ、生ナガラ鬼ト成ヌ」。それが宇治の橋姫だとあるのみでなく、これが他ならぬ羅生門の鬼で、渡辺綱に腕を切られたこと多言を要しない。しかもこの鬼は一方では大江山の酒呑童子を通じて、その眷属は変幻して淀川に沿う茨木童子になると言う。しかも水脈は宇治の渡にも通じていることが、やはり一つの見どころとなってくるようである。

だが『曾我物語』(八)には、また異伝があった。

この方は美女、綱を抱き下して、水中に引き入れようとする。すると腰にはく源家累代の名剣(当時毒蛇と名づける)するすると自然に抜け出でて、美女の左の肱を切り落してしまう。力及ばずして女は河中に飛び込んだが、これより宇治橋姫の狼藉も止まったといい、以後、彼の剣を姫切と名づけたと。これは『曾我物語』の剣巻ともいっていいものの一部であろうが、まさに異伝である。さらにお伽草子「かなわ」の話も一つの異伝であろうが、これは流布のものに近くなっている。かくて『謡曲拾葉抄』に「世伝、洛陽堺町松原の辺に、鉄輪塚とて有、昔嫉妬深き女有、死して此所に葬るといへり」とあるのを示しているが、では彼の鬼女が祈ったと言う貴船明神とは、一体何であるのだろうか。

申す迄もなく貴船明神は、オカミを祀る水の神、それは蛇体をも偲ばせているのだが、しかも貴船が賀茂川の上流に当って鎮座するのは、この神の性格上重要なことである。だから「貴船明神の縁起」の一章を立てることにしたけれども、その縁起に見えるような凄じい話が、どうして伝えられることになったのかは、最も関心を呼ぶところである。

宇治の渡に見た如く、渡子としての「ちはや人」の猛々しい集団の存在は、往来頻繁なしかも危険な渡渉地点には、大体考えていいようである。しかもこうした集団の人々は、デモンの潜むと考えられた水流を横ぎってゆく。それは物の怪のモノをも制してゆく形でもあったから、「物の部の八十氏川」と歌われたのも意味がある。低いクラスにランクされる彼等は、時代の経過と共に、散所民としての姿を伝えつつ、そうした集団は、相互には統制と連絡とをつないでいたものの如く、悪霊制圧に対する呪術的な諸要素も、互に混淆連絡しながら流転してきたと思われる可能性は、所々に指摘される。と同時に彼等のもつ唱導も、その本縁としての歴史事実化の色を濃化しつつ、このような人々に管理されてきた趣なしとしなかった。

9 鉄輪

しかしその集団の異なるによって本筋を等しくしつつも、細部に異なった伝承を示したこともまたしばしばであった。

「かなわ」では、腕を切られた鬼は、「剣巻」の如く綱のみではなく綱・公時の二人になっており、逃げてゆくのも愛宕山の方角ではなく、宇治川を指してゆく。そしてそのまま「うぢ川のせゞのはやくみなぎる水の中に入にけり」で、鬼はそのまま蛇体に連絡するものであったことを、ゆくりなくも伝えていた。

やがて弔われて仏果往生を遂げ、安倍晴明の占により、「ほどなく一社の祠を造り、宇治の橋姫となづけ」庶人渇仰の社頭となる。これはおそらく宇治川辺の散所民の管理にあったものであろう。この構想のものに謡曲「鉄輪《かなわ》」があるがこれも「剣巻」とは鬼の逃げてゆく方向が一致しない。しかし今それを述べていると、大和宇陀の森に棲むという鬼を引合に出さねばならぬので割愛したいと思う。

だが宇治の渡を溯ってゆくと、さらに勢多橋がある。ここにも著名な橋姫社があるばかりでなく、ここから東国への道は、伊吹山の麓を通らなければならず、すると伊吹童子がその道にも屯集しているといった具合である。

この章の鬼談義の素描は一応ここで終るが、これらの場所には、いずれも鬼として表現されるような散所民の存在を、何時も考えて置かなければならぬであろう。荒唐怪異に見える鬼物語も、そうしたものの存在を考えつつ歴史の問題として、その傷ましい姿も想い浮べることが出来る。飛躍した言い方をすれば、『常陸風土記』で茨城の地名を述べ、国巣が征伐されることを見たが、物凄い後進性のために、鬼といわれる如き零落民は時として『常陸風土記』に見たような、傷ましい征伐の現実に遭遇したのかも知れないのである。

第十章　京の五条の女たち

1　五条の渡

京の五条橋は、国民伝説の場として多くの人々に親しまれている。私も五条の渡《わたり》について、渡辺綱の鬼退治を詮索したり、牛若丸・弁慶の格闘に興味を抱いていると、賀茂川の流れを横切る五条の渡は如何にも面白く、なかなかに追究を要すべき場に思われ出してきた。それで今度は鬼の弁慶ならぬ、まことに艶な『伊勢物語』、つづいて『大和物語』の色好みの世界から、五条付近を偲ぼうと思う。しかしこれもやがて宇治の橋姫につながってゆくのかも知れぬ。

在五が物語・在中将の日記ともいわれ「昔男ありけり」に始まる『伊勢物語』の成立には、諸説が唱えられてきたけれども、平安時代の歌物語の白眉だということに間違いはない。必要に応じてこの歌物語から抽出しながら語ってゆくに、この中に「五条わたり」として出てくるのは、厳密には二ヵ所ある。一つは五段である。

五条橋（上杉本「洛中洛外図屛風」右隻２扇〔部分〕。米沢市上杉博物館蔵）

「昔男有りけり、東の五条わたりに、忍びて行けり」。男は忍び忍びの恋であったから、正門より入らないで、童部《わらわべ》の踏みあけた築地《ついじ》の崩れより密会していた。ここは往来の多いところではなかったけれども、度び重なるままに、娘の親も聞きつけ、築地の崩れの通い路に、毎夜門番を立てることにしたのだった。男は夜ごとに東五条の渡渉地へ行くけれども、門番などのために、どうしても懸想《けそう》の女に面会することが出来ない。男悩みて、

人しれぬ　わがかよひ路の関守は　よひ〳〵ごとに　うちも寝なゝん

と切なる情を詠嘆した。こうした男の恋情を察したのか、その後、女の親たちは娘に会うことを許してくれたのである。男の通ってきたこの女とは、二条の后という高貴な方であったから、兄たちは通路をふさいだのだと、一説には述べている。もう一つの五条の話とは、二十六段に出ている。

これも昔男、「五条わたりなりける女」を手に入れることが出来ず、侘び悲しんでいると、女の返事に、

おもほえず　袖に　みなとのさわぐかな　もろこし船の　寄りしばかりに

と、よせてきたという。この両段とも五条渡、即ち賀茂川五条の渡渉地点での情事であるが、これだけならまあ何のこともない。

2　『伊勢物語』から

ところがこれらにつづく別の話が、五段につづく六段にある。それは女へプロポーズをし得ないままに年月を過ごしてきた男が、ようやく夜陰にまぎれてその女を盗み出して逃げる話である。話の筋は他でも述べたが、この段には異説を二つも並べているから、この点を述べておかなくてはなるまい。

その一つは二条の后とあるのに対応するように、二条后のイトコの女御に仕えていた容姿の美しい女を背負って盗み出す。堀川大臣《おとど》の舎人《とねり》らこれを聞きつけて、女の奪回は成功するのであったが、この取返しに出向いた人々をオニ（鬼）と言ったとある。堀川大臣や太郎国経の大納言が、未だ下﨟《げろう》の時代であったとは言え、この人々が鬼であったとは、一体どうしたことであろうか。

つづく今一つの話は、盗んで逃げてゆく途中、女は水が飲みたいという。急なことでコップのようなものは持ち合わせない。手にすくって飲ませ、それから「ゐてのぼりにけり」。そのまま逃亡してゆく。しかしやがて女は死んでしまう。死んでしまう女と水との関係は、六段に出てくる女が、芥川の水のほとりにつれてゆかれるのも、水・河辺と女という構造関係に於て似たケースでなくてはならぬであろう。

後々の話ともやがて関係してくるであろうが、これらの三話中、どれが本格的な話かと言ったことは、私にはよく分らない。しかし異説二つの中では、後者の方が六段の話と何か吻合するものがあるようだ。

さらに二十六段から飛んで二十九段に、五条をその場とはしないが同じような話が出ている。

これも昔「女をぬすみてゆくみちに、水ある所にて、をとこのまむやとゝふに、うなづきければ、結びてのます」、これも清水の所にて女に水を与えるのが注目され、この場合も後に女ははかなく死んでしまっている。こうした女は何故に死ななくてはならないのであろうか。この点は「古代の死者」の場合にも考えなくてはならないとしても、これは六段第二の異説とも相通じている。その後の男の行動も、

男もとの所へかへるに、かの水のみし所にて

おほはらや　堰のし水を　むすびあげて　あくやとゝひし　人はいづらは（二十九段異説）

とある。六段の二話にあっても、女を盗んでゆく男のその後の行動も、

もとの所へゆく道に、かの清水のみしところにて

大原や　せかゐの水をむすびあげて　あくやといひし　人はいづらか

とて、両者は全く相似しているという他はないのである。この辺に『伊勢物語』を考える鍵の一つがあるであろうが、それは別にしても五条の渡渉地点を舞台に語られる五段と二十六段とに、ともに女を盗む話が続いているのは、この両段には何か考えさせられるものが潜んでいるようだ（六段の本説はもちろん女を盗む話で、この話は『今昔物語』にも載せられて

いた点は既にふれた）。

それから五段の方では、つづいて七段八段から十四段まで、信濃・三河・駿河・武蔵・陸奥と男の東国遍歴を語ってくるのには、賀茂川五条の渡渉地に住んでいた者と、東国地方との間には、何か社会生活的な生きてゆくための呪術を通して、相連絡するものがあったようにも思われる。

ところで五条の渡の出てくる二十六段につづく二十七段では、一夜だけ女の許に通って、そのままになった男のことが出ている。女は盥《たらい》の水に映った自らの顔を見て、

われればかり　物おもふ人は　又あらじと　おもへば水の　下にも有けり

とよむ。如何にも芝居じみているが、かつての男これを立聞き、

みなくちに　我やみゆらん　蛙さへ　水の下にて　諸声になく

と詠じた。この段には東国遍歴の旅はつづいていないけれども、水に影映す女、即ち水鏡の女といったものは、私には寸時、心にささってくるものがある。

それは他でもない。五条渡は河流渡渉点で、水流に関係が深いばかりでなく、五条渡の女のもとに通う男の話につづいて、女を盗み、それを川辺に連れてゆくのであったり、あるいは男から水を飲まされたり、また自らの姿を水に映したりして、水に深くかかわる姿態を示しているからである。

しかし『伊勢物語』だけによってこの女の正体を考えるよりは、『伊勢物語』に接近する

頃の『大和物語』の話をも併せ考えて見る方が、やや面白いものになりそうである。五条の渡ではないけれども、女を盗んで逃げてゆく男の話が『大和物語』にもある。別のところでも述べたが、その大要は、女を盗んで奥州へ逃げた男が、女を安積山に住まわせる。女は男の留守中に、安積山の山の井に自らの影を映し、その姿のあまりの凄じさに驚いて死んでしまうが、男も後を追って死んでゆくというものであって、『大和物語』にはさらに女を盗む別の話もある。

これは大和の国のある清らな女を、京から来た男が一目垣間見て心をよせ、その女を盗んで馬に乗せて逃げてゆく。女は大変あさましく思いながら日暮れに立田山に宿り、草叢に馬の障泥《あおり》を敷いて臥せったが、女は恐しさに泣くばかりして返事もしない。

たがみそぎ　木綿《ゆふ》つけ鳥か唐衣　立田の山にをりはへて鳴く

と男がよむと、女はやおら、

立田川　岩根をさして行く水の　行くへも知らぬ　我がごとや鳴く

との一首を残して、これまたはかなく死んでしまう。男は女を抱いて泣くのであったが、その後のことは明らかでない。『伊勢物語』はもちろんだが、これも安積山の話と合わせて考えねばならぬであろう。

ここでも女の歌うごとく、「立田川岩根をさして行く水」に関心が注がれるのは、安積山の女が山の井に行くのと、古代的女性のもつ呪術的構造としては、おそらく別のものではないらしい。すると、五条の渡にかかわりつつ述べた『伊勢物語』の水に関係した女たちの背後を支えていたものとも、異質のものではないはずだ。

3　『大和物語』から

私は『伊勢物語』に見える京の五条渡から話の糸口を求め、『大和物語』にも材料を採ってきたのだったが、この辺で五条の渡に返って見ると、『大和物語』に語られる次の話が興味を呼ぶであろう。

良岑宗貞《よしみねのむねさだ》が物へゆく途中、五条の辺で雨劇しく降るので、荒れた門に入って雨宿りをする。そこの家は五間ばかりの檜皮屋の下に土屋倉のある構えだけれども、人のいる気配もない。入って見ると軒下には梅さえ咲き鶯も鳴いている。劇しい雨だというのに、鶯の点景はおかしいけれども、それにはそれなりの説話上の意味がある。人気もないと思った御簾の内に、薄色の衣に濃き衣を重ねた、スンナリした黒髪の女がいる。女が、

蓬生ひて　荒れたる宿を鶯の　人くと鳴くや　誰れとか待たん

と独言するのを聞いて、宗貞これに返歌をする。誰もおらぬと思っているのに人がいるので、女の方は驚いて物も言わない。しかし男は雨の止むまでといって縁に上る。女は簾の内より褥《しとね》を出して坐らせる。

ところで土屋倉の様子はと見るに、簾の縁は蝙蝠《こうもり》に食われ、畳は荒れるに任せている。雨

は止みそうにもない。そうこうするうちに日も暮れたので、男はやおら内へすべり入ってしまう。女は口惜しく思うけれども、制する術もない。一方男は女を奥の間へは入れないようにしてしまう。

かくて夜もふけ、女は奥の間へ入ろうとするが、男は「唯だかくて」――このまま い て下さい――と、入ることを拒んだ。ようやく時のたつままに、情もうつる。女の親は男に饗応したいと思うが、そのものもないので、庭の菜を摘み蒸物にしてすすめた。宗貞はこれを哀れがり、小舎人をして車をつかわし、家より珍物種々をもたらして与え、それ以後は絶えず来訪したけれども、女が亡くなったその後、男は法師になったという。

恋愛譚としてこの話が合理的な話に成長していても、女が荒れた土屋倉のある家にいるというのには、『伊勢物語』の、あの盗まれた女が雷鳴の夜、土倉に避難させられ、男は屋外にて警固する場合の、女と倉との関係を、幾分変形しているとしても、ここにも見せているらしい。

しかし『伊勢物語』の場合雷鳴の夜、あの倉に納れた女は、男の警固にもかかわらず、夜明けて見ると鬼に喰われていたというのは、やはり女には死なねばならぬ約束のようなものがあったのか。『大和物語』の方は鬼のためではないとしても、やはり死んでいる。かかる女どもの死の問題は後章に取扱うとして、ここでは小舎人が使令のような働きをして、ちょっと顔をのぞかせている方が気がかりなのである。それは『伊勢物語』五段に出てくる、築地を崩し開けた童部の点景とも連絡するものなのかも知れぬ。

こうした童子を、忘れんとして忘れず、何かの形でのぞかせようとしているのは、後にも述べるように、ここの五条天神が、少彦名《すくなひこな》という小人神であることともその底に於て、おそらく連絡するのであろう。五条天神の小人性はいきおい、鞍馬山に籠っていた牛若丸を小童に見立てて、この渡で活躍させねばならぬ道具立てになってくることも、長きにわたる五条渡の原始信仰にまつわる変形であり、説話化であったとも考えられるようで、ここに屯《たむろ》した人々の心の裡に、或は約束のようなものとなっていたのであろう。

4　三輪の奉幣使

それで小舎人や童部に連絡するようなものとして、さらに原形に近いと思われるような話が、『大和物語』に語られている。五条あたりの話ではないけれども、女たちが井手（これは水流である）を背景にしている点が、五条の渡渉地点と立地条件において似ているのである。しかしこれは女を盗んで逃げるのではなくして、三輪明神の奉幣使として大和国に下向する内舎人の好色譚である。

内舎人は下向中、井手の辺にて「いとをかしげなる子を抱きて、門のもとに立」っている清げな女を見る。女の抱く児の顔が「いとをかしげなりければ」、内舎人はこれに眼を留めて、女にこの児を奉幣使の方へつれて来るようにという。すると女は寄ってくる。奉幣使は

平城宮宮内省大膳職の井戸跡

大きくなるまで養育するよう女に申しつけ、形見にせよと帯を解いて遣した。

しかし内舎人は好色の仁であったから、そのまま忘れてしまい、それから七、八年ばかりして再び奉幣使にて大和へ往き、また井手の辺に宿ると、水汲む女どもが群居している。だがこの段はこれで切れている。[注] けれども異伝として『月苅藻』には、これ以後のことが見えている。しかしこの方では、奉幣は三輪ではなくして春日明神への奉幣使となっているが、春日も名だたる雷神だから、三輪でも春日でもどちらでも意味は通る。『月苅藻』では女の抱いていたのは六歳の女児で、これが成人したならば妻に迎えようといって内舎人は帯を遣る。それ以後男は絶えて女を訪れないのは『大和物語』と同じだが、その後、女は男の忘却を嘆いて、井手の玉川に入水自殺してしまった。内舎人の男は、その後二十七、八年して再び春日奉幣使となって大和へ行き、かの女のことを聞いて、彼も同じく入水して果てたのであるが、こうした点にも、死んで行かなければならない女として、井手の辺にたたずむ女の存在は気にかかる。と言うのは、さきの山の井や盥《たらい》の水、さては男に盗まれてゆく女が水を飲ませられるのも、恋愛感情を伴って推移したけれども、その根底の生活に通じているものは、水と女との間に成長していった、深刻とも言うべき古代の姿であろう。

「大膳の大夫公平の女ども、懸井戸と言ふ所に住みけり」（大和物語・百十一）とあるのも、この関係から説明出来そうで、でなければ平安朝の歌物語に、こうした類似的性格をもつ話が軌を一にして出てくる訳がない。そのことはまた、右の歌物語の原質を支えたであろう部民たちの世界を考えねばならないことにもなる。それはゆくりなくも伊勢六段の異説に堀川大臣、太郎国経の下﨟を、オニといったとあるのが問題にならねばならぬことであろうが、それは井手の女が抱いていた「いとをかしげなる子」と鬼の原質との間には、必ずや深い関係が横たわってのことであって、それは『伊勢物語』の童部・小舎人の点景にも連繋すると考えられる。しかしそれはやはり五条渡の女から考えてゆかねばならぬものがある。

注　どこから原拠を求めたのか、『月苅藻』（下）にこの話が述べられている。

人語云、井手ノ下帯ト云ヘルコト、同云、昔ウドネリノ、大神ノ祭ニ、ミテグラヲ持テ、春日ヘ下リケルニ、彼井手ノ玉水ノ辺ニテ、六歳バカリナル女子ヲイダキテアリ、形チ世ニスグレ侍リテケレバ、カノウドネリ、コレヲ見、汝オトナシク成タラバ、我妻トナスベシ、別ノ男シタマフナト、色々ニタハブレ侍リテ、帯ニ文ヲソヘテ出テ、女ノ帯ヲ取テ立サリヌ、其後ハタエテ音信モナク打過ヌ、人々此事ヲキヽテ、姫ノトノ、方ヨリハ、イカデ久シク音信モナキヤランナド、度々申アヘリ、是ヲ女キイテ、世ニ本意《ホイ》ナキ事ト思テ、井手ノ玉水ニ身ヲナゲムナシク成、其後二七八年アリテ、モトノウドネリ、又春日ヘトホリケルトキ、彼ノ女ノメノト、ウドネリヲ見テ、アノ御方ニヨクニタル人ノ、七八年サキニ、此処ヲ通リ給ツルヨトイヘリ、ウドネリ聞テ、フシギノ事中女カナトテ、ヨリテ子細ヲクハシク問ケレバ、始リヨリノコト、念頃ニカタリテ、サメ〴〵トナキケレバ、ウドネリ是ヲキ、テ、サテハカナク成給ケルニヤ、タハブレゴト云シハ、我ニテコソ侍レ、夢ウツ、トモシラヌ世中哉トテ、ヤガテ其玉水ニ、男モ身ヲナゲ死タリ。

5　雷　童

歌物語に見える五条渡の女性について述べてきた背景と、『大和物語』の井手の女に内舎人が帯を解いてやる場合、女の抱く、いともおかしげな小童とに焦点を合わせてくると、当然小童や童部が問題となってくるであろうが、ここに「小男の草子」というお伽草子を投入するとどうなるのか。曲折はあるけれども、これは小人《こびと》の出生譚であるばかりでなく、一個の本地譚となっていて、主人公の小男《こおとこ》が、そのまま最後に五条天神となっても現われる。五条天神と小人との背景に横たわっていたと思われる関係が、ここでもどうもただ事ではないらしい。

その小男とは「ひき人」にして身長は一尺八寸（五十五センチメートル）。十六歳にても背は元のままなり。異本「小おとこ」には丈は一尺、横は八寸とあるように、全くの小男で、この小男が五条天神に化現したというのは、一体どうしたことなのか。これはおそらく五条天神の原初的神格的なものとの信仰的な深い連絡に基づくのであろう。

天神を菅公とするのは、北野天満宮の怨霊信仰の流布とその影響によるものであったが、北野天満天神以前の古代天神はアマツカミにして、地祇に対立する天空の神、虚空に通う神であった。しかして虚空の神とは、雷電にもとづくカミに他ならない。すると五条天神の祭神を矮少な少彦名命として、菅公を祀らないのは特に注目を引くことでなくてはならぬ。「神代紀」によると、少彦名は海を渡ってきた神といい、声はするけれども見つけ難い小人であった。大国主が手掌に乗せて翫《もてあそ》んでいると、跳び上って頰に食いつき、常世の国に行くに当っては粟茎にのぼり、その茎に弾かれて海の彼方に到ったという。まことに小童そのもので、このような小人神としての少彦名を、五条天神の祭神に比定しているということは、その背後にお伽草子の小男が、五条天神となって現われたという伝えとの間に、吻合するものが潜んでいる。これはスピリットの関係なのだ。

ところで雷電性をその性格とした天神は、作用に於ても雷電性を発揮するのは当り前で、その例証を引く必要はないが、一方、雷公が小童・小子として化現してくる場合、小男と五条天神との間柄にも、当然関係のたどられるべき構造の流れをもっている。こうした点から考えてくると、井手の女の抱く「いとをかしげな」小童上にも、このような関係が出ているのだったが、その理解には手数を要する論証を経なくてはならぬとは言え、重視すべきことだったので、次にいささか例示を試みよう。

よってここにやや飛躍した出し方であるかも知れないが、まず川と竜（ミズチでもある）と小童といったもののかかわりを、ある高僧の説話を示すことにより、その関係を理解せしめることとしたい。高僧とは弘法大師であるが、例示を『今昔物語』（十一ノ九）に求めると、空海、平安京を巡り、河辺に至ると破れ衣を着、蓬髪の童子来れり、空海にこの河の水面に字を書いて見せよと言う。空海、水の上に龍の字を書き、右肩に小点をつけないでいる龍字は崩れずそのまま流れず。そこで右肩に小点を打つと、龍字は響を発し光を放ち、龍となって虚空へ昇って行ったと言う。ここに川と川に住むものとの関係、そして龍は空にもかかわり、雷としての鬼とも関係していることを示す好例であるが、これにもまして弊衣蓬髪の小童の点在は、右の関係から雷神小童の問題につながっている。

雷神小童の古い例には、道場法師にからむ『日本霊異記』の話が早い。ほかの場でも用いた話なので大要だけにして置くと、敏達天皇の世、尾張国阿育智郡片蕝《あゆちのこおりかたわ》の里に一人の農夫があった。耕作した田に水を引く際、小雨が降るので木のもとに隠れ、金杖をついて立っていると、雷鳴して雷公がこの農夫の前に堕ちて小子《わらわ》となった。小童子としての雷公である。農夫は金杖をふり上げて、雷童を撞《つ》かんとする。雷童は助命を乞い、報恩に「汝に寄せて子を胎《はら》ましめて報いむ。我が為に楠の船を作り、水を入れ、竹の葉を泛《うか》べて賜へ」と言う。その通りにしてやると雷童は雲霧を起こして虚空に登った。その後生まれた児は、頭に蛇を纏《まと》うこと二遍《めぐり》、首と尾の後に垂れて生まれた怪童だった。これが怪力童子となり、後には元興寺——この時は飛鳥の元興寺——に得度しては道場法師。人伝えて元興寺の道場法師といったという。これは荒筋であったが、ここに雷公は小童に化現している。

つづいて『今昔物語』（十二ノ二）でも、越後国の神融聖人の前に、虚空から堕ちてきた雷童も年十五、六許《ばか》りの小子で、形は空海の場合の如く頭髪蓬の如く乱れ、極めて恐ろしげなものであったというが、これも雷童にして、『霊異記』の場合、彼の童は水をたよりに昇天しているのが注目をひく。だから大和国大安寺建立に神怒を発した雷神が子部の神であったのは、雷神小童の端的な表現であったと言っていい。こうした雷童は見苦しい蓬髪の童子で、一面には「小男の草子」の小男とも似ている。『大和物語』では表現が文学的であったといえ、見苦しい小童が井手の辺に立つ女に抱かれていたのも、既に触れてきたように単なる小童ではないらしい。しかもその小童を見つけたのが他でもない三輪明神の祭の使であったこと。三輪明神のもつ古代性格——この点、春日明神にあっても同じく雷神——を考えて、特別に重視されねばならず、だからして井手のをかしげな小童も、流水を中に立てて、おそらく雷童的なものを底に持っての文学化にして、この童子はまた護法化するスピリット性のものでもあったろう。こうしたものはすこぶる怖がられた。「眷属の悪鬼悪神を恐るゝゆゑに、神社にては、殊に先をおふべきことわりあり」（徒然草）とも言われる。多少仏教的要素を混えているが、そうしたものの典型として『信貴山縁起』の剣の護法が思い出されてくる。この剣の護法の姿態には、図像などに求めた姿を出してきているとしても、本質は雷童の変化を根底にしていると眺められる。

巨大な雷神北野天神の化現の場合にも、雷神の小童性はやはり尾を引いてつづいている。あの父もなく母もなく、菅原是善のところに忽然現われてきた小童が、菅公であるといった表現の中にそれが感ぜられる。そこには雷童子の面影が、説話の背後を支えているのであって、北野天神の縁起から菅公の出生の条を引用して置くと、

承和十二年の比《ころ》、菅相公是善の南庭に、五六歳ばかりなる童子一人、自然として出来給けり、亭主これを見たてまつりて、只人におはせずと思て、とかくたづね申されければ、させる父母もなし、自然は公を親とせむと、仰せられければ、いみじくかしづき養なひたてまつらる、是を其始なり

そうした小童は、北野天満宮の場合では松童というものにつづくと見られるであろう。かくしてこうした立場を背景に、再び五条の渡を考えると、学問研究の上にどのような発展が出てくるであろうか。

6　賀茂川

山紫水明の大きな一翼をになう賀茂川の流れも、現在の水流が昔ながらだと考えることは正しくない。川筋に相当変化があり、川幅の広さはとても今日の状態ではなかった。二条城

の構築により、その地域を狭められた神泉苑の池は、かつての賀茂川の川跡の名残であって、それによっても賀茂川の横流を偲ばせている。従って氾濫もしばしばにして、護岸治水には大いに意を用いられ、防鴨河使の置かれたのにも、その一面が考えられる。

こうした川の五条の渡渉地点に、水霊を制圧するための呪術が、平安京以前から試みられていたのであったろう。平安京以後、その呪術は往来通行上にさらに重大視されていたことは事実であろうが、そうした場合の水霊とは蛇龗（オカミ）と考えられ、それは於迦美神とも成長してきた。意賀美神社（河内茨田郡・和泉和泉郡・同日根郡）、意加美神社（越前坂井郡・備後甲奴郡）、あるいは憶感神社（尾張海部郡）などが『延喜式神名帳』の上に名を留めているが、神名帳撰録の時代から考えても、水霊への呪術にかかわる社頭の成立はさらに早かった。

奈良時代に出来た地理書の一つ『常陸風土記』の中に、大神駅家が見えている。駅家とは古代交通上の要点で、水沢河泉、山や峠、あるいは道の分岐点などの要衝に、令の規程では四里毎に置かれたが、この大神の駅家には「大蛇多くある」によって、大神駅家というのだとあるが、その駅家も水沢に臨む駅であったのであろう。こうした点を傍例に考えると、五条渡も賀茂川渡渉地にして、水霊を呪術によって鎮圧していたと考えられる。水霊はまた天空の雷公と相通じ表裏していたことを、ここでも考えると、そうした状態の五条渡に、渡辺綱の鬼退治の説話が、この場を舞台として成長してゆく理由もわかろうというものである。

そこには当然水霊に仕えた巫女群もいた。この彼女らの末が『伊勢物語』・『大和物語』に顔を出してくる五条渡の女たちに他ならないと思うが、彼女たちはそうした意味に於て、水の女に班せられるものでもあろう。五条の渡でなくとも、女が男に盗まれて逃げる場合、女は途中で水を飲んだり、ある者は井戸や盥に自らの顔を映したりして、如何にも水への執着を断ち切ろうとしないのは、やはり水の女で、ゆくりなくも彼女たちの生きつづけてきた来し方の生活姿勢の印象を示すものだと思う。そうした本源の生活の末に、あの宇治川に水かずく女——鬼女——の存在が意味あるものとなってくる。と共に、橋姫への糸口が出かかってくるのだ。

この辺から素描は荒くなるけれども、こうした女たちが、忘却のままに雷童的なものとかかわりをもって語られてくるのは意味あることで、彼女たちが渡渉地点の巫女として水霊を鎮圧していたことと、その原形に相通じたものを含みつつ説話として変化しているのだったとしたい。しかもこうした小童というものは、既にふれた護法といったスピリットとも混じながら成長し、自由に虚空を飛翔或は奔走するのを特徴としていた。

そうした護法小童の姿というものが、都での重要な渡渉地点の五条渡の水に対する呪術の上にも伝わらずにはおかなかったのであって、そうした背景の上に、ここに屯していた千早人たちによって伝説化した典型的なものが、あの小童的な牛若丸の出現にして、彼の燕の如き飛翔の姿の底には、護法に通ずるものがあると思っているのだが、どうであろうか。

『義経記』によると、牛若丸・弁慶は別々に五条天神に参って出合うのである。その出合いには牛若が「ゑいやと言ふ声の内に、九尺ばかりありける築地に、ゆらりと飛び上」るのは、牛若が兵書『六韜《りくとう》』や『三略』を耽読したためばかりではなく、五条の信仰の原質になっていたものが、牛若の上に投影説話化していたと私は考える。それは護法信仰。これをさらに溯及して求めるならば、天若彦にもつながるであろう。五月雨の頃、内裏で管絃の遊びの折、狭衣《さごろも》中将の吹く笛の音にさそわれて、天稚御子《あめのわかみこ》が天降って、中将を天上へ誘うのも(狭衣物語)、その原質構造に変化はない。

一方、発生的には雷童とも交渉の上に生きてきた五条渡の女たちは、渡渉河川にひそむと考えられたデモンの投影をうけて、彼女たちも早く鬼女化を遂げていたものもあって、後々の説話の上にそれが現われてくる。ここではもう多くを述べることは出来ないが『鈴鹿之物語之双紙』などに語られる五条渡の水霊は、鈴鹿の峠路に進出した怪奇面への大発展だったのはたしかであろう。

7　梅に鶯

『伊勢物語』や『大和物語』の歌物語の、それを支えていた古代信仰の姿から、われわれの文学を考えることがさらに重要で興味あることだからして、これからも大いに発掘してゆかねばならない。

ところで平城天皇の皇子、阿保親王を父に、桓武天皇の皇女伊登内親王を母として生まれた在原業平は、王氏の出であったが、それが『伊勢物語』ではなぜ五条渡の女たちと交渉をもたねばならぬのであろうか。あるいはまた別に、彼女たちが賤種であるから、その夢を高貴の人に託したのであろうか。

しかし今はこれに答えないで『大和物語』から示した良岑宗貞が、五条の辺で雨宿りをした時、その宿で梅が咲き鶯が鳴いていたというのは、どういうことなのか。問題をこれにかけてゆくのに、ここでは解決は出来ないとしても、筋だけはつけて置く必要がある。そのために説話のモティーフとして竹取翁譚を一つ示して、あの話の鶯が何を原質にもっていたかを推測することにより、宗貞の雨宿りした家の鶯を思うであろう。その一つの竹取翁譚を、慶安四〔一六五一〕年四月刊の『風土記』(大東急記念文庫本)から引載すると、

甲斐国むかしハ富士山のふもとに、竹取の翁とて、竹をうゑてあきなひけるものあり、かの翁ある薗生竹林にして、うぐひすのかひごを見つけたり、あたゝめおき、そのゝちほどをへて、これを見れバ、容貌いうなる婳となりけり、しかるにかれをやしなひおき、長じけるのちに、かのおきなが田つくりけるときに、暇なくしかば、養母の訟ていはく、かゝるひまなき時にしも、なにとかや手《た》すけとなりたまはざりけると、なさけなく云けれバ、うぐひす姫、これにいかりをなして、ふじさんのミねにのぼりて、いはをけやぶりて、湯を走《はしら》かし、田作人の所のミな焼石となす、かのうばおほぢハにげて、白

根が峯ゆき、又かの田かける馬もにげて、信州駒が峯にすくミける、その駒ぬしをわすれず、つねにきたりしかバ、かの馬をこゝろに入て飼しゆゑに、この所をかひのくにと云、しかるをかな書に、甲斐とかくなり、黒駒と云も、甲斐より出るなり

と言うもので、この話を分析してくると、多くの議論を費さねばならぬであろうが、ともかく、この話では皆人に愛玩される鶯のカイゴ（卵と考え置く）から生じた鶯姫は全く憤怒、それも富士を背景とする巨大な憤怒のものとして出てきているのは注目に値する。こうした鶯――鶯姫は、また五条の宿の鶯にも及ぼさるべき類似性をもっている。さらに鶯と取合せの梅である。これも梅宮と名のつく神社信仰を説くべき伏線になっているが、今はそれに及ぶ余裕はない。

かくて後々になっても五条には遊女がおり、幸若舞曲にもそうした女のことが知られ、「物臭太郎」にも「色好み尋ねてよべかし」と、ここの遊女のことを忘れないでいるのは、以上の話とも何か連絡していると考えてよいが、それらを象徴するかの如く、五条東洞院には蛍火《ほたるび》という遊女が知られている（猿源氏草子）。

第十一章　貴船明神の縁起

1　貴船の社地

おほみたの　うるほふばかり　せきかけて　ゐせきにおとせ　河上の神（新古今集）

「神は和歌にめでさせ給ふもの」か、これは山城国貴船明神への雨乞いに際して、賀茂幸平《ゆきひら》の詠んだ一首である。河上の神、水源に坐す神としての貴船明神に対しては、羅生門の鬼、或は宇治の橋姫について述べた際、一応は考えてきた。しかしこの名神の性格や、その歴史のこし方については、それらの諸論考との関係に立って、一度は私なりの見方も述べて置く必要を感じてきた。

貴船神社は、洛北貴船川の上流、貴船山麓の川に迫った森の中に鎮座している。本社と奥宮とに分かれ、他にわずかな飛地境内をもっているが、境内は峡谷に寄って鞍馬山に対し、貴船川の急湍《きゆうたん》に臨みて雲霧の常に往来する幽邃《ゆうすい》な場所といってよい。このたたずまいは、早く「王城ヨリ北ニハ深キ山有リ、其体ヲ見ニ、二ノ山指出テ、中ヨリ谷ノ水流出タリ、絵ニ書ケル蓬莱山ニ似タリ、山ノ麓ニ副《ソヒ》テ河流レタリ」（今昔物語・十一）とあって、山に倚《よ》り、川に臨む景観は一応述べられている。

本社より数町にして旧社地の奥宮がある。

2　平安京と貴船社

貴船明神は、早く『延喜式神名帳』に所載されている。そればかりでなく、祈雨八十五座の一に加えられるとともに、平安時代の特別な崇敬社として二十二社の一にも班した。公辺の貴船への奉賽や関心は、どちらかと言うと、平安京が奠《さだ》められてから以後の事蹟が主体をなしており、この神への従五位下の神階初授が、嵯峨天皇の弘仁九（八一八）年六月で、その七月、大和国室生竜穴神とともに雨を祈られている（日本紀略）。ついで十月「賽二山城国愛宕郡貴布禰《きふね》神一以祈雨有レ験也」（同上）と、神験顕著であったので奉賽されているのも、平安京の発展と共に昂まりつつあったこの神への関心が示されている。これは平安京の人々の生活の関心としての水ということ以外に、賀茂川の洪水に対する脅威も重大な関心となり、その源頭のデモンが重視されねばならなかったことを示している。

そうした関心はこれより前、弘仁九年五月、この社を大社となす（日本紀略）との待遇が示されたのである。その後も次第に神階を進められ、承暦五（一〇八一）年二月には従一位、保延六（一一四〇）年七月には正一位の極位に達したのも（二十二社註式）、平安京との生活上の関係において、神験にたのまれるものがあったに他ならない。それは山城国北方の水源地に於ける神験なのであって、前記したように止雨祈雨を主体とした効能にかけられていたようだ。

『日本紀略』に、

1　幸二神泉苑一、奉レ幣貴布禰社一祈レ雨（弘仁十・五・甲午条）

2　奉二白馬於丹生川上雨師幷貴布禰神一、為レ止霜雨一也（弘仁十・六・乙卯条）

とあるような、崇敬の事例が国史に数多く見られるが、既に吉野丹生川上雨師神と共に、止雨祈雨の祈りとして、天候コントロールの上に威力をもつ神格として注目されたのだった。中でも雨に関係のある神泉苑に幸《みゆき》し、貴布禰社へも奉幣されたとあるのは、古代以来の賀茂川の川筋を考えると意味深く、水源地の神として雨水に深い関係を持たれたのである。

もとより川上の神、水源の神への信仰は、おそらく平安遷都以前からの、山城盆地聚落民の原始信仰でもあったろうが、勢い水源林としての森も神聖視されてきた。記録に知られるものは『朝野群載』（六）に、神山での伐木の禁止が見え、後にこの山と主殿寮《とのもりづかさ》の山とが境を接していたので、事によっては主殿寮が神山まで濫伐するので、一鳥居内の伐木・放火を禁止されたい旨を、連署にて神祇官に訴えているのはその一例である。

ここに一言しておきたいのは、現在の貴船本社の社頭は、後冷泉天皇の天喜三〔一〇五五〕年四月、移転後のものを言うのであって（百練抄・六）、創祀の貴布禰社は現在の奥宮の場と言われ、移転は永承六〔一〇五一〕年の大洪水の難を逃れたことによるという。

3　タカオカミの神

・天空から降りくる雨、引いては水流に関して神験を示す貴船の神とは、一体何であるかと言うと、古くから高龗神《たかおかみ》といわれた。

その神統がイザナギの神の御子に坐すといったことにかかわりなく、高は美称だとすると、オカミとは大神であろうか。オカミを『日本書紀』には高龗とし、『古事記』は淤迦美神とするが、よく考えてみると、オカミとは大神ではなくして、尾神の字を当てるのが正しいのではないかと私は思うようになった。尾のある神である。高龗神とは蛇体的なものに本質があるとすると、オカミとは尾神につながらねばならぬ。さらにオカミに高の美称を付けるのは、虚空の自然の猛威に関係することを示すのであろうか。同時に闇龗（紀）、闇淤加美神（記）ともされて、猛威の虚空の暗黒を象徴すると思われるのも特に注目に価しよう。

ところが『常陸風土記』には「大蛇」をオカミとし、「新治郡の駅家、名を大神と曰ふ、然称《なづ》くる所以は、大蛇多《さは》に在り、因りて駅家に名」付けたとあるのを見ると、オカミは蛇体と考えられ、これを大神としたのは尾神でない。これには何か合理化が動いたと私は見るのであって、『豊後風土記』（直入郡球覃郷）の蛇龗《おかみ》もまた蛇体。かかるオカミが貴船の神にして、しかも賀茂川と分れる上流の水源地に近く祀られているのである。

さらにオカミは罔象女（紀）、弥都波能売神・闇御津羽神（記）――ミズハノメ――として、おそらく巫女と思われる水にかかわる女性神としても捉えられた。『二十二社註式』には貴布禰神を「水神罔象女神也」として、あの宇治の橋姫説話を考えようとする場合、意味がある。ミズハノメについては他のものに水羽の女、水幡の女と解しておいたが、この羽・幡には比礼に原型的なものがあると思われるのだが、古代信仰上に於ける理解ではデモンに対する呪具であった。

かくてオカミを祀るものを『延喜式』に求めると意賀美神社・憶感神社・意加美神社・弥都波能売神社などが載せられ、生活と水との関係の深さを示している。だがオカミ・ミズハノメの神々の社頭発生は、水と生活と言った農耕社会以前からの根本問題にして、それは人間社会に対する恐怖につながって出てきたものを、その原形と考えるのが正しいであろう。虚空の気象が、人間社会に深刻な関係をもたらしたのは、原始以前の社会からであって、しかもそれは世界的な広がりの上に呪術や信仰の形成の背骨をなしてきた。

これを貴船神社に返してゆくと、二月九日、雨乞祭が奥宮の雨乞滝で行なわれ、初めに示した秘歌大御田《おおみた》のうるおうばかりが歌われる。終ると一行は雨乞滝を堰止めて、泥水を互に掛け合うのも面白いが、こうした水に関する行事はほぼ全国的でもある。

次に移る前に、貴船（キフネ）の名称について一言して置くと、それには一つの伝説が語られている。

ここの明神が黄船に召し難波津から、わが船の留るところに祠を建てて祀れと、船を進められた。時は反正天皇の世のことという。天皇は木菟臣《つのおみ》に蜑女《あま》を副えて随従を命ぜられ、その追いついた処を蜑女崎（今の尼崎）というのだと。船はさらに進んで菟道川《うじがわ》に入り、ついで鴨川から鞍馬川と貴船川の合流点に達する。ここからは貴船川を溯り、遂に貴船明神奥宮の地に鎮座され、ここを黄船の宮と崇めたと言う。この伝承的信仰を示すように現在も奥宮の社殿の脇に、石積みの御船形石がある。

この船形に積まれた石の一つを所持していると、航海に効験ありと言うのはともかく、難波と貴船川とを連絡してこの伝説を語っているのは興味まことに深い。しかしこの説話の成立時代を何時と決めることは出来ないが、貴船の呪術に於て、浮くものとしてフネが重要なものと考えられた時代が経過して後に、合理化した面なしとしないであろう。その原型には水神——ミズチ——翻弄の呪術として、「仁徳紀」の難波江のヒサゴの呪術性が思われるのであって、これは貴船の名の生じた問題の伝説であることは疑いない。こうした意味をも考えながら、さらにこの神の蛇体性の解明としても、いよいよ「貴船の本地」にたずね入りつつ、信仰の本体がどう説話化されていたかを述べるのも意味なしとしないであろう。

河の文化史を考えてゆこうとする場合、これは一つのサンプルともなるであろうが、特に貴船明神は平安京を貫流する賀茂川の源頭として、来し方にもつ意味も大きかったから、その説話化にも水霊制圧の意味がこめられていた。

4　貴船の本地

貴船明神の原始信仰は水によるモノ、言わば蛇体性に中心があった。それはこのモノによって、雨水が支配されると考えられていたからであって、この神のそうした原質は時代の経過によっても、容易にぬぐうことは出来ないばかりか、平安京人士の信仰を貫くと共に、中央神としてのこの神の水の支配に示す強い信仰はゆくゆく各地に伝播し、多くの分社形式も生ずるに至っている。これらの分社中には、土地土地の水にかかわるミズチ信仰を、貴布禰信仰の流布と共に、その名で呼ぶに至ったのも蓋し少なしとしないであろう。それは各地の天神を、一様に北野天神乃至は天満天神として怪しまなかったのにも類似する形である。

雨師のモノとしての川上水源の神を、原始古代人は具体的に竜蛇と考えたが、貴船明神もこの範疇に立って庶民の素朴な心に生きつづけ、やがて原始信仰が合理化と推移を経なくてはならぬ時代がくると、蛇としてのモノは虚空からの雨、それを降らせる黒雲、風陣、雷鳴と連絡しつつ妖怪化の形も出かかってくる。しかも妖怪化は時代が降るにつれて凄じさを増してくるようで、これにはもちろんいろいろと理由があろう。説話から文学化へのテクニックの巧妙さや、また妖怪性を増大しないと、恐怖性の持続が困難だとする立場、乃至は信仰と妖怪とが既に別個の姿をとりつつあったがためといったことなどが考えられるであろう。『平家物語』剣巻の話や羅生門の鬼の話に出てくる貴布禰の凄じさは、まだそれほどでもないと言えようが、これが「鉄輪《かなわ》」の話からお伽草子「貴船の本地」に及んでくると、妖怪性は凄みを帯びてくる。こうした凄みが出てくる原質は、貴船の神の本来にもっていたものからの発展だとしても、雨師の神の唱導ともかかわりつつ、中世庶民にとっても大きな関心の一つであったようだ。

「貴船の本地」には承応刊本、大東急記念文庫奈良絵本、慶応義塾図書館の「きふねの物語」（古写本）などがあるが、ここでは、

　これは、きふねのゑんぎを、あら〳〵かきぬきたる　さうし《(草子)》にて候、此さうしを、もちたる人は、ふつき《(富貴)》、はんじやう、しよくわん、じやうじゆ、かい《(皆令)》りやう、まんぞく、よろづ、めでたく候物なり

という『きふねのゑんぎ』（「神道物語集」所収）により、御伽話めいた貴船縁起譚を中心に語ってゆきたい。この縁起は時を平安遷都の桓武天皇の世に採っている。

　さて縁起によると、絵合せがあり、種々の扇に絵を描きて合せるのだが、この中に本三位中将定平《さだひら》という公卿がいた。絵心にかけてはなかなかの達人であった。ところが詫間《たくま》法眼《ほうげん》という無類の絵の上手がいて、法皇は彼の法眼に女房の絵を描かせ、これを出して是非を争われ、後にこれを本三位中将に賜った。問題はこの絵女房から起こってくる。

「絵姿女房」は昔話の中にも採録されているけれども、この縁起とは筋に違いがある。さり

ながら水霊といったものを媒介として、両者には連絡する構造性をもっている。既に柳田國男翁の研究もあるが、ここではこの問題に深入りすることは避けたい。

さて本三位中将定平は絵女房を見るや、これほど美しい女房はまたとない、法皇に申して、天下の女房を呼び集めて見ようと思い、「天下のねうばう《（女房）》こを、本三位の中将に、ゆるすなり」と勅諚を賜うことになった。大変な勅諚という他はない。その結果三年間に女房三千人までを集めたが、絵女房に似た美女は一人もいなかったので、中将は「此ゑににたる人の、恋しさよ」と憂うるばかり。法皇は、そのような欲望は人間にはとても叶うものではない。仏神に祈っては如何と仰せられるので、清水寺観音に二七日《ふたなぬか》参籠。満夜に夢告の示験があって、鞍馬へ祈れという。

かくて鞍馬に三七日《みなぬか》に満つる夜、ここの夢の告げが、鞍馬の神の正体とつながるのである。夢の示験は、

そも〳〵、なんぢは、ふしぎなる事、中物かな、あるひは、人のおやの、をしむこ、あるひは、ぬしある、ねうばうなどの、やうなる事こそ、恋し、つらしとはいへ、まことにかなはぬこひなれば、いかゞして、かなふべきぞや、しかれ共、なんぢが、あまりに中事、ふびんなれば、まづ、ひきあはせすべきなり、ゆくすゑの事は、なんぢが、はからひなり、しやうめんの、ひがしに《（ママ）》わきの、しやうじを、あけてみよ

とあった。示験にもあるように、他人の女房を得ようとするのであるから、何としても不思

鬼国の宴（古活字本「きふねの本地」より）

議な願事と言わなければならぬ。こうした祈りではあったが明神は不憫に思われ、東面の障子を開けて見よと託宣された。

　示験のままに中将は東面の障子を開けると、「まことに、てんにんも、あまくだり給ひけるかと、おぼしくて、さもうつくしき」姿の女房がいるではないか。世にも美しきこの女房は、蛇体を本質に持つ女なのであろうが、なお、しばらく縁起を述べてゆくと、女房が言う。

　何事を仰候ぞや、我は、き《（鬼）》国と申て、くらまのをくに、そうじやうがたに《（僧正ヶ谷）》、うしとらにあたりて、いはやあり、それより、みちあり、きこくと申は、おにの国なり、神といふ事もなく、ほとけといふ事もなし、まして、人げんといふ事もなく、あさましき、くに

なり

と自らの素性を述べると共に、女房の所属する国は神も仏もなく、まして人間というものもいない凄惨な鬼国であると。そして彼女は、自分は鞍馬の毘沙門を信じて、常に参詣しているので、とても貴方と会っている時間はないと告げた。しかも彼女は、扇に描かれた絵女房と比較して、あれ程美しいと思った絵女房も見劣りするほどの絶世の美人だった。これほどの女は滅多にいるものでないと思い、中将はお前の国が、たとえ無明の鬼の国であってもよい、その国に連れてゆけと頼むのだった。

鬼の国の娘、そのものがすでに異常な化現としなくてはならぬが、一面、鬼国の存在はおそらく貴船明神の制禦の中に置かれたとも言えるものであったろう。

5　地底のモノ

美女がここでお帰りなさいというのも聞かず、中将は、僧正ケ谷の岩屋より鬼国へ入ってゆく。月日の光もささぬ地底の国である。穴の国という表現には、蛇の生態の反映を思わねばならぬが、ここは鬼ばかりの国だと語られている。

したがってこの国の大王は鬼王であり、この世界で人間というのは、母と彼女とその姉の十郎御前の三人のみ。いかにもお伽話じみているが、姉の十郎御前は惨酷無比な鬼大王の餌食となったという。

姉の死は、大和国長谷《はせ》観音を信じて常に詣でていたが、婆婆の人間一人を連れ来れという大王の厳命を果さなかったために、食われてしまったのだけれども、妹の方は本三位中将なる男を連れて帰ってくる。

鬼の都や宮殿の描写はともかく、鬼大王は背丈は一丈、角は九つ、牙は三寸余という。かかる形相の鬼王が、妹御前に人間を要求するのである。妹御前は、人間を大小自在に変化させる呪力のあるシュッカン杖という宝杖で、まず彼の本三位中将を小さく縮小してしまう。この呪力の杖とは、

　此つゑにて、人をなでゝ、いかほども、ちいさくなる、おほきと、なづれば、いかほども、大きにもなる

もので、女房はこの呪杖で、すでに「きみを、はや、ちいさき、こがねのはこにぞ、入られける」といって、小さいモノにされてしまう。話がこうまで変化するには幾変化の後であっても、かの巨大な三輪の大物主が、小蛇として櫛笥《くしげ》の中に入っていたのが思い出されるであろう。さてその後も鬼王は、人間の提出を彼女に迫り、妹御前が鞍馬精進したことについても、

　しんぶつに、まいるさへ、くせ事《（曲）》とおもふに、けつく《（結句）》、しやうじんとは、何事ぞ

と鬼王は怒りつつ、妹御前をさいなむ。母御前が仲に入って取りなし、しばらくの猶予を得ることになるが、妹御前はどうしても諒承しない。そこで中将と妹御前とは二世の生れ変り

を信じながら、中将は娑婆に帰り、妹御前は殺されてしまう。

ここで話の場面は大きく変り、中将は蓮台野で三条大納言の捨てた赤子を拾うことになり、これを養育する。これが地底の鬼国で殺された妹御前の生まれ変りだったので、中将と契を結ぶが、鬼王国ではこの事を聞くなり、千人ばかりを動員して日本国乱入の謀略をめぐらす。だがこの謀叛は神仏の計いで法皇の夢に告げられる。そこで博士を召して卜占をさせると、一年に五度、鬼の五体を調伏して、鬼を喰うという料簡をすべしというものだった。

以下、五節句の由来譚を披露するのはともあれ、中将は貴船大明神にして、彼女は鞍馬毘沙門の御はからいにより、大明神の妻神に斎《いわ》われた。「しかるによつて、ふさゐ（夫妻）の事を申せば、かなへ給ふなり」であったから、夫婦のトラブルに悩む女性がここに祈りを籠めたというが、ここの神の本質的なものは地底に住むと信じられた蛇体にある。

これは伊勢五十鈴《いすず》川の滝祭の神が、水底・地底に坐すと伝えられたこととも同じ信仰的性格で、祟め恐れられた神というよりも、デモンに発していたのだった。また諏訪明神の地中巡回の話は、諏訪本地などで豊かに語られているが、これも蛇体的なものを背景としているのであって、あの甲賀三郎譚もそれに他ならない。また、かかる蛇体が鬼類化することはしばしば述べてきたが、静岡県の天竜川・福井県の九頭竜《くずりゅう》川のごときも、川の命名にそうした信仰の姿を暗示していよう。

一方貴船明神は蛇体としてのみだけでなく、造東寺長官藤原伊勢人の夢裡に現れた姿は齢《よわい》八十、鬢髪皤々《はは》たる老体にして、「王城鎮守貴船明神」と言って、鞍馬の勝地を示したのである（拾遺往生伝・下）。しかし貴船明神の示した北山鞍馬の地は、その後ここの根本別当となった峯延に、容貌女のごとき鬼が現れたり、伊勢人には目かがやくこと雷のごとき大蛇が出現したりして、やはり貴船明神の本来の原型的なものと通じなくもなかった（同上）。

6　蛇神と呪咀

お伽草子による貴布禰の縁起譚を語った後では、時代に大きな前後が出来てしまうが、ともかく、ここのデモン的な神霊がオカミ――それは尾神にして蛇体――とされることから、右の縁起譚の成長もあったのだとして、『小右記』――治安四〔一〇二四〕年（万寿元）四月十二日条――に、貴布禰社司の言葉として、検非違使藤原顕輔が雨乞御禱《いの》りのついでに言っている言葉は特に重大である。貴布禰明神には正体が坐さない（「明神正体不㆓御坐㆒之由」とある）。これは昔雅通が、新造の正体を造り奉ったのだけれども「呪㆓咀於人之息女㆒、取籠歟」と。つまりある娘が雅通の造った正体をその身にとり籠めたので、今は神体がないのだと言うのだが、これはけだし、にくしと思う人を貴布禰の神に呪咀し、神体を自分に取籠めてしまったというのであろう。おそらく蛇体に通ずるような、恐ろしい神体であったと思うが、それを取籠めることによって、自ら蛇体性のものに変化することの可能を信じたのであろうか。これは大変恐ろしい戦慄すべき呪咀である。こうした呪咀の方式がすでにこの神に対して試みられていたことから考えてくると、恐怖の宇治橋姫の話が容易に着想されてくるモティーフがあり、かつ流布する理由があったと解されてくる。注1

○

別に事立てて述べる折も考えていないので、和泉式部の次の歌を述べて置くと、

ものおもへば沢の蛍も　わが身より　あくがれいづる魂かとぞみる（宸翰本和泉式部集）

の一首は「をとこにわすられて侍りけるころ、貴船にまゐりて、御手洗川《みたらし》に、蛍のとび侍りしをみて」の詞書の如く、恋しき男に捨てられた頃、貴船の社頭に詣でて、自らの苦悩する魂を、かすかな光を点滅して飛ぶ沢の蛍に托した詠嘆という。この一首の解釈としてなら、これでひとまず目的は果せたであろう。ところがこの一首にはすぐ「御返事」として、

おく山にたぎりておつるたぎつ瀬の　魂ちるばかり物な思ひそ

の一首が並んでいる。この一首は誰の返歌であるのかというのに、宸翰本には明記されないが、『後拾遺集』（二十・神祇）には右の二首が並び、返歌「おく山に」の一首には、「この歌は、きぶねの明神の御返しなり、男の声にて和泉式部が耳に、聞えけるとなむ、いひつたへたる」と左註がついていて、貴船明神と式部との間の贈答歌ということが明らかである。この点は『袋草子』にも藤原保昌《やすまさ》に忘られて、貴船明神に百夜詣をして「ものおもへば」の一首を詠むと、「おく山」の一首の返歌があったというのは、貴船明神の返歌であることを示

している。

われわれが右の贈答歌に興味を感ずる点は、男に捨てられた和泉式部が、貴船明神に詣でたのは、あの生きながら姿を変えずして鬼になり、自らを、はずかしめた男たちを取殺したいと、貴船明神に祈った『平家物語』剣巻のあの女房が、貴船に詣でたのと同じ信仰構造であるということだ。貴船に祈ったあの女房は、託宣のままに宇治川に水をかむって鬼形になることが出来たというが、貴船明神のもつ蛇体性が、この場合も重要なヒントになる。和泉式部の場合にも「をとこにわすられて侍りける」、その忘れた男に対し、川上の神であり、オカミを祭る貴船明神の性格が、執拗な女の怨念に通ずるものとして、深刻に思われていたであろうことを理解すべきで、和泉式部のあの贈答を、文学研究者の思いつきの、鎮魂歌の発想といったことですまされるものではないと思う。その場合、一体鎮魂歌とは何であるのか。鎮魂そのものが文学の立場からも未だ具体的に理解されていない。和泉式部の贈答歌が如何に文学的な発想となっていようとも、その背後に、貴船明神のデモンによる、女の執念があったとするのが、和泉式部の貴船明神との贈答歌に深く横たわっているのだった。

さらに今一つの和泉式部の話をつづけると、彼女が夫保昌に厭われたことから、貴布禰の巫《かんなぎ》に「敬愛のまつり」をさせたことである。この敬愛のまつりとは「年たけたる御子、赤幣たてならべたるめぐりを、様々に作法して、つゞみを打、前をかきあげてたゝきて、三返めぐ」る、性的行為を加えた行法らしい。行法を終えた巫は和泉式部に「是《かく》ていにさせ給へ」、つまりこういうふうにして帰っていらっしゃい、と言うと、式部は「面打あかめて返事もせず」、即ち赤面したとある。この曲事を物陰で見ていた保昌はおかしさに堪えず

　ちはやぶる神のみる目も　はづかしや　身を思ふとて　身をやすつべき

と一首を詠じたと言う[注2]（沙石集十・上）。呪咀の神としての貴布禰明神の一面を伝えた話であるが、貴布禰の神にはこのような暗い性格が濃化しつつあったと言わなければならない。敬愛まつりに於ける性的仕草は、後に示す「古代の死者」とも、必ずや連絡する要素をもつはずである。かかる性質をもつものとして信じられていた貴布禰を思うと、この神に祈って鬼になる趣向というものには、深い根底があったことになる。長々と述べた貴布禰の縁起もこうした背景からの説話化で、その本流は水源のデモンたるオカミ――尾神――の上に成長した原始信仰に発している。しかもこれには、再三述べたように賀茂川の水源に、京洛の民衆の重大な関心があったことを、銘記しておかなければならない。

　貴船のこうした神の性格はさらに本質を失なうことなく、時として疫神化してもくる。後のものながら『続史愚抄』――弘治二〔一五五六〕年九月九日条――に、この年、京洛に咳病《がいびょう》が流行し多くの小児が死んでいった。占文によると、これは貴布禰明神の祟ということで、疫神追却が行なわれる。このことがあって以来、京洛の小児は毎年九月九日、小神輿をかついで貴布禰を祭るようになったというが、それも原始的デモンの発展として疫神貴布禰が出ている。その点はすでに貴船明神の邪気として、藤原頼通に憑《つ》いているのは、この神

のデモーニッシュな一面を窺わせているのだった（栄華物語）。

注1　「鉄輪」の話は謡曲やお伽草子にあるが、京都堺町松原辺には、この鬼女を埋めた鉄輪塚があると伝える。この時の女は、「鉄輪」によると赤い衣を着、頭に丹を塗り鉄輪をいただき、鉄輪の三つの足に火をともしている。怒りの心を持てば鬼神になると貴船明神は託宣するが、もうこの頃には、呪咀する女の形もととのって、貴船の丑刻《うしのこく》参りが思われていた。おわりに『謡曲拾葉抄』（犬井貞恕著、明和九年刊）に引用する「慈鎮和尚記」を示して置くと、美濃国の婦、嫉妬のあまりに、髪を五つにわけ、飴をぬりてかため、角のやうにし、紅の袴を着し、即身の鬼となり、己が夫寵愛の女を取ころし、ある堂の内に住て、いとけなき子牛馬の死したるを、取くらひたり云々。

注2　この話は『月苅藻集』（下）にも見えている。
和泉式部保昌ニスサメラレテ、或カンナギヲカタラヒテ、貴舟ノ社ニテ、敬愛ノマツリヲサセケルニ、カンナギ曰ク、敬愛ノ御祈ニハ、神前ニテ陰口ヲアケテ、出シタマヘ、サナク侍ズバ、カナヒ侯マジト申シタリシニ、イトカホアカラメテ、
千早振神ノ見ルメモ恥シヤ　身ヲ思フトテミヲヤスツベキ
保昌ハジメヨリ、木陰ニテコレヲ見聞シテ、フカク感ジ、ソレヨリ念頃ニカタラヒシトイヘリ。

第三部　風神・雷神

第十二章　家屋文鏡を読む——大和国佐味田宝塚古墳出土

1　雷小僧

奈良県北葛城郡河合町佐味田の宝塚古墳から出土した家屋文鏡は、古代生活を想見する資料として、その方面ではつとに著名なもの、現在宮内庁の所蔵であるが、銅鐸の鋳出文様の家が僅かに知られているとは言え、鏡背の家屋図形が独創的にして、他に比較を求むべき類品を見ない珍重な遺品とされてきた。もっとも最近、奈良県天理市の東大寺山古墳から、鏡背文ではないが、家屋形飾りの銅製環頭柄が、他の刀柄と共に二個出土してきているので、その着けられたところが環頭という特異な家屋形についても、家屋文鏡の家屋図形と類似するから、これから大いに比較を試みつつ、その意味を発見してゆかねばならぬけれども、ここでは家屋文鏡に限定して述べることにする。

この鏡を出土した古墳ならびにその出土品については、早く梅原末治博士の『佐味田及新山古墳研究』が刊行されて、その全体性を理解するのに好都合である。しかしその当時、こ

家屋文鏡
(宮内庁書陵部蔵)

の鏡には麻布のごときものが銹着《しゅうちゃく》していて、鏡背の図形は必ずしも明白でない部分が多かった。その後、銹着が除かれ、図形は明白の度を増したので、この鏡に関するかぎり、後に発表された梅原博士の「上代文化研究上の二三の新資料」(「鑑鏡の研究」所収)の方の所見がゆき届いたものになっている。

この鏡背の家屋図形は、鈕座《ちゅうざ》を繞《めぐ》る方形格の一辺を各々の底辺として、四個の家屋図を鋳出するが、手摺のついた梯子をかける家をIとして、右廻りにIIの低床住居、屋根ばかりを見せた竪穴住居と思われるものを

Ⅲ、Ⅳは高床建築にして梯子を掛けている（以下この番号によって述べる）。

これらの内、Ⅰ・Ⅱ・Ⅲの三軒の家屋はいずれも入母屋造であるのに対し、Ⅳは切妻造という差異よりも、「我が鏡作部が支那文化の特殊所産なる鏡の鋳造に当り、当時彼等の間に行われたる家屋を取りて、その図様に応用せし点に於て、また……其の年代の魏晋（二二〇—三一六）なるに於て、研究上に及ぼすの価値を認めむと欲す」（佐味田及新山古墳研究）る、その独創性と仿製《ほうせい》年代の古さとに興味があった。したがって古代家屋図として、建築史家の間でも強い注目を浴びてきたのである。

しかしこの家屋図形全体を眺めた弾力性に富む解釈は、「彼等の特に家屋を選び、これに配するに樹木を以てせる如きは一種の自然景の描写とも解せられて、上代文化の考究に与うる興味」（同上）を思わせるが、しかしその学問的利用度の高い割合には、さして研究は前進しているとはいい得なかった。注1

豪族の邸宅を写したとし、或は主屋に対する妻屋の存在を考えて、妻問《つまどい》婚型の推移をこれから想定しようとも企てられたが、けっきょく思いつき程度のことに終ってしまっている。はたしてこの図形は上代建築を示す単なる自然描写として、事終れりとしておいてよいのであろうか。

なるほど自然描写と見られるであろうが、自然描写だとしても、単にそれだけでは割切れないものが、この図形中には二、三ならず示し蓄えられている。よってそれらを原始から古代の実情に勘案しつつ、新しい解釈を加えようとするならば、まず目標をどこにおいて眺めたらよいのであろうか。

そうした場合、私はⅠ・Ⅲの住居にあって、表飾幡蓋《ばんがい》様のものという、斜に屋外に差出されている柄のついた傘様のものに、手掛りを求めて見る。すると、なぜこのようなものがさしかけてあるのだろうか、表飾としてなぜ必要なのか、といったことが問われねばならぬ筈だ。

よって鏡背を注視すると、これら四個の家の上空に雷光が走っている。稲妻である。そればかりではなく、閃めく雷光形の内に、怪奇な小童がうずくまっているではないか。私は稲妻と小童との関係から、この小童を雷神の小童だと解するのだが、そう考えるにはもちろん『日本霊異記』（上）における道場法師などの話がその背景にあった。その点は「京の五条の女たち」〔第十章〕でもかなり詳述しておいた。

象徴化してはいるが、上空に雷電の閃めき合う有様を思うと、その図形全体は一応雷鳴下の邸宅といった風景を写しているとみてさしつかえあるまい。この家屋図をそうした状況下の家屋と想定してくると、私にはⅠ・Ⅲの住宅外に斜にさし出されている幡蓋様のものの用途が暗示されてくるように思える。

では何であるのか。

端的に申すならば、蓋（キヌガサ）だとしてもよいだろう。だから表飾の幡蓋といわれて

家屋文鏡鏡背（Ⅰの部分。宮内庁書陵部蔵）

きたことは一応正しい。上から垂直に見れば、傘の性格からして円形を呈していると思われるが、これを屋外に差し出していることは、実用としてのカサ、儀礼用としてのキヌガサといったものから、祭礼の花笠、踊子の笠など――もちろん他にも多くの例がある――に対する民俗学的考察の成果からは、一応神々降臨の依代《よりしろ》としてのものだったと考えられよう。そうだとすると、表飾として装飾性の一面のみを考えてきたのは、実は結果的であって目的的ではなかったのである。

しかし依代としても、いかなる神霊の依代とするのか、といったことになると容易ではないであろう。けれどもこの場合、上空の稲妻と雷小童との存在を考えて、これはイカズチといわれるような、雷神の依代を目標とした幡蓋でなくてはならなかった。別な表現をすれば、雷神勧請《かんじょう》の呪術方式の一つであったと思われるということであろう。しかし依代の幡蓋とした説明だけではとても充分な説き方とは言えない。問題を残したままの説き方であるが、今

はいたしかたない。[注2]

上代にあって恐怖の最たるものが、地震・洪水の天変地異と共に、雷電の猛威もその大きな一つであったが、猛威の日の雷電に備えて、当時の民衆は、これを制圧したり勧請したりする呪術を施してきたと思われ、私はその呪術行為の一つを、表飾幡蓋の上に読みとろうとする。[注3]すると蓋の柄に房のごとくにさがっているのは、単なる房とすべきではなく、おそらく比礼といった呪具に当るものであったと解するのが正しかろう。だが、ここでは比礼の呪術性と言ったことのヒントを示すに止めておきたい。

2　上空の鳥

上空の雷電とカミナリ小僧との存在といったものとの関係において、幡蓋の呪術性格を考えて、さらに家屋の上を見やれば、Ⅱ・Ⅲ・Ⅳの家屋の上に、二羽ずつの鳥がいる。飛んでいるようにも見えるし、あるいは棟に止っているのかもしれない。いずれにしても合計して六羽の鳥である。こうした場合の鳥は一体何なのだろうか。

雷鳴下の屋上に鳥がいるというのは、常識では考えられないが、事実、鳥が鋳出されているのである。するとこうした情況下の鳥を何鳥と解すべきだろうか。

私はこの鳥を鶏であるとはいわない。また雉《きじ》であるともいわない。けれども古代の実情からして、そうした鳥以外のものではないように思われる。理由とするところはこうだ。雷電に雉が驚いて飛び立つといった習性は、すでに『塵袋』に、『伯耆風土記』を引用して示されており、シナの古い文献にも徴証を伝えるが、鶏も野鶏は雉に似ており、ヤマドリは山雉と言い、これらは動物学上、鶉鶏目《じゅんけいもく》中に分類され、雉と同じように音響に驚いていち早く飛び立つのである。さらに雉であるが、雷電――地震の場合も同じ――に雉が驚いて、矢のごとく飛び去る習性からみて、雷電に戦慄した古代人は、雷鳴に飛び立つこの鳥を眺めては神の使いとも考えたらしい。

そう眺めると、記紀に雉が雷神の使者的立場で現れるのは、理由のあることで、出雲のオホクニヌシに対する譲国談判の際、使令として雉が飛び下ってくるのがそれだ。詳しくは「雉の話――その古代信仰的立場」(国語国文二九ノ九)に述べたが、雷電に驚くこの鳥が、雷鳴下の家屋上にいる筈がない。にもかかわらず雷電下にこの鳥を配したのは、神使的なものとして、こうした雷鳴下にこの鳥が驚いて飛び立つ習性に基づいて、この家屋文の場を、雷電の閃めく天地と観じていたことを示している。とすると、単なる自然描写と解することが出来るものではない。この当時、雉は山野に群れ居たにしても、捕獲人たる人間を畏れて、漸く警戒を加えつつあったけれども、一方鶉鶏目に班し、雉とも習性を等しくする野鶏が、古墳中期の動物埴輪にも立てられてくる。これは野鶏が家禽《かきん》として登場し始めた点を物語ると共に、古墳に忘れられた恐怖の一面が、この鳥を通路としても考えられねばならぬであろう。後世、家棟に留めて時を告げしめた絵画にも、鶏の音響に対する敏感さへの利用が無意識のうちに伝っている。なお鶏について示しておきたいのは、『地獄草紙』最後の場面の鶏であろう。この巨大な鶏は、六道絵画史の課題としてよりも、むしろ文化史学の問題にして、『地獄草紙』を包む恐怖への火の鳥となっていることで、炎を主題としたこの絵巻の締め括りに、火の鳥とも言うべき鶏を画面一杯に描いたのは、意味のないことではない。左様な点は措いても、家屋文鏡の図形に、雷鳴に驚く鳥といったものを示したのは、虚空の雷電を重視する如上の立場から、ここの鳥が、雉・鶏そのいずれにしても意味のある存在であり、家屋文鏡の図形が、鏡背の単なる風景描写とされ得ない理由が、明らかになってくる。

3　独立樹

雷電と鳥の関係をカミナリの神使的なものと指摘したが、次に四個の家の各々の区切のように、亭々と伸びている四本の樹木の存在が注目される。しかしこれらの樹木は、各家屋を区切る境の木ではあるまい。と言うのはⅠ・Ⅲの家が表に幡蓋を斜に出して、雷神勧請（雷神制禦をも含む）の方法を講じているのに、Ⅱ・Ⅳの家にそれが見られない。けれども雷鳴は鳴り、雷光は閃めいている。してみると、家屋の棟よりも高く伸びている四本の樹は、Ⅱ・Ⅳの家につくべきものと思われ、よって図形を注視するとⅡ・Ⅳの家の各底辺上に生えているのである。それならば、家の棟より高いと思われるこの樹を、私は避雷用の木ではないかと考える。けれども四軒を一区とする同一邸宅内の樹木であることにまちがいはない。

すると私には一つの着想が浮かんでこずにはいない。それは避雷の呪言としての桑原との関係である。桑と蚕と雷との相関連する民俗的な問題は、そのよってくるところの根底は、深く広いものがあって、シナ古代信仰上からも説きおこさねばならぬものだが、すでに鈴木虎雄博士の「採桑伝説」（支那学一ノ七）、石田英一郎教授は比較民族学の立場から「桑原考」（『桃太郎の母』所収）に、いずれもすぐれた業績を示されているので多くをのべないが、[注4]しかし家屋図の四本の独立樹が、桑であるという証明はできない。

それならば、この樹木に対して別の解釈が考えられてもよい。それは棟の上に鳥がいること、この鳥が雷鳴に驚く習性をもつと考えたこと、そして雷神の神使と信じられたらしい立場を、この四本の樹の上に投影させる見方である。

この投影の仕方においては、当然、記紀の神話を支えにしなければならないので、ここに必要な神話を示すならば、出雲譲国にあって天上の遣問使天稚彦《あめのわかひこ》が八年になるまでも復命しないので、思兼神《おもいかねのかみ》の思慮により雉を派遣し復命なき理由を問われる。その経過を「神代紀」はこう伝える。

乃ち無名雉を遣して伺せたまふ、其の雉飛び降りて天稚彦が門の前に植《た》てる、湯津杜木《かつら》の杪《すゑ》に止り、時に天探女《あめのさぐめ》見て、天稚彦に謂《まう》して曰く、奇しき鳥来て、杜の杪に居ると、天稚彦乃ち、高皇産霊尊の賜ひし天鹿児弓天羽羽矢を取りて、雉を射て斃しつと。これを参考にしながら考えると、家屋図上の樹は、門の傍にあるべき湯津杜木であるかもしれないのだ。もしそうした種類の常磐木であるならば、まことに面白い結果が得られるのだけれども、こうした面白い答を出すためには今一つ、問題のベランダ様のものを考えなくてはならぬことになってくる。

4　井　戸

古墳出土の器材埴輪の中に、囲形《かこいがた》埴輪とよばれるものがある。考古学者の間でも、このものの器材としての用途に困惑し、これといった所見も見当たらなかったようだが、私はこれを井戸枠の形を示したもの、墳丘上にこれを置いて、これがあれば井戸があると、観念的に認めることにしたものだと考えている。

それならば囲形をした井戸枠埴輪が、なぜ古墳上に立てられる必要があったのだろうか。これには当然、埴輪家や他の器財埴輪との相互関係から有機的総合的に考えなければならない[注5]。けれども家屋文鏡には囲形としての井戸枠が早くも鋳出されているではないか。

Ⅰの家屋にあって、通常ベランダ（バルコニー）として、長く人々の怪しまないできた施設は、おそらくベランダでもバルコニーでもないであろう。ベランダというのは、その端が家に銹着していた結果、一見してベランダと見誤ったのであって、制作当時はもちろん家屋に銹着していなかったとすべきである。この銹着が長く正しい学問的判断を誤らせたのだ。

するとベランダ様のものといわれたのは、井戸枠でなくては理屈に合ってこないし、Ⅲの家屋にも幡蓋の下にＩの家よりは簡単な井戸枠に、井戸の存在を示している。すると井戸の傍にある湯津杜木（仮にこう考える）とは、深い関係をもつものであったろう。

したがって土居光知博士のように、これを古代演劇の舞台と解するのも、全く見当はずれの見解と言うべきで、だから表飾物を演劇開催を知らせる標示だと考えたのも、正しくない。ただあの独立樹を湯津杜木と見たのは、正しい解釈であったけれども、ベランダや表飾物のとらえ方が見当はずれであったため、湯津杜木の解釈が宙に浮いた形となってしまっている（文学序説）。それ故に湯津杜木についてさらに考えるため、海神宮の話をみてみよう。申す迄もなく記紀の成立時代は、家屋文鏡とは大きく隔っているけれども、まとまった古文献として記紀以外にないのだから仕方がない。

海神宮の「門の前に、一つの井あり、井の上に一つの湯津杜樹あり」（神代紀・下）、「井の傍に杜樹あり」（同上・一書）と見えて、家屋文鏡の井戸にかかわる古式の具体的な姿がみられるのである。ここで海神宮にあれました神々を引合いに出して考えると、生因の原質にもその名にも火性を持ちつつ、炎の裡からあれます神々のいずれもが、「吾が父何処にか在します」「吾が父及び兄何処にか在します」（神代紀下・一書）と言挙《ことあげ》しているのは、彼の神たちが天つ神の児神《みこがみ》であることから、私は軽々に看過ごせないのである。「わが父や兄は、何処に在しますぞ」と雄叫《おたけ》ぶ神話形式は、雷神にます賀茂別雷《わけいかずち》神の場合に似ているようで、『山城国風土記』に「汝が父と思はむ人に、此の酒を飲ましめよとのりたまひき、即ち酒杯を挙げて、「天に向ひて祭を為して、屋の甍を分け穿ちて、天に昇りたまひき」（釈日本紀・九）とあって、父と思う人に酒杯をささげる振舞は、何処か海神宮の火明・火進・火折の神々が、その父その兄を求めた言挙げにも通じ、特に別雷の棟の甍を破っての昇天は、雷神性の端的な表現である。

古代の火は現代のごとく、容易に得られる火とは訳がちがうとともに、その火は神聖視さるべき存在であり、しかも深く恐るべきものであったが、古代の火・炎の自然発生は、雷火こそその最たるものであったとすべきであろう。だから雷神は一面火の神でもある。神格化の上に語られる記紀の雷神は火花を散らしているが、それにしても炎の中からつぎからつぎと、「吾は天神の子」と叫んで生れ出る児神たちは、本質に雷質的なものを負うているかと思われる。

すでに説明的要素を濃化しているとはいえ、こうした神々のあれました海神宮の門に井あり桂の木のあったことは、また問題の伏在するところである。よって神話のこの形を、家屋図の上に投入して考えると、雷電・小童・井戸・樹といった要素の有機的なとり合せから考え、従来ベランダといわれたものは、ベランダとしてはどうしても理解できず、これを井戸と解することによって、このものの意味が難なくしかも弾力的に通じてくる。雷電と井戸といったものは、『延喜式』に主水《もいとりのつかさ》司に坐す神一座が、鳴雷神社であることからも考えねばならぬが、実はこの家屋文鏡からつづく問題であったことも注意しておかねばならない。

5　家屋文鏡の神話的現実

以上述べてきたことから上空の雷光雷鳴、雷小僧、雷神勧請の依代としての幡蓋、家の棟の神使的な鳥の存在、そして桂と考えてもよい樹木、加えるに井戸といった道具立ての全体の上に、家屋文鏡は、把握すべきだということは正しいのである。そうした立場に、これはある古代信仰の現実性を表現しているのだと解することができるのだった。

しかもこの鏡が副葬された古墳は「応神仁徳両帝代に最高潮に達せりと信ぜらるる墓制に先立つ時代のもの」(佐味田及新山古墳研究)と認められると言う。けれども現時点の学界では大体四世紀後半と認めるのが妥当だとされている。それにしてもその古代の古さに驚かされずにはいられない。と同時に、この考古学上の遺物の鏡背文から読みとることのできる信仰呪術も、その生活の場である家を通して出てきている点、まことに具体的であったと言わなければならない。[注6]

この家屋文鏡が投ずる古代信仰の問題は、これのみに終るものではなく、これから大きくいよいよ多岐にわたって追究さるべきであって、単なる形式考古学だけでは片づかなくなってきていると言ってよい。これはその一面をも考慮した素描ということになろう。

注1・2　この家屋図のIの家屋については「雷神小窓」(神道史研究八ノ四)において、貫前

神社（上野国）の本殿の考えは次章に詳論した。あわせて幡蓋の古代呪術の意味も述べておいた。

注3　これについてはさらに後章の「因幡堂の鬼瓦」〔第十四章〕参照。

注4　簡単に要点を記したものは『支那古代神話』（森三樹三郎氏著）を参照するとよい。

注5　これについては別途に私の埴輪論を展開したいと思う。

注6　この古墳の内部構造や副葬品と家屋文鏡との関係は重要であるが、ここに述べることができなかった。

第十三章　古代建築様式の貫前神社本殿

1　新しくて古いもの

古いものは、そのものが製作された時代の古さをもっている。法隆寺の古さは飛鳥・奈良時代の古さであり、東大寺大仏は、聖武天皇の御願の心を伝えつつ、その再興された元禄年間〔一六八八―一七〇四〕の古さを伝えている。これは議論の余地の無い分りきったことである。

ところが一方、新しいものが非常に古いスタイルを伝えていることがある。それは新しいものが、様式或は形式において、古い姿を保つ場合がしばしばあるということだ。たとえば現在使われている方言に、古い時代の言葉が生きていたり、民俗の慣行に古い姿が脈々として随所に指摘出来るのは、既に認められている。神社の祭礼の如きもこの立場で考えねばならぬ。私はこの書物に於て、あらわには言わないで来たかも知れないが、何時も心の底に強く抱いて考えてきたものに土地がある。大げさな言い方をすれば地球であろうが、ここでは人文地理的な世界にかかわる土地としても、この土地がまた古いのである。だから地理上の古代景観の残存には注意しなくてはならず、それは古往今来、日本人に共有されてきた地理的基盤であった。しかしそれは古代景観のままではないとしても、そこにはやはり古代への復原の可能性が秘められているということである。ここでは上州一之宮貫前《ぬきさき》神社の本殿を問題にするのであるから、その方の議論はさしひかえ、事例を神社に求めてゆくのに、伊勢神宮は二十年毎の式年造替によって、建築資材その他はその都度新しい。出雲大社は六十年目ごとの造営を慣行して来たと伝えられ、現在の本殿は江戸末期のもの、しかしその様式を誰も江戸時代建築様式だと思うものはない。それは伊勢神宮の建築についても同じだ。これだけの例をもって、飛躍したものの言い方をしようとは思わない。しかし

一之宮貫前神社本殿

かりに限定をつけなくてはならぬとしても、私はどうも古い存在が古い姿を伝えるばかりでなく、新しいものが、非常に古い様式を伝える場合があることを認めない訳にはゆかぬ。ただ事物に則してこの古さの認識——それは年代の限定——を、どのように求めるかによって、その古さが古代研究に重要視される結果を示してくることになる。民俗学も伝承を取扱う以上、この歴史的時間問題にあえいでいる。

ここでは建築史的なものを主題とするのであるから、伊勢・出雲の本殿の場合を示したのだが、これはまたその適例であって、伊勢神宮も出雲大社も、共に式年造替をつづけてきた社頭であったことも、改めて注目されねばならないように思われる。それは伝統形式を崩すことなく繰返したために、案外古態が伝わるということで、逆説な言い方であるが、繰返すからして古態が残るともいわれることでなくてはならぬ。

2 貫前本殿の構造

私は上州一之宮貫前神社について、ここの本殿妻入破風《つまいりはふ》の束柱《つかばしら》の向って右に、雷神小窓という一辺四十センチメートル（一尺三寸二分）くらいの窓が開いているが、これは一体何のための小窓かと、考えつづけたことがあった。

そのため貫前本殿の構造には、できるだけ調査の手を伸ばしたのであって、考察がすすむにつれて、この本殿は二階建というか、ともかく階層建築にして、神霊安置の場所はその二階にあることを知った。ここに神霊を安置した時代は何時からかの問題はあるにしても、この二階構造に問題があったのである。

まず階上と階下との殿内装飾には大きな差があって、階下の華麗なのに較べて、階上は素《しら》木《き》造りのいかにも簡素なものだった。しかも質素とも思われる階上は、雷神小窓の他は採光不可能な暗黒の部屋である。

こんな所に神霊を安置するのが、常識的には不思議でならない。加えるに階上階下の高さが違う。階下の天井が高く、階上の天井が低く、しかも階上は屋根裏の感じが強い。屋根裏の部屋と言ってもおかしくない。そうした屋根裏に神霊を安置するばかりでなく、そこに昇るのにはもちろん梯子によるのだが、その梯子が入口とは反対の方向にかかっている。入口とは反対にかかる梯子は、現在のわれわれの建築感覚からするならば、いかにも不自然なものである。

こうした変った構造様式をもつ貫前神社本殿は、権現造のごとき社殿建築が構築されつつあった江戸期の着想になるものとは考えられない。もちろん時代の影響は、虹梁《こうりょう》・格天井《ごうてんじょう》・屋根などに時代相応の

貫前神社本殿の雷神小窓

装飾を加えているのは当然のことながら、そうした後世の附加物を払い除けた中にある、その原型は何に発するのか。そうした原型的なものを発見し、そこにはいかなる古態性を辿れるか、これが私の関心事なのであった。文献の示すところによると、貫前神社は平安時代以来、式年造替を繰返しつつ現在に及んでいる。伊勢・出雲の本殿も、式年の造替によってかえって古代様式を伝えたように、繰返すことによって古態が残る場合を貫前本殿にも考えた。もしそうであるならば、今は忘却されていようとも、式年造替によって、必ずや古態を伝えるものがあるに違いないと見当をつけたが、それならばその古さの時代をいつに求めたらよいのか。この設定はまことに困難である。古さへの心証は、ここの年中の祭礼神事の上にも如実に感じられるが、本殿建築の様式も、それらと共に古態であるとしても、これを比較の上から考えるとなると、比較すべきものが容易に発見できるものではない。伊勢神宮も出雲大社も階層建築でないのだから、比較の対象にならない。とすると、貫前神社の本殿建築の様式は貫前本殿そのものの上から考える以外に方法がないのだろうか。もっとも貫前本殿は寛永年間〔一六二四―一六四四〕の造営で、元禄年間の修造を経たものであるが、その装飾性などの点はともあれ、この本殿の構造様式が寛永年間に創始されたものとはどうしても考えられない。と言うのは、神社はその建築や行事に、文献的な証拠が何も見出されずとも、驚くべき古代性を伝えるものが多いことを私は承知しているから、必ずや遥かな過去から繰返された式年造替に、古い姿をできるだけ忠実に伝えようとするものがあったと考えた。

しかし学問と名のつく以上、実証しなければならない。その実証のために私は博捜を怠らなかったのであるが、証拠は案外なところにあり、著聞な考古学的遺物の上に求めることができた。

3　家屋文鏡の家

先に述べた大和国佐味田宝塚古墳出土の家屋文鏡がそれだった。

この鏡背の家屋図は古代住居を考える場合、埴輪家などと共に重視されてきたものだが、その中には四軒の古代家屋が鋳出されている。この中の二軒が二階家屋で、入母屋高殿の妻入側の表に表飾幡蓋《ばんがい》を斜に差出し、家屋の背後より階上への梯子がかかっている。一方の切妻妻入の高殿も後より梯子をかけるが、この二軒は階上階下の高さの比率が、貫前本殿の階上階下の比率にやや相似している。この点大橋家蔵の銅鐸に見える切妻造妻入の家屋の構造に似たものがある。ここでは家屋

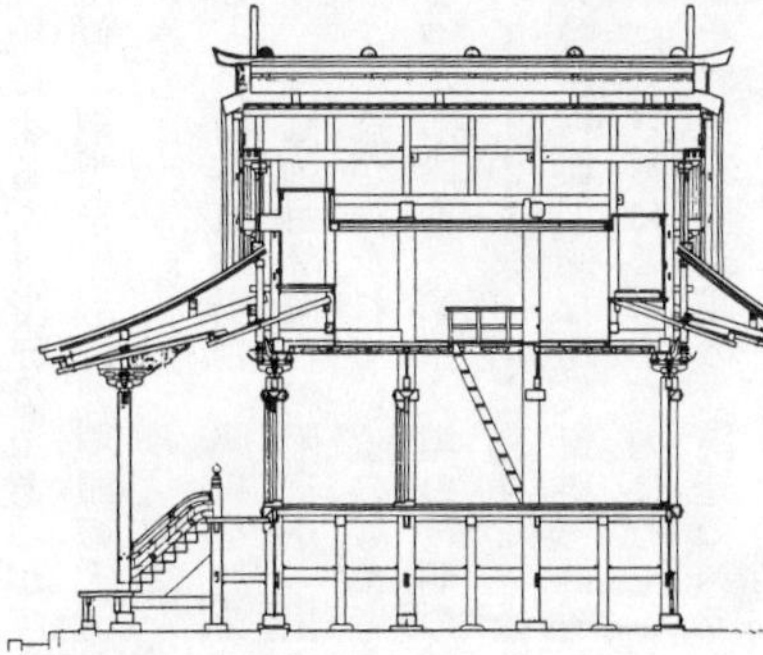

貫前神社本殿側面図

文鏡によるだけで充分であるが、その上に天理市の近くの東大寺山古墳から、家屋文鏡とよく似た銅製家屋形飾の環頭の太刀が二腰も出土しているのは、貫前神社の古代性を考える上にさらに大きな強みとなっている。また前章でも述べたごとく、表飾幡蓋と呼ばれるものは、貫前本殿の場合、解釈を加えてくると、今も雷神小窓としてその痕跡を伝えるものであり、福岡の月ノ岡古墳附近から出土した切妻造倉庫埴輪のごときに、破風板の右寄りにこうした小窓が穿たれているのも参考すべきであろう。さらに貫前において入口と反対方向にかかった階段は、家屋文鏡の後側の梯子の如きが、後世になって風雨などによる破損腐朽を恐れて、そのまま方向を崩すことなく屋内に持込まれた姿を伝えていると考える立場に、家屋文鏡から典型的な比較資料を得ることができたのである。東大寺山古墳出土の家屋形飾の環頭は、さらにこれを有力にしてくれる。

それに家屋文鏡の二階建のベランダ、バルコニー露台といわれるものは、既に述べた如く井の存在を示す井戸枠である。これを貫前神社に当ててくると、本殿の向って左側に、現在もやはり井戸を残しているのが、興味というよりはまことに貴重な残存である。

4　貫前本殿様式の年代

大和国佐味田宝塚古墳に関する研究は、すでに早く梅原末治博士によってなされ、その報告も世に問われている。それによると、これは古式古墳に属し、副葬された遺物も古墳の示す三世紀ころから降るものではないという。しかし現在は四世紀後半かとも考えられている。

したがって家屋文鏡の、その後の考定の結果もまず四世紀ないし四世紀後半をくだらないとされている。こうした遠古の時から数えて大きく時代を隔てていても、現在の貫前神社本殿のもつ構造様式には、繰返し繰返し造替してきたことによって、古式古墳時代の階層建築様式の一面を伝えたものとして、特に重視せねばならないのである。階層建築としての家屋文鏡の建物も、床高き草葺の家屋ではなく、階下も相応の用途を果していたと思われる。この点、大橋家蔵の銅鐸の家屋図も、非常に高い床をとっているが、その床下も実は部屋の用途に当てられていたのであろう。

以上のことから主張できることは、古代建築の遺構を伝えるものとして、伊勢神宮や出雲大社の本殿が貴重な存在であるならば、貫前神社本殿も、四世紀ごろを下らない古代建築の遺構形式の面影を伝えるものとして、重要視しなければならないということである。しかも、それが豪族の邸宅を表現しているとしても、古代住居から出てきたものである点が特に貴重だった。ここでは古代性を問題として、その方面だけからの考察に限ったが、それに関係して問題視すべき点はさらに多く出てくるであろうが、その最も重大なことは、これによってわが上代建築史が何ほどか書き改められねばならぬ結果を将来するということだと思う。

かりに貫前神社境内及びその附近の関係地域の発掘調査が試みられる場合、そこにいかなる遺物が発見されるか予断を許さないが、その発見遺物の年代がいかにあろうとも、この本殿様式が四世紀の建築様式の一つであることに、何の動揺も及ぼさない。なぜなら、われわれは様式を問題としているのであって、遺物遺構そのものの示す年代の新旧を問題としているのではないからである。したがって寛永度の造営物としての貫前本殿が、古代様式として考えられるのである。このことは伊勢の場合も出雲の場合も同じなのだ。

終りに、この家屋文鏡は梅原博士の主張が正しい。それは仿製鏡《ほうせい》ではないということだ。だからして比較的権威のある『古鏡聚英』（上・昭和十七年六月刊）などに、秦鏡、漢六朝鏡に並べて、この鏡が示されているからといって、こうした配列に幻惑されてはならないのである。

さらに貫前本殿の遺構から、家と雷神小窓の問題を考えようとしたが、これは次章の鬼瓦を述べることによって一応の目的を果すこととしたい。

第十四章　因幡堂の鬼瓦

1　狂言「因幡堂」など

「鬼瓦」とは狂言の題名にある。『狂言記』外篇から必要なところを、一通り拾ってみる。

▲久々在京してある、則ち御訴訟申す事どもかなうた、おいとまで国を下る、常々因幡堂を信じてあるにより、御利生と存ずる、お暇乞に参詣してから、下らうと思ふ、供いたせ、冠者 畏まってござる▲国へ下ると、因幡堂を建てうと思ふ、冠者 ようござりませう▲参りついた拝みませう、冠者 御尤もでござる▲この堂の様に、国にも建てう、よく見て来い、冠者 心得てござる▲飛騨の匠が建てたと聞いたが、見事な堂ぢや、冠者 よい恰好な堂でござる▲あの屋根の角にある物は何ぢや、冠者 鬼瓦と申す物でござる、見事にいたしてござる、殿様はなぜ泣かしらるゝぞ▲おにがはらは、そのまゝ女房どもの顔ぢや、それで泣く、冠者 見ますれば、お内儀様によく似せてござる▲目の皿程に見ゆ

る、よく似た、冠者　口の耳せゝまで大きなも御内儀さまぢや▲いつの間に女房共を、何者がうつして、あそこに置いたぞ、冠者　不思議なことでござる

内容的に別段注釈を要するようなところはない。読めばすぐわかるのが狂言のおもしろさである。因幡堂の信仰と鬼瓦と恐妻とを適当にからみ合わせたのが、当時としても文句なく可《お》笑《か》しかったのであろう。だがこのおもしろさの演出のために、何故因幡堂の鬼瓦でなくてはならないのだろうか。必ずや因幡堂の鬼瓦に相応の理由があってのことと思われる。

狂言の上だけから言うと、因幡堂の鬼瓦が恐妻の顔と二重写しとなって見えたのは、一つのとらえどころらしく、因幡堂の鬼瓦には、何かそういった信仰が当時一般に知れわたっていて、この鬼瓦と女房とを二重写しにしての狂言に、当時の庶民にはおかしみを催すものがあったことがうかがわれる。お伽草子「おこぜ」の中にも「都のうち、因幡堂の簷口《のきぐち》ある鬼瓦は、故郷の妻が顔に似て、都なれども旅なれば、恋しく侍るなりとて、さめ〴〵と泣きけん人の心まで、思ひいだされて独笑ぞせられ侍る」とあって、男性の心に沁み入る恐妻旋風の裡には、可笑しさと共にやはり問題があったことを思わせている。

そう考えて探すと「因幡堂」なる狂言がある。亭主と女房との関係を取扱ったものだ。

▲男　これは、このあたりの者、某の女は大酒飲ゆゑ、去つてござる、因幡堂へ参り、通夜女房の事を通夜して、御夢想次第に持ちませう、参る程にこれぢや、拝みまして、通夜仕《つかまつ》らう●女房　妾が男めが、妻の事を、因幡堂へ参り御夢想次第に致さうと申すと聞い

た、去られたは苦しうないが、心がにくい、さればよく寝た、いや〳〵、西門に立つたを女房に持てよ▲はあ〳〵忝《かたじけな》や〳〵、まづ西門へ行つて見よう、さればこれにござる、申し〳〵、御夢想のお妻か女房つまぢやと云うて、うなづく▲最早追付け、宿へお供申しませう、某が乃ち負うて参らう、負はれさしられませい、これでござる、おりて、そのかづき取らせられませい、いやまづ杯事にしませう男飲みて女にさす、ひきうけ〳〵五六杯のむ男肝つぶして▲又大酒飲ぢや、最早納めませう、そのかづき取らせられう、いやでもおうでもかづき取らねばならぬ、平にお取りやれ〳〵やい〳〵男、わらはをさつて、因幡堂へ、やう〳〵妻のこと、祈念に籠つたな〳〵▲われは何しに来たぞ●何しにきた、おのれ、いやでも御夢想ぢや、添はねばならぬ▲おれはおぬしがやうな者はいやぢや●どうでもいごかす事でもない▲あゝかなしや、ゆるせ〳〵●どこへ、卑怯者、やるまいぞ〳〵▲まづ談合してから●やるまいぞ〳〵

ここに出てくる大酒飲みの女房が曲者であるらしい。亭主が大酒飲みの女房を離縁するのに、因幡堂へ通夜の夢想をうけるその因幡堂も問題だが、それとともに大酒飲みの女房の原形に、まず問題が横たわっているようだ。

いまここで狂言「因幡堂」の演劇的なおもしろさ、といったことを述べる余裕はないので、ただちに大酒飲みの女房というものを考えて見る。「鬼瓦」の場合でも、因幡堂の棟に上っている鬼瓦が、女房の顔に見えてきて殿が泣き出すのだが、目は皿のごとく、口は耳ま

鬼瓦（出土地不明）

で裂けた鬼の面と女房の顔。狂言の上のこととはいえ、何故に恐妻が因幡堂の鬼瓦と二重写しにならねばならぬのだろうか。狂言の恐妻譚は多いけれども、因幡堂にのみ鬼瓦を持ち出すのは、何か委細があってのことであろう。しかも「因幡堂」の方では女房が大酒飲みである。

共に因幡堂を舞台とすることから、この二つの狂言をつき合せて見ると、私には一つの映像を思い浮べることが出来る。それは鬼と大酒飲みという関係から酒呑童子《しゅてんどうじ》のようなものの存在が、この狂言の底にはうごめいているらしい。お伽草子の伊吹童子も酒呑童子であるが、この雅児は酒の愛溺、常人に超えていたのみでなく、鬼神の変化にして鬼子と呼ばれ、近江の伊吹山の麓に生まれたためか、「皆人申すやう、もしこの人は、伊吹大明神の化現かとぞあやしみをぞなしける」。この童子とは実は蛇にも通ずる雷神零落の姿なのだが、因幡堂にもおそらくこうした信仰が流れ漂っていたらしい。そうでなければ、鬼瓦や大酒飲みの女房の話が因幡堂にかかわって語られても、人々の哄笑を呼ぶことはおそらくあるまい。だからこの狂言で人々が笑うための要素は、すでに因幡堂信仰の中に漂うものがあったと見られよう。

それで「鬼瓦」の方であるが、殿が「国へ下ると、因幡堂を建てうと思ふ」というのは、当時、因幡堂の信仰が諸国の民衆的基盤においても、受けとられる空気をもっていたことを示すと解されるであろうが、私はこれを因幡といった国名にこだわらずして、その本来的な信仰的原質は植物としての稲葉にあったと考えている。すなわち稲葉堂なのである。しかしこれには説明を要するので、次にこの点から筋を運んでゆこう。

2　葦のイカ葉

イナバの稲の葉は説明するまでもなく、葦や茅のごとく剣状を呈して水田に伸びている。剣状に林のごとく伸びて、風にそよぐ稲の葉には或る呪力が宿っていた時代があった。『民俗学辞典』には、稲積（ニオ）としての田神の祭場から関西各地にある稲葉堂も起ったであろう、といったことを述べている。民俗学だけの説明としてはこれでよいのかも知れないが、これを文化史学の問題とするならば、この説明では十分ではない。ではどう説くべきなのか。

『北野天神縁起』のある一本に、

昔シ住吉大明神、葦ノ葉ノイカ葉ニ宿ヲシメテ、波間ノ西ノ方ニ剣ヲタテ、西ノ岸ヨリ東ノ方ニ至バ千五百里、北辰ヲ南ヘサレバ七百余里トカヤ、相分レ六十余州ハ神国也とある。葦のイカ葉、それは剣のごとき形の葉であるが、このイカ葉に宿を占めたとする住吉大明神とは一体何であろうか。住吉神は記紀に伝えるように、一応明白だともいえようが、しかし右の如く葦のイカ葉に宿ったとする住吉明神がいかにも難解なのである。

記紀によってしばらく天地開闢《かいびゃく》の時を窺うに、「葦牙《あしかび》の如、萌え騰《あが》る物によりて成りませる神」(古事記・上)、「状葦牙の如し、便《すなは》ち化為《な》りませる神」(神代紀・上)、「状、葦牙の抽出でたるが如し、此に因りて化生ずる神有す」(神代紀一書)として、葦牙の萌え出たイカ葉によって、『古事記』ではウマシアシカビヒコヂ以下の独神《ひとりがみ》が、『日本書紀』では国常立以下の神々を化生すると伝えた。稲の葉とも似た葦牙によって化生した神々とは、一体いかなるものを原質にもった神たちなのであるかに問題がかけられよう。それは葦の葉か。

ところが「神代紀」一書に「天地初めて判るとき、物有り、葦牙の如くにして空の中に生《な》れり」とするのが注意される。葦牙のように剣状で、しかも空中に生るとは一体何なのか。これもおそらく萌え騰る、あるいは抽《ぬ》け出た葦牙と同質性のものと思われるが、それが空中に生るとは不可解とすべきであろう。しかし私はこれを電光・稲妻を象徴したものと解そうとするのであって、葦牙の抽け出たものも、おそらく稲妻といったものの形象を、伝承の背景にしているかと考えている。すると「浮かべる膏《あぶら》の若《ごと》くして、空中に生れり」とあるのは、虚空を覆った黒雲、別の言葉で言えば雷雲をさしているのであろう。このように解することの妥当性は、他の場合の私の諸論考にもやや詳述したところである。ところで今度は植物としての葦である。葦は海辺・水辺を主たる繁茂地とする植物であるから、この話の風土的景観には、そういった世界が考えられてくる。京都の因幡堂の薬師仏出現の場も、因幡国の賀留（賀露）の津であった。『因幡堂縁起』には賀留津（現在鳥取市）の海に光り輝く一浮木を、漁師たちの網に引き揚げると、それは等身の薬師如来像であったが、こうした漂着物には浮木の場合もあって、このような浮木を世には霹靂木《かんどぎぎ》といわれるものが多い。御衣木《みそぎ》としての霹靂木と仏像との関係を通路にして問題を捉えていくと、『日本霊異記』（上）に、大部《おおともべ》の屋栖野古《やすのこ》の本記によって述べたところによると、和泉の海中で霹靂に撃れた、即ち落雷を受けた楠木があった。屋栖野古はこれを獲、奏して仏像を造らんとして允許《いんきょ》を得、造像して豊浦の御堂に据えたとあるから、飛鳥の豊浦寺に安置したことを伝えている。

ところが屋栖野古造像の仏体は、物部守屋の排仏の挙にあうことになる。皇后は疾くその仏像を隠せと屋栖野古に命ぜられる。すると彼は永田直《ながたのあたい》をしてこれを稲の中に蔵さしむ、とある。和泉の海の浮木が、雷電の当った楠木であったことは、雷の当ったことによって、それはおそらく禁忌視すべき木となったのであろうが、この御衣木で仏体が造られたのはともかく、排仏事件によりこの仏を稲の中に隠したと伝えることには、葦のイカ葉に住吉神が宿ったこと、或は天地初発の時、葦葉によって神々が化生したことを考え合わせ、稲葉の剣のような葉形に関連づけると、これらの話は、原質において雷電にかかわるものが背景となって推移していたと思われる。すると霹靂木によって造られた仏像が、稲の中に隠されたことには、古代以来多くの変化を遂げているとしても、そこには稲葉堂へ辿りつくべき信仰の姿といったものが、ゆくりなくも顔をのぞかせている。それは原始雷神の信仰を背負って出てきていると考えられ、平安時代以来、雷神から稲葉堂、稲葉の信仰を通して因幡堂へと発展すべきものを伝え、因幡堂の鬼瓦はこうした筋の上に、雷神信仰の纏綿《てんめん》する姿だったのである。

3　雷電への恐怖

狂言の「因幡堂」並に「鬼瓦」は、私が別に書いて置いた「雷神小窓」(神道史研究八ノ四)と深く関係するものだから、雷神小窓とは、一体何かといったことについて、簡単に披露しておくのが便宜であろう。

群馬県の一之宮貫前神社本殿の妻入正面の破風に、雷神小窓と呼ばれる四十センチメートル位(一尺三寸二分)の小窓が穿たれている。これが問題をはらむ小窓で、この小窓のもつ意味を理解するため、貫前本殿の建築は少なくとも古式古墳時代のスタイルを伝来してきていると考えた。この解釈に重要な資料となったのは、大和国佐味田宝塚古墳出土の家屋文鏡鏡背の家屋図であったが、この家屋図に幡蓋《ばんがい》の飾物を屋外に斜めに差し出している家が二軒あった。

私は表飾物としての幡蓋をもつ家屋の上空に稲妻がきらめいており、稲妻の中には小さな異形のものが坐しているのを注目し、異形のこの小人物こそは雷の小童であるとした。そしてここに差出されている幡蓋は、雷神のための表飾であるのだが、常識的には雷公勧請の依代だと言われる可能性があろう。しかし実は依代ではなくして雷公との対立呪物なのだ。上から見れば一箇の円形で、一つ目の巨眼でもあろう。だからこれは巨眼一つ目としての笠にして、地上の巨大な目をもつ巨物と空の鬼との対立であったと考えているが、貫前神社の雷神小窓は必ずやこの形を信仰として現在に伝えている稀有な事例であった。しかし眼を見開いて見渡すと、どうであろう。かかる異形の雷小童は、いたる所にみられる。手取り早く鬼瓦として家の棟瓦にも飾られ、うずくまっている。遺物の上に棟瓦を求めると、早くも奈良時代初期のものが知られる。太宰府都府楼出土（重要文化財―太田正夫蔵）のものはその一つで、いささか説明を加えておくと棋子《きし》（碁石）状の鬼瓦で、上部は緩い弧状をなし下部の中央は蒲鉾状に切り取られている。鬼面は瞋目《しんもく》開口、上下の歯をあらわにする憤怒の半肉彫で、これを連珠文帯で縁取っている。つづく奈良時代のものは東大寺の鬼瓦（東大寺・関野克蔵）、吉備寺の蓮華文鬼瓦、大分の虚空蔵寺出土の鬼瓦（中尾青樹蔵）、奈良大安寺出土と伝える鬼瓦（重要文化財―松田福一郎蔵）などのめぼしいものが知られて、棟に鬼瓦を揚げることの古さが思われる。くわしくは『天平地宝』の鬼瓦の項を見ると平安時代のものまで多く掲示されている。これら鬼瓦の造型上の優秀さやみごとさの問題を別にして、棟にこういった鬼瓦を置くその信仰的原質は、古代信仰としては雷公との対立からやがて雷神勧請といったものへと推移するであろうが、その点を佐味田宝塚古墳出土の家屋文鏡は、実証的に少なくとも古式古墳時代から、既に信仰事実としてあった事を解釈せしめてくれているのである。

こうして雷神と対立し或は勧請しなければならなかった古式古墳時代からの古代信仰の流れは、鬼瓦の上にのみでなく、本書の初めに示した『延喜式神名帳』などに雷神を祀った神社の如何に多かったかと言うことで、この点はまた歴史上の遺品の上にも種々知られてくる。たとえば三十三間堂の千一体の御仏に劣らず人気を呼ぶのが、あの風神・雷神である。宗達・光琳・抱一の著聞な風神・雷神図にモデルを提供したのは『北野天神縁起』であったとしても、信仰系列としてここへもつづいてきている。光琳派のこれらの雷神図はいずれも霹靂一声の刹那を表現し、風神の方は風嚢をはらませて駈けつける瞬間を示しているのだが、建仁寺のそれは、これが建仁寺に伝来したことによって、取りも直さず建仁寺における棟の鬼瓦にも当り、また雷神小窓でもあって、要するに彼寺の雷神勧請の一形式だったと解すべきであろう。こうした手続を通して理解してこないと、おそらく宗達・光琳・抱一らの恐怖の秀作風神雷神図の文化史上の信仰的意味が理解されてこない。いままでその芸術上の意味を説くのに種々言葉を尽くしても、装飾画とする以上には、風神雷神図について何もいい得ないのが、これまでの美術史家の実情であった。これでは何時までたっても、この装飾画の生きた説き方にはなってこないのである。

雷電対立は少なくとも古式古墳時代から行なわれており、それが意味や信仰を忘却しつつ現代の鬼瓦の上につづいていると考えたが、しかし雷神勧請の分析といったことになると、また複雑なのである。既に示した狂言の「因幡堂」や「鬼瓦」に鬼と名のつくものが京の因幡堂と関係するのは、古代因幡国に有力な雷神部としての伊福部《いふくべ》がいたことも強い糸を引いていよう。伊福部徳足《とくたり》比売の著名な墓誌銘は、この国の伊福部のものであるのに思い合わすとよい。この伊福部が雷神部であることは「伊福部管見」（日本上古史研究・四ノ四）に大要を述べておいたが、因幡の伊福部が中央に信仰を進出させ、因幡堂を成立させたのには、実は都はもとより全国的に雷神勧請の習俗が、先史時代から流れていたことと、その習俗が剣の姿にも類似する稲葉から、強力に都にも根づくこととなったのであろう。

もとより都へ進出した因幡の雷神部の唱導にも、都の人心を引きつけるものがあったとしたい。それは都の雷火の恐怖にもつながっていた。清涼殿の母屋の西南の隅、殿上の間の北の一室は鬼の間といわれたが、ここは御所における所謂雷神小窓にしてその呪術的用途を果した間であったはずだ。南壁に白沢王が五鬼を斬る絵があるのは、信仰的意味に変化を来たし、鬼を妖怪変化とするに至って、勧請さるべき雷神を斬る形にまでなったというが、御所にさえ雷神の小窓があるのを見ると、因幡堂の避雷呪術が都上下の関心を呼んだのも、民俗信仰の基盤に立っていたためと解すべきである。延喜式四時祭・臨時祭に鳴雷神祭や霹靂《はたはた》神祭が見え、祝詞には鎮火祭が行なわれ、また山城国に乙訓坐大雷神社や賀茂別雷社などが雷神の有力な社頭として鎮祭されたのも、京洛の雷公祭の深い根底が考えられるであろう。

雷神は火雷などの面からの畏敬のみではなく、もっと静かな方面からも祀られるべきものがあったはずだ。それは人間の生命や繁殖の問題ともつながっているらしい。寺院としての因幡堂は仏教化してきたが、狂言の「鬼瓦」や「因幡堂」などにつづいてくるような信仰原質が、仏堂化してもなお稲葉堂としてのものがあったのだと見て差支えないのである。だから狂言で女房の顔が鬼瓦に重ね合わされたり、大酒飲みの鬼女房をここのお堂に祈るといった雷神としての鬼の登場が、いかにも自然に人々の可笑味を催してきたのであるといえば、また一個の狂言鑑賞ともなってくるだろう。

追記

新潟県刈羽郡里姫村（もと鵜川村）〔現・柏崎市〕の女谷、小字下野及び高原田に伝わる綾子舞がある。これは踊、囃子舞及び狂言の三種を総称して呼ぶのであって、今は九月十五日の黒姫神社の祭礼に、境内の仮舞台で奉納される。この中に因幡踊があり、歌詞にも因幡の者・因幡の殿子の言葉が見えているが、これは国名としての因幡ではなく、おそらく呪力としての稲葉、長剣状葉としての稲葉から推移しつつ芸能化し、綾子舞歌の中に伝えられたのであろう。すでに忘れられてはいるとしても、ここにも古い呪術社会が投影しているように思われる。歌詞には種々の問題を含んでいるけれども、ここにそれらを示して参考に供しておこう。

二度と参るまいよなぁ　峯の御薬師

つんたんと　とろとしやんとろと
そりや十二神ナア
二心《ふたごころ》持たせてまむるなら所願寺さし
我は因幡の者なるが〱　月や安積に妻持ちて
帰ればしろの鳥が鳴く　鐘が鳴りそろ
イヤ　つりつやりつりぬ〱〱り　ついのうあちやふらが　イヤ　あるりちやふ
らあんふら
誰かかけたるこの笠を　誰がかけたるこの室《へや》に
イヤ　因幡の殿子のかけたす候　右同断はやし
誰がかけたる　此橋を〱
因幡の殿がかけたげで候　右同断はやし
ここの鳥はどこ鳥〱
因幡の殿に　来いと鳴き候　右同断はやし

（「日本古謡集」による）

第十五章　三十三間堂の通矢

1　三十三間堂

天下号や　とつてからりと大矢数　　良賢（智義理記―広岡宗信撰・延宝三〔一六七五〕年刊）

京の三十三間堂といえば、京洛見物の随一、誰知らぬものはない。正しくは蓮華王院といい、三十三間堂とは俗称に過ぎない。しかし俗称が一般化している。

この名称の由来は、内陣の柱間数が三十三間《ま》あるによるもので、三十三はまた観音の数に合わせたのであろうことも疑いはない。

三十三間堂の歴史は、長寛二〔一一六四〕年十二月、後白河法皇の御願により、法住寺境域に造立されたのに始まる。法住寺は南殿と北殿とに分かれ、その南殿の方に建てられたのが三十三間堂である。創立後八十数年、建長元〔一二四九〕年には類焼の厄運に遭い、堂塔や仏体は灰燼《かいじん》に帰したので（当時、取出した仏体は二百体）、文永三〔一二六六〕年に再建されたのが、現在見る三十三間堂である。その後、幾度か修理が加えられたけれども、七百年になんなんとする歳月を経過して、堂々たる偉容を誇り、グーッと伸びた三十三間の長い大構築は、偉観と言う他はない。

堂内には本尊並びに一千三十二体（二十八部衆や風神雷神の像も加える）もの仏像の大集団が、いかにも整然と列を正して安置されている。これらの仏の大集団中には、建長年間に焼失をまぬがれた二百余体もふくまれていて、歴史的意義はまことに高い。しかもこれらの大群像は、昭和十一（一九三六）年から二十余年の年月に亘って、すべて修理を完了して金色粲然。昔日の面影を髣髴《ほうふつ》せしめるに近い。

2　大矢数の記録

三十三間堂のそうした歴史はともかく、三十三間堂にかかわって一度書いて見たいと思ったのは、この堂の後椽《こうえん》に行なわれてきた通矢のことである。

三十三間堂の通矢とは、後椽の南端から北端まで、六十四間一尺八寸（約百十七メートル）を越える椽に沿って矢を射通し、矢数の多少を競うのをいい、その多きを誇ってきたのである。

矢数の最多数の者に対しては、称号として弓取り、天下一、或は惣一を称せしめることとしたが、一日に数百本、千数百本の通矢は、とても容易なことでなかった。だからして太平に馴れつつあった京都上下はもとより、天下に喧伝されたのも無理からぬ。試みに『古郷帰の江戸咄』（貞享四〔一六八七〕年刊）に「矢数覚」として示されたものを掲げると

一通矢五十一筋　浅岡平兵衛
一同千七百三十筋　落合孫九郎
一同千七百四十二筋　吉田大内蔵
一同千七百四十六筋　下村忠右衛門
一同千八百五十二筋　落合孫九郎
一同千九百二十一筋　山田半内
一同二千五十四筋　糟谷左近
一同二千七百八十四筋　杉山三右衛門
一同二千八百三十五筋　大橋長蔵
一同三千百五十一筋　高山八右衛門
一同三千七百七十五筋　杉山三右衛門
一同三千八百八十三筋　吉井助之丞
一同四千三百十二筋　長屋六左衛門
一同五千四十二筋　杉山三右衛門
一同五千百九十七筋　高山八右衛門

一同五千九百四十四筋　長屋六左衛門
一同六千百五十四筋　高山八右衛門
一同六千三百二十三筋　長屋六左衛門
一同六千三百四十三筋　吉見喜太郎
一同六千六百六十六筋　星野勘左衛門
一同七千七十七筋　葛西薗右衛門
一同八千筋　星野勘左衛門
一同八千百五十筋　和佐大八郎
　此大八郎が矢数は、貞享三丙寅年四月の事也

とある。これは通矢の天下一或は惣一のレコードホルダーを示したものであろう。

するとと中でも落合・杉山・高山・長屋・星野などは二回以上の選手権保持者であったことを示している。しかし『古郷帰の江戸咄』の右の記録が、果して正確か否か、多少疑わしいようで、たとえば大橋長蔵の場合、『尤の双紙』（寛永九〔一六三二〕年刊）に二千八百四十七矢として、『江戸咄』のそれとは十二筋だけ多くなっている。吉見喜太郎の場合は、後にも引用するように鳳林承章の日乗『隔蓂記』（承応二〔一六五三〕年五月十一日条以下）に見える吉見喜太郎と同一人と思われ、彼は新装の三十三間堂に通矢し、四千四、五百本にも達し、翌三年四月十四日にも、五千二百三十本を通したけれども、弓折れて手を痛めて中止した。さら

三十三間堂（蓮華王院）

に翌明暦元〔一六五五〕年四月十六日には、五千五百本を通している。この時は『江戸咄』の六千三百四十三筋の時で、約八百本の誤差が知られる。しかしこれは気にすることはない。吉見は未だ全部射尽くしていない午の時までの記録で、その中途までの数なのだと思えばよい。だから『江戸咄』の数を責めるには及ばない。また多少誤差は、伝聞の間に生じたのだと思われる。

一方、鳳林承章にしても自ら見物したのではなく、使者の報告によったため、数に多少の差が出来たのかも知れない。

そうした詮索はとも角、大数に誤差の少ない大記録とすべきで、それとともにあの長い軒下に矢を通すことに興味を集め、興行的要素も加重し、京の町の大評判になったのは当然であった。それにしても、こうした弓の競射のショーが突如として成立するものではないのであって、必ず起因がある筈である。

その後、通矢は連続して、記録保持者の惣一を示す懸額は、いまも三十三間堂内外側の一間通りの長押《なげし》の上に所狭しと掲げられている。時代のさびにもう黒ずんで、下から見上げてもとても文字は読めない（もとは廻椽の軒下にも掲げてあった）。

中には絵馬もあって寛文九（一六六九）年五月のものが古く、それは『江戸咄』に八千本と見える星野のもので、

奉納御宝前　所願成就処
通矢八千本
惣矢一万百五四（ママ）拾二本
寛文九己酉年五月二日
尾州星野勘左衛門茂則敬白

と見えて、『江戸咄』の数とも一致している。

次もやはり『江戸咄』に八千百五十本と最高を示す和佐大八郎の掲げた武者絵馬（神功皇后新羅征伐絵）であるが、奉納の文字は、

奉掛御宝前
通矢八千百三十三本
惣矢壹万三千五十三本
貞享三丙寅年卯月廿七日
紀州吉見萱右衛門弟子

和佐大八郎則遠

これによると、『江戸咄』の八千百五十本は、実は八千百三十三本とすべきが正しいけれども、大数には大きな差は見られない。ついで文化七（一八一〇）年の絵馬がある。

これは紀伊の小田金吾伯虎のもので、そこに示されている記録は通矢一万千七百六拾本（惣矢は一万千九百拾本）と数がグッと増している。古い絵馬はこの三枚位にして、他は将棋の駒形のものが無数に掲っている。それらの中から、下からでもよく読取ることの出来るものを撰んで示すと、

文政四年辛巳歳四月廿六日　浪人上松久左衛門
日矢数申半刻射上　稲葉対馬守内
通矢惣一四千五百本　竹林吉万吉利
惣矢六千百十本　父竹林専治指南
松井左近（花押）

文政九丙戌年四月二十六日　越州小林作助政英
千発ノ内、通矢六百七本　萩野利右衛門正能弟子
検証松井左近永如（花押）　竹林蔵人
奥村与一

天保四癸巳年四月十三日　稲葉丹後守内
射通矢七百五十五本　竹林才三郎吉直
竹林吉万指南
浪人上松久左衛門

などは、もとよりほんの少例に過ぎぬ。戦後は昭和二十五年より、日本弓道連盟が通矢を奉行して毎年その額を懸けて、伝統を今に伝えようとしている。私もこの現代版三十三間堂通矢を一度見物したことがある。

3　通矢の由来と方法

さて『江戸咄』によると、「爰《ここ》にて弓を射そめし事は、豊臣太閤の代しろしめされし頃、東山今熊野観音堂の別当、弓数寄にて、八坂の青塚にて弓を射、帰るさに三十三間堂に休み、初めて厨《くりや》にて、射初めしより事起る」とあって、桃山時代に起源するように伝えるけれども、事物の起源は、一般的に言って確かなことが判らないものが多い。

「昔はなかりし事なるが、三十三間の堂の後の椽にて、矢数を射なり」（京童―明暦四〔一六五八〕年刊）。それにしても八坂の青塚で矢を射かけたと言うのは、後にも述べるように、何か意味のあることでなくてはならない。現在八坂附近に、青塚の遺趾というのは発見されていないが、或は八坂墓（延喜式・二十一）がこれに当てられるのか。または別に疫神塚の如きが存在したのか。

歴史的に私の知っている青墓の著名なのは、岐阜県不破郡垂井と赤坂との間にあるもので、平治の乱後、源義朝の子、朝長の殺害されたところである。ここは宿駅としていろいろと問題を孕むけれども、この青墓は怨霊にかかわっているのか。すると八坂の青塚も、あるいは何かデモンにかかわる塚であったのか。「雄略紀」（十八年八月条）の伊賀の青墓も、この線上に考えねばなるまい。

その点はとも角、大矢数の記録も、江戸期になると慶長十一（一六〇六）年正月十八日、松平下野守の内の浅岡平兵衛が五十一本を射当てて、矢数を記した額を堂内にかけ、天下一（又は惣一）を称することを許されたという。

爾来、毎年初夏の頃、吉日を撰んで通矢に弓勢を競い、『隔蓂記』の記事の如きは、早い頃の情況を伝えるもので、承応二（一六五三）年五月十一日条に、

今日於二三十三間之堂一、而有二矢数一、内々約束故、昨日従二法国寺一書状来、吉権其外皆々可二見物一之由、申来、雖然、客之故、不レ赴二見物一也、紀州之吉見喜太郎云者、射二大矢数一也、今日午時過、於二三十三間而遣二喜八一、而矢数之様子可二立聞一故、遣レ之、則午時過、四千四五百矢透（通）之由聞、而帰也

とある。これによると相国寺の鳳林承章も、記録としての矢数に気がかりであった点がよく窺われる。吉見喜太郎は翌年の四月十四日にも、大矢数を試みている。

今日、於三十三間、而有二矢数一之由、紀州之内、吉見喜太郎云者也、及二午時過一而通
矢之数五千貳百三十矢之由、雖然、弓折、手痛故相止之由也

と、弓の折損で手を痛め、五千二百三十本で止めた。ついで明暦元年四月十六日も、

於三十三間、而吉見喜太郎矢数射之由、及二申下刻一、而五千五百透矢之由、難レ及二六千一故止之由也

と。ここでも吉見が射通している。通矢のこうした状況を、さらに『年中行事大成』に求めると、射手は堂の縁の南に坐して北を向き、北端には八尺ほどの櫓を立て、三十三間堂預《あずかり》の松井氏と従者三人が並び、的は方一丈ばかりの木綿に丸を描いたのを用う。従者三人中の一人は、金銀に朱丸の扇を持ち、矢の通るたびに矢を数え、他の二人は、紅白の麾《さしずばた》を振って的否を示す。五百本までは金銀の麾を振り、五百本に達すると、白絹の小《こ》幟《のぼり》に通矢五百本と記して梁《はり》の側に立て、千本には赤幟を立てた。一方、矢を放つたびに力者は喊声

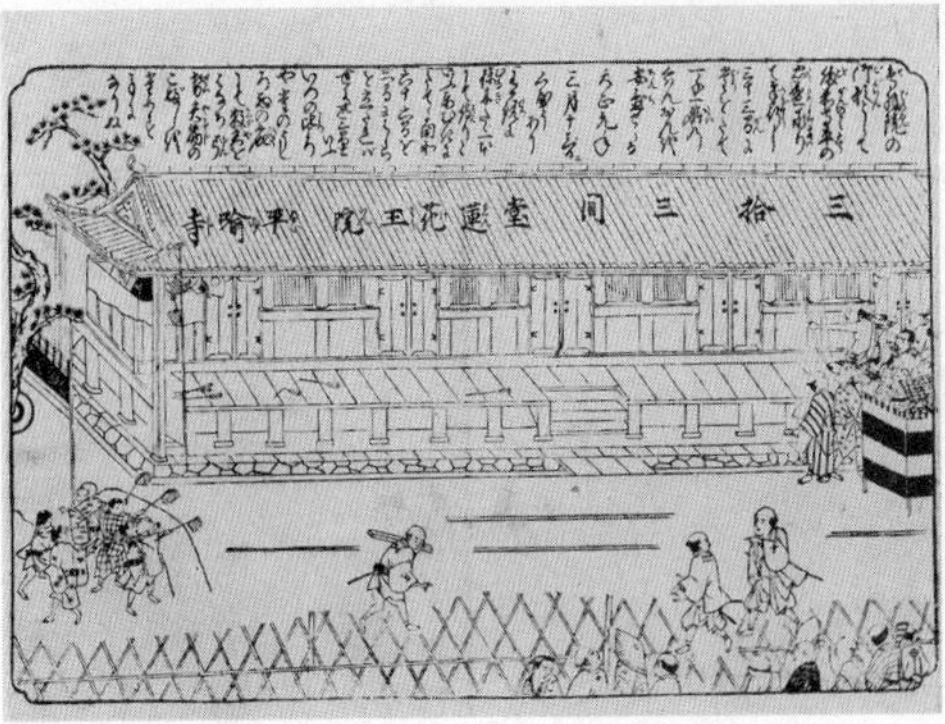
通矢（『花洛細見図』より）

をあげ、五百本の幟が立つと、大喊声をあげるのだが、夜に入ると大篝火《かがりび》を焚き、堂の屋根には火消役が上り、火を戒めるといった状況である。見物衆は土間に筵《むしろ》を敷いて見物する。通矢五百本に達して射手は饅頭・扇子を見物人に配ったものである。重要美術品の「三十三間堂通矢屛風」（六曲半双―阪急学園蔵）には、通矢の状況が如実に描かれていて、屈竟な珍しい資料をなしている。

この大矢数の外に、昼間だけ行なわれる小矢数や百手《ももて》千射の競射もあった。こうした通矢の形は「他国にも、此堂形を写し、弓とり共、稽古を呼んでここに上り、矢数を射る」（京童）と言われて、地方にも波及したように言う。『江戸名所記』（二）にも、浅草の三十三間堂があって「これ京都の三十三間の堂形なり」「堂のうしろにては弓を射る事」があったといい、「諸国大名の城下に、みなこの堂形をつくり、弓をけいこせらるとかや」。いずれにしても、京の三十三間堂の通矢は弓取達には晴れの場所であった。

これにともない、弓取りの天下一争いの壮然さが昂ぶってくる。延宝年間〔一六七三―一六八一〕から貞享頃〔一六八四―一六八八〕にかけて、矢数俳諧もひねり出され、三十三間通矢文芸として、ようやく著聞してくる。

4　通矢の起源

天下一、あるいは惣一の号を得て、武芸の絶倫を誇り、懸額に名誉を伝えるにしても、大矢数の通矢は、なぜ三十三間堂の長廊下で行なわれなければならなかったのであろうか。また突如として、このような壮烈な行事が行なわれても、それ以前に何か弓矢に関する信仰的なものが、ここに行なわれていなかったならば、三十三間堂の長廊下という好条件の場所であったとしても、これほど持続して、世に喧伝される筈のものではなかろう。

こうした行事が、江戸初期から行なわれてくるのには、以前に、こうした行事を成長させるような要素の存在を考えなければいけない。ではその淵由の要因を、どのようにたどったらよいのだろうか。

私の学問的興味は、むしろここにあったが、しかしその説明は寸時こみ入ってくるらしい。

この通矢の初は、豊太閤の時代、東山今熊野観音堂の弓好きの別当が、八坂の青塚で弓を射、その帰途、三十三間堂に休み、そこの厨にて射初めたのを初めとして、それが三十三間堂通矢の起りだとする『古郷帰の江戸咄』の伝えは、そのまま事実とすることは出来まいが、しかしこの伝えの中には、通矢のもつ性格が何であったかを偲ばしめるような、二、三の事柄を含んでいる。それは通矢の基本的な信仰的性格が、何にもとづくのかということで、問題点となる箇所は、

(1)　八坂の青塚に向って弓を射たこと（塚と弓矢との関係）

(2)　三十三間堂の厨房で弓を射たこと（厨房と弓矢との関係）

であろう。この二つの中(1)については、比較的容易に理由を説くことが出来そうだが、(2)にあっては、既に忘却が深刻らしいので、ただ見当をつけるだけに終るかも知れない。

さて(1)であるが、例として上州一之宮貫前《ぬきさき》神社の、正月七日の巫射《ふしゃ》神事をあげてみよう。東国有数の武神と斎《いわ》われた貫前明神の神威のほどは、六国史上にも記録されているが、問題にしようとする巫射神事は、拝殿に設けてあった弓矢を持ち行列を整えて惣門を出、所定の道筋を経て、神農原にある醜鬼の胴塚に至る。塚に向って矢を射かけ、次で田島の首塚に至り、ここでもこれに矢を射かけ、かくて本社に帰り、弓矢をもとの場所に納めるのがこの神事の概要である。

私はこの神事から、八坂の青塚に矢を射たという類似性に、問題解決の糸をつなげようとするが、鬼の首と胴とを、別々の場所に埋めたと伝える貫前神社の塚には、今日では既に忘れられているとしても、かつては鬼を征伐した渡辺綱のような、鬼神制圧の話が、信じ且つ語られていたのではないかと考えられる。貫前神社には、雷電の鬼を制圧してきた姿が、いまも神事や施設に偲ばれるのであって、ここのそうした性格については「雷神小窓」(神道史研究八ノ四)なる一文を草したこともあり、また「雉の話」(国語国文二十九ノ九)にも、そのような背景を考えたことがあったが、ここの巫射神事はさらに溯っては、古代雷神物語にもつながってゆく可能性のあることを、ゆくゆくは明らかにすることが出来る。

ところで貫前の鬼の首塚・胴塚を例として、そのままの型が八坂の青塚に揺曳しているとは速断出来ないけれども、少なくとも何等かの類似性が、塚に矢を射かけたことに於て、相通ずるものがあろう。それでなくては、塚に矢を射かけるようなことが、行事化してくる理由も立ってこない。

　青塚が祇園社地のどの辺にあったのか、急には分らないとしても、西川祐信描くという『祇園花見絵』（一巻）を見ると、歩射している場面、或は半弓を楽しんでいるところが描かれて、祇園を中心とする東山の景物に、弓の遊びがあったことに興味があった。そればかりではない。ある夏、入洛のついでに円山公園を散策して驚いたのは、「弓場」の看板を掲げた弓場が、今もあることだ。膝をついて射る遊戯道場で、これは『祇園花見絵』或はその以前に見えるものの連続とも言えるものであって、京都はやっぱり古い町だった。

　青塚の性格については、まだ充分知られない点もあろうが、一方八坂は祇園天神、或は牛《ご》頭《ず》天王《てんのう》を祀る地であることが、この場合の着眼点の一ともならねばならぬであろう。

　祇園牛頭天王の性格は、いずれ詳しく述べて見たいと思うが、ここの神が古典上の何神に宛てられていようとも、原始的には蛇類としての夜叉神を、呪術的に奉じたとすべきで、こうした憤怒的な神の形は、やがて鬼類とも表裏しようが、われわれが祇園祭を静かに観察していると、あの華やかな鉾や衣裳や鉦鼓《しょうこ》のリズムの陰に、平安京の民が試みた恐怖への制圧呪術の面影を、随処に露呈しつつ伝えてきている。

　話をもとに返して、祇園天王社の近くの青塚に関しては、今熊野社の別当が矢を射かけたことを、貫前の巫射神事を例として鬼塚の性格をもつものかと考えたが、三十三間堂の通矢の意味を、後述のように把握してくると、やっぱり蛇塚、鬼塚と考えなければならないものがある。つまり青塚へ矢を射かけたことの意味とは、鬼としてのモノへの制圧呪術とも糸を引くものでなくてはならなかった。

5　御歩射の類型から

三十三間堂の大矢数は、莫大な数量の通矢のため、ここだけの特殊な行事に考えられる傾向が強い。平安京の、しかも舞台が三十三間堂とあれば、ここの特別な行事だと思われるのは無理もない。しかしこれは神社や寺院、或は郷村で、大凡春の初めに行なわれる奉射祭・歩射祭・弓始祭・矢矧祭・お弓、或は百手神事などと呼ばれている弓の行事の趣旨とも、別のものではないらしい。

こうした弓の神事は枚挙にいとまないけれども、伊豆の三嶋神社では一月十七日、古式により三十三間の通矢を、三十六筋射る壮烈な神事がある。ここにも三十三間堂の矢数の影響が見られる。また熱田神宮の正月十五日の歩射神事は、踏歌《とうか》神事（一月十一日）とともに、熱田神宮の重要な祭典とされているが『尾張名所図会』には、昔、内裏に行なわれた歩射の的中数と、熱田歩射の的中数とが勘合していたともいい、内裏からの使者と、熱田からの奏聞使とが、江州の道で行逢うのが例で、その地を矢走りと呼び始めたという。一方、郷村の歩射であるが、ところによっては弓太郎・弓次郎が奉仕する。

群馬県邑楽郡板倉町岩田の正月初めの弓取式に、子供二人が奉仕するのは弓太郎・弓次郎に当り、この時、的の一つには「大」の字と書いた紙を、他には「小」と書いた紙を貼る。大鬼・小鬼に的を見立てたのであろう。射的が終ると、村人はこの貼紙を争い取って家の神棚に上げて、家難を逃れようとするのは、大小の鬼を制圧した形を家に持込み、その威力に憑《たの》みをかけているのであろう。

的には丸的と角的とがあり、的の中心に鬼、あるいは魔の字を書くのもあり、場所によっては時として鴉と書くのもあるけれども、的として変っているのは貫前神社の水的《みずまと》神事であろう。別に的が置かれている訳ではない。下野日光の二荒山神社中宮祠のヒキ目式神事も同様で、これは後に言う下賀茂の矢取神事とも比較せねばならぬ要素をもっているが、いずれにしても弓の神事に的が置かれていないのである。

これらの神事には申し合わせたように、悪魔退散・五穀豊穣を祈ると説明している。それになぜ弓矢が必要なのか、ということは一向に説かれていない。民俗学研究でもあまり一般すぎる行事のためか、どうも本質的探求が充分でないように思われる。関東地方のオビシャを桜井徳太郎氏なども「農事の開始にあたって、それが無事かつ豊穣であることを祈願する……農耕儀礼」（日本民間信仰論）という点が重要だと言う。

はじめ私は歩射を、農耕社会を反映するよりは、弓矢による狩猟社会的なものを、暗々裡に伝えて行事化したのかとも考えたが、落ちつかない。ところが射的の対象の的の中心に、しばしば鬼の字を書くのに注意すると、これはデモンの象徴に他ならぬから、初春に当たって悪魔退散にかけて説くのは、いかにも合理的だと思われ、さらに五穀豊穣に結びつける、これまた合理的だったが、問題は合理的と見られるだけでよいのか。

どこのオビシャ行事でもそうであるように、的に射られた矢は多くの場合、氏子によって争奪戦が演じられる。この形は京の下賀茂の、一名を矢取祭という夏越神事は、射的はないけれども、矢取というのが妙に興味を引いてくる。この場合は池の中島が的で矢串が既にさされている。

矢取神事はこの日夕刻、糺《ただす》の池にて井上社祭が奉仕され、神人贖物《あがもの》の人形を池へ流すと、間髪を入れず裸体の男数十人が、池に飛び込み、池中の斎串《いぐし》に殺到して争奪戦をくり展げる。それだから矢取祭と称するのだが、この斎串もまた矢なのであった。しかもこれを池の中島に刺しているのが、大きな見どころであろう。

するとこの行事には、矢としての斎串と池に住むと信じられたモノとの間には、原始的な呪力的な対立に基づくものが、その往昔には信じられていたと思われる。この事は、私が一貫して説いてきた古代信仰の論理でもあって、池や井に住むと信じられたものは、ミズチ或は兵主、又、蛇と考えてもよい。このモノに対する対抗呪術が、矢串によって試みられることに発生的意義が潜み、かかるデモンが巨大化すると、勢い雲にのる雷電の鬼とも化していった。そう言ったものは時代を隔てて推移しながらも、奉射の的の「鬼」とも、つながる構造をもっているのだった。さきに言った群馬の弓取式、あるいはその他多くのオビシャにあっても、弓を射た後にその矢の争奪戦が演じられ、家難除とか何とか言って持ち帰るのも、下賀茂の糺の池の矢取りの争奪と別に変ったものではない。糺の池のは既に的に矢串が当った形になっているだけである。ひとり弓神事にのみ限らず、社頭の特殊神事、民間の行事にあって、行事後に行事に使用のものを争奪するのは、これらを得てデモン制圧の形を家に移し、家族をふくめた家のもつ呪力性の発揮に頼みをかけた庶民の願いでもあることを知っておかねばならぬ。呪術的な智恵とも言っていい姿の伝承である。

一方、的の設けのない貫前神社の歩射神事としての水的神事にしても、下賀茂の矢取神事と同じく直接に水中に潜むと考えられたデモンに対したものであり、下野日光二荒山中宮祠の、天地四方に向って放つ蟇目《ひきめ》の矢も、水霊とも通ずる虚空の恐怖のモノに対したのでなくてはならなかったのである。

私は的の中心に鬼とか魔とか書いてある事例から、一つの見解を導いてきた。すると的の鬼と鬼塚の鬼とは、矢を射かける対象である点に一致性と言うか構造の同一性が理解されるのであり、しかもこの矢に葦や萱《かや》が用いられる場合のあることも、因幡堂をめぐって考えたことと共に、さらに考慮されねばならぬことだった。

かくて斎串も矢であることを通路にしてここまで来ると、節分の日の鬼目刺の意味が、如何にも有機的立場に考えられるのであって、つまり刺通すことに深い意味がある。そうした意味で『尤の双紙』（寛永九年刊）の「とほる物のしな〴〵」に、「唐針は絹小袖を通す、錐は袋を通す、大橋長蔵は三十三間堂を二千八百四十七矢を通す」とは、通すことに於て通矢の呪術的意味の一面があるらしい。

6 風神・雷神

三十三間堂に返って、三十三間堂の群像の性格は、彫刻史に信仰史を加え、これを説く人は別にあろう。けれども通矢の行なわれる側の一間幅の内通（堂の背面）には、古来からそのままであったか否かは兎も角、二十八部衆と風神・雷神が一列に横に列んでいる。みなほぼ等身大の立像で運慶作と伝えた。しかし刀法があまりに達者すぎて運慶の太らかさは感ぜられず、むしろ運慶以後の作といわれる。そうだとしても鎌倉期を離れるものではない。

これらの二十八部衆に対して、風神（三尺六寸九分—百十二センチメートル）、雷神（三尺三寸—百センチメートル）は作風を異にし、像量もやや小ぶりとは言え、世間の喧伝は既に久しく、鎌倉中期の力強さを伝える運慶様式の造像。丸尾彰三郎氏の示教では、建長年間〔一二四九—一二五六〕炎上の頃の制作としてよいかと言う。

千手観音の眷属としての二十八部衆とは別に、風神雷神がここに造顕された事には、鎌倉時代的な雷神勧請の一面を示すものだと、私は解しているのであって、たどって溯及すれば、奈良時代以来の鬼瓦のもつ意味とも、おそらく変ったものではあるまいが、そうした風雷神が通矢の行なわれる側に並んでいるのはどうした意味があったのか。

しかし、九州平戸商館のイギリスのリチャード・コックスが、一六一六（元和二）年十一月二日、三十三間堂を見物した時の日記によると、二十八部衆、風雷神は本尊千手の前下に、三列又は四列に並んでいたという。それが現位置に並ぶに至ったのは慶安年間（一六四八—一六五二）の根本修理後かも知れない。そうだとしてもその位置の変更にかかわりなく、この堂に風神雷神の坐しているということは、通矢の上からは重大なことでなくてはならなかった。

ここに於て千体仏に附属する二十八部衆とは別なものとして、風神雷神の存在を考え、しかも大矢数としての通矢の興行を思いつつ、京洛に於けるここの地形を考えてくると、男山方面より襲来してくる颶風は、この辺を通過して賀茂の方面へと、大きく一なでしてゆく。「たびごとに乾《いぬゐ》の方より巽《たつみ》へぞ吹ける」（古今著聞集・十七）で京都の風の大きな通路でもあったことだ。この道に当たって怒りの表象とも言える地上の風雷神を置いて、天空の暴風雨を睨む。ここに対立呪術としてのオビシャが、通矢の興味をもり上げて行事化してくる基盤が成熟している。

風神像（蓮華王院〔三十三間堂〕本坊妙法院蔵）

ここまでくれば、私はもう遠慮なく私見を端的に言うことが出来る。通常あの二重三重に黒く同心円的に縁取った的は、実は怪物の眼を示しているのだ。だからこれを射る奉射の呪術的な意味が過去に溯れば溯る程、いよいよ生き生きとして感じられていた筈であるし、昔話に、池の蛇が目玉をくり抜いてその児に与える話は、ここからも理解してこねばならぬ。鬼の目もまたそれに他ならず、単なる民俗学では片づかない。

話を三十三間堂につなげて、三十三間堂の風神雷神が、二十八部衆とは別に造顕された精神は、巨眼の眼力によって、虚空の猛威の鬼にも対しようとし、そして風雷神の据えられる側の後椽に、壮烈なあの通矢を試みるのは、この鬼に対しても人間たちの二重の威圧の表現だということが出来る。効果を百パーセントにしようとしたのだ。発生的意義においては、少なくとも私にはそう考えられる。かように説いてくると、八坂の青塚に矢を射かけたことの意味も、三十三間堂の通矢と別のものとは思われない。

この場合、通矢の信仰的事実と関係してくると思われるのは「永万ノ年ニ醴泉、コノ西ノ砌ニ出デケル、今猶甘井ト言フ」（京師巡覧集）とある甘井のことである。『百練抄』にも見えるこの井はやはり曲物で『古今著聞集』（二）にも御堂落慶の翌年、（永万元（一一六五）年）蓮華王院承仕の夢に老僧現われて、この井水の功徳を説いた。その井戸は賀茂川の水に比較して甘井であったろうが、井泉の信仰は、やはり水霊の信仰にあったことを思えば、それは風雷神とも、天と地とを通じて結ばれて来た信仰の場だったことを思わせる。

しかし厨房にて矢を射たことが問題として残ってしまった。だがこの問題は、要するに調理場としての中心の箇所に問題がある。その問題の重要な一つはカマドの火に集中されるであろう。その火の荒びを思っていると、それは雷電的デモンの火との連絡に於て、その荒暴が考えられたらしい。火災は火雷に通じていると考えた。これが鎮圧呪術に於て厨にその初め弓が引かれたと、通矢理解のその初めに於いて、それを考えねばならなかったが、しかし問題の解決はそれのみではないらしい。それには食物としての五穀にも問題があるらしいけれども、急の間に合わないのが残念である。

7　わらべ唄から

三十三間堂の通矢を考えてきた最後に、京の鬼遊びの童唄《わらべうた》を示すと、

京の　京の　大仏さんは　天火で焼けてなァ
三十三間堂が焼け残った
ありや　ドンドンドン
コリヤ　ドンドンドンドン
(詞)「うしろの正面　何方」　(岩波文庫「わらべうた」)

とあるのがまことに面白い。京の大仏（方広寺）が焼けたのは寛政十（一七九八）年七月、雷火によるもので、天火で焼けたとはその通りである。この天火——雷火にも焼けないで残ったのは三十三間堂だ。京の大仏と三十三間堂と共に巨大なものを対象させたのは、恐らく偶然ではあるまいが、私には三十三間堂の風雷神の天火との対立呪力を考えてきたことが、この童謡の中にも揺曳しているように思われる。「ありや　ドンドンドン、コリヤ　ドンドンドン」の囃しには、あの雷鳴が太鼓の音として混入しているのかもしれぬ。それにしても偉力ある怒りの風雷神により、天下から護られていると信じられた三十三間堂が、信仰を忘れた「わらべうた」の中に、受けつがれているかもしれぬ。するとこのドンドンの雷鳴には通矢の威嚇にもまたつながっているかもしれぬ。

（参考）本稿を執筆するに当って、蓮華王院発行の『三十三間堂』所収の「三十三間堂の通し矢と文芸」（野間光辰）、「蓮華王院の歴史」（赤松俊秀・上横手雅敬）、「蓮華王院本堂の彫刻」（毛利久）の諸論文は参考にした。

第十六章　阿蘇山麓の火

1　阿蘇霜宮

秋寒し、霜のはふり子　火焼屋の火たきを止めて　いとまあらすな（阿蘇ぶり）

柳田國男翁がその昔、スイスのジェネバ滞留中に書を寄せて、連綿として神事に古風を伝えているのをなつかしまれたという阿蘇霜宮《しものみや》の火焚神事《ひたきしんじ》は、今も続けられている。私もかつて命により、『官国幣社特殊神事調』を編した際も、その特異さに興味をひかれていたが、私の見学した年（昭和二十四〔一九四九〕年）の火焚も、乙女によって六十日間、間断なく焚きつづけられた。大変な事だ。撰ばれた童女は、その間通学を停止しなければならないからである。以前は受持の教師が奉仕の乙女に、個人教授のため屢々《しばしば》御火焚殿を訪れていたけれども戦後の変化は、教師も火焚殿に乙女を訪れて、の学習を見守ることを遠慮しているようである。とも角、長期にわたって通学を止めて奉仕するこの火焚は、乙女個人はもとより、両親にとっても、また阿蘇カルデラ平野の村々郷々の人々にとっても仲々の事である。

縁起にも「今に遺制を奉じて、神事厳粛なり」という。

外輪山にかこまれた阿蘇山麓は、地形的な隔絶性もあって、一個の勢力を確立するに適し、従って他と区別して生きるには都合のよい条件を持っている。

肥後平野から眺める阿蘇の噴煙は、まことに雄大であるが、それは遠望に他ならない。これを外輪山内に望む時は、五岳（中岳・杵島岳・高岳・烏帽子岳・根子岳）の単立した構成的スケールは、何と表現したらよいのか。単なる風景鑑賞の概念のみでは理解し得られぬ山《さん》彙《い》。特に根子岳の山容には戦慄さえ覚える。憤怒の山の相であるのかも知れない。中岳の山肌は美しいけれども、火を噴いて天地を動かし、天候によってなびく噴煙の方向を変え、人々に気象台の役目をも果している。鑑賞といった言葉を以てしては何ともならぬ阿蘇の山々は、外輪山の突破口の立野を登れば、風貌を一変させてしまう。出現《たつ》とはこうした驚異を言うのであろうし、立野とはそれにもとづく地名と思われた。そして外輪山内の村人は、伝説と歴史に富んだこの土地の根源を、阿蘇大神の神威に帰して、山鳴りにも馴れ、火山灰《よな》も運命と観じ、周廻二十余里にわたる山内を、安住の世界と生きてきているらしかった。

霜宮の火焚神事は、こうした阿蘇的世界の中に行われるに、まことに似つかわしい手振だと思わずにはいられない。すでに御火焚神事の大梗は世間にも知られるが、私は私なりに、昭和二十四年の火焚神事の見学記の素描をして置きたいと思う。

御火焚神事の行われる霜宮は、阿蘇郡黒川村〔現・阿蘇市〕の役犬原《やくいんばる》の鎮守で、宮地村と坊中との間、やや北よりにある。神社は田園の中にあって、一むらの木立が社地を蔽っている。社殿は三間に一間の流造で、阿蘇の山々にやや正対するが、御火焚はこの社殿で行われるのではない。ここより二町あまり隔った御火焚殿で営まれる。

　御火焚は八月十九日から向う六十日間にわたる。十九日夕方、神社で形の如く祭典があり、神輿に御神体を遷《うつ》し、若衆が担いで火焚殿にゆく。その前に火焚屋への入口から五、六間先に、「てんじん」と呼ぶ方一間半に二間位の一画の土場がある。今は民家の間にはさまって何の風情もないが、嘗《かつ》ては広々とした原の中であったろう。ここは神がお降りなされた場所だと言い、そこの奥に欅《けやき》の大木が一もとそびえ、この根元に先ず神輿を据えて祭典を奉仕し、それから神輿は火焚屋へ移される。その頃はもう夜で、神職は神輿から神体を火焚場の天井（割竹をはった天井）の上に安置し、これから乙女はその下の土間で火を燧《き》り、以後間断なく焚きつづけるが、『阿蘇社略記』には「毎年七月七日、奉レ遷ニ仮殿之高棚ニ」、九月九日まで毎日三度火をたくと見えている。

　神体を天井に上げることについて、これが鬼八と言う鬼類であるとするのは、渡辺党の家造りに破風《はふ》を開けないということと、信仰構造的に何か通ずるものが思われる。

　古い『阿蘇社年中神事次第』には、旧暦の七月七日から九月九日とし、これを太陽暦に改めても火焚の日数に変化はない。不文の規約によると乙女は十五歳までの少女で、『略記』には「未レ嫁之少女」とあるが、古くから未通の乙女を当て、かつては日に三度の垢離《こり》をと

って、焚かしめたという。前記『年中神事次第』に、

一、七月七日ヨリ九月九日マデ精進祓七十余ケ度、散米九斗九升九合也

と精進堅固の状況を伝えていた。

役犬原部落は百数十戸で、これが大体三区に分れ、各区が一年ずつ年番で乙女を出し、乙女が焚く薪は外輪山内の各部落から一把二把と奉納され、これを期間中に使用する。私の行った年の薪は火焚終了後、なお十把足らずが屋外に残っており、これには奉進者の住所と氏名とが書いてあった。僧神洞の紀行に「郷中より多く米穀などを出してあたふる事也、今は昔の料には及ばずといへども、其料を欲するがために、是にならんとを云ふ人もありと云」とも見えていたが、これらも或はその名残であろうか。

十九日に乙女が火焚屋へ入るのを「乙女入れ」といい、童女はこれ以前に潔斎に入る。以前は白衣・緋袴《ひばかま》に狩衣を着用したというが、今は海老茶袴、白衣にて奉仕する。現在乙女の撰定は希望者の申出によるけれども、一名に限られる。二名以上の場合は釣くじによる。

火焚の期間中、乙女は火焚殿のある敷地以外は禁足とし、また、火焚殿中の御火焚場へは乙女より他は入ることが出来ない。だから火焚場は、乙女の奉仕する聖なる一室である訳だ。御火焚場は土間で、天井には霜宮の神体が置かれている。つまり乙女は神体を、間断なく焚火で温めることに奉仕している訳で、六十日間も可憐な童女が、唯一人での火焚であるから、附添の人々が、食事や火の具合を見守ってやる。

しかし附添は火焚場には入ることを許されない。乙女の仮眠中などは、火焚場と座敷のさかいに直径一尺位円形ののぞき穴があり、その穴から火の様子を見守って、夜中火勢衰えれば、仮眠の乙女を起して火焚場に入れる。火勢が弱ったりすると、霜が降り、農作物が害されると信じられているからによる。

2　乙女の火焚

それでは期間中、乙女が火焚屋敷地より外に出る事の出来ない敷地内には、どんな建物が置かれ、火焚殿はどのような間取になっているのだろうか。

先ず火焚屋敷の入口には、皮をむいたままの素木の背の低い鳥居が立ち、注連縄《しめなわ》を張る。鳥居を入り、向って左側に神楽殿、藁葺別棟の火焚屋がその右にあり、向いの土手際には瓦葺の一間社が立つ。一間社中には白木の厨子様のものが二個あって、それに男女二柱の木像（坐像）が一対ずつ置かれ、彩色を施す高さ一尺余りのもの、女神像は男神像より小形である。向って右の一対を生目八幡といい、嘗て日向の生目八幡を本拠とする盲僧活動の名残を思わせるのであろうか。左をオタライ様といい、この小祠の傍に小池があるから、この御手洗（オテアライ）の水霊の神格化であるのかも知れない。

火焚屋の建物は床敷の平屋。ここで神事が営まれるが、期間中、村の人々は謹慎の生活をつづけ、八町四方歌舞音曲を停止して、神の加護を期待する忌籠りを行なったけれども、今はそうでもないらしい。

乙女は火を焚きつづけ、九月十九日の三十二日目には、「ぬくめ入れ」が行なわれる。これは神主が霜宮の神体を真綿で包む式である。その間でも、乙女は絶え間なく火を焚いていなければならない。十月十六日になると、その朝「乙女上げ」を行ない、火を止め、その晩、霜宮の神体は神輿に奉ぜられて本社に還御される。乙女が火焚を始めてから五十九日目だから、厳密には五十九日間である。一日をおいて十八日の晩から十九日の朝にかけて、徹宵「よどまつり」が行なわれる。本社で形の如く祭を行ない、ついで火焚屋の隣の神楽殿で行なわれる方が徹宵の祭にして、「夜渡祭」とも字を宛てている。

神楽は神主神楽人達が務め、祭壇には、七本の切御幣を立てる。神楽殿は土間で、そこに莚を敷き火処では盛に火を焚く。ためにこの神楽を「火の神楽」とも、古くは「火神の神楽」ともいい、神楽歌は『官国幣社特殊神事調』にもわずかながら採録した。楽器は笛・太鼓・戸拍子にして神楽人三人が舞い、十九日の朝「ひたき屋に、六十日こもりて乙女子が、火《ほ》のほの中を今渡る見よ」と「阿蘇ぶり」にうたっている如く、神楽殿の火を伏せ、まだオキ火の消えやらぬ上を、素足で舞人が乙女の手を採って、神恵の効果をためすかのように火渡りがあった。これで六十日に亘る神事を終り、火焚殿で直会《なおらい》を行う。

この場合神楽殿の七本の幣は、「てんじん」といわれる最初の御旅所の大樹の根本に納めて、地上に立てる。神楽の焚火の灰は虫除けに効果ありと信ずる村民たちが持ちかえる。

3　鬼八法師

それではこうした古い信仰の姿を保つ御火焚の神事は、一体如何なる意味をもつのであろうか。先ず童女の奉仕から考えてゆかねばならないが、その前に、伝承されている御火焚の起源に関する伝説はこうだった。

阿蘇大神――古典的に言えば健磐竜命《たけいわたつのみこと》が、この平野開拓の時、いつも杵島岳から下野《しもの》へ矢を射ていた。その矢の拾い役は、関東方面にいうダイダラ坊的な、また八幡縁起に出てくる塵輪にも類する巨人鬼八法師（金八坊主）で、連日にわたる矢拾いを大儀にし、ある日、矢を足にはさんで大神に投げ上げる無礼に及んだ。神は無作法を怒り、鬼八を切り殺す。ところがその首は天に昇りて星となり、祟をなして六月晦日に霜をふらして農作物を害した。そこで大神は鬼八の霊を和めんと、種々手段を尽すと、鬼の霊は「我骸《むくろ》を高き処に置き、下に火をたきて温めるならば、必ず霜をふらせまい」と。これから霜宮御火焚は起ったと。その温めるのは鬼の頭であるとも伝えるのは、恐怖のため、頭と胴体とが分割されてあったものか。鬼八の話は日向の高千穂にも伝えられるが、ここでも頭と胴とが分けて埋められたと言うのであるが、神主の話では、石櫃のようなものの中に、何か入っているらしく、やや重量があると聞いた。

この起源伝説は巨人征服の説話に類して、阿蘇地方には似つかわしいけれども、もとは霜害を防ぐため、火焚によって天の鬼を祭った印象がどうもあったらしい。

一体、神事的の火には日輪との共通観念がその底に窺われ、こうした古代的な匂いが、阿蘇の火にも思われる。結論的にいうと、鬼八法師の話には、太陽神にかかわる信仰が見られ、矢は太陽の、特に雷電の光条の象徴と見られるのであって、こうした矢について、なお考えてゆくと、丹塗矢《にぬりや》などの故事も思い出されて、ここの火焚は乙女でなくてはならなかった理由も解けてこよう。このような巫女の話は、山彙のつづく高千穂でも、そこの風土と歴史の現実の裡に伝えられたのが、日向高千穂の鬼八の話であろうか。

高千穂峡のあたりを䕡《あららぎ》の里というが、この鬼は鬼八走健《はしりたける》と言う。彼の妻は阿佐羅姫（朝比天女とも言い釈伽羅竜王の娘とも言う）といい、或る説には二上川の神橋の淵に住むモノとされ、鬼八これを見初《みそ》めて妻とする。美しい女であった。こうした神婚説話的なものは、古代信仰的に、緒形氏の祖先譚ともなっている豊後の姥ケ嶽の話と、どう連絡するのであろうか。問題とすべき点もあろうが、これは他日として、ところで神武天皇の第一王子の太郎命（高千穂の十社大明神――高千穂神社の祭神）が、その妻を奪わんとするので、鬼八はそれを拒否し、幾度か太郎命と争うけれども、鬼八は諸塚太伯山の北にある千々ケ窟に退治され、屍体は段々とされた。しかし怪物の常として、一処に埋めてはもとの姿に復して抵抗する、遂に「手足を切放して所々に埋み玉ふ、其中、半身を埋め給ふ所、今肥後国内にあり、此半身を埋めたる所にて、此祭あるを霜の祭といふなり」（高千穂庄神跡明細記）。肥後と日向とに分埋したが、その肥後のものが阿蘇霜宮のそれに当るという。

この鬼八伝説の本質的なものを辿ってゆくと、必ずや古代信仰の問題に行き着くのであろうが、今少しく高千穂の鬼八について述べると、高千穂の鬼八塚は牲《いけにえ》を要求したと伝えた。

『日向記』には「魔性ノモノハ一所ニ埋申テハ、本ノ姿トナルモノニテ」、手足を東光寺尾《お》羽子《ばね》に、頭を加尾羽に、口は祝部ノ前にそれぞれ埋めたといい、これに人間の牲を備えてきたが、郷民これを愁い、牲を猪肉に代えることにした。このための狩を、高千穂十社鬼餌の狩といい、高千穂郷内、岩戸川の邑を狩場に指定してきたと伝える。『神跡明細記』にも「猪祭とて、岩井川村より年毎に十二月三日に、猪もて来りて祭ることあるは、古きことゝ聞けり」と。

話は前後するかも知れないが、阿蘇にも狩の話がある。阿蘇山麓の下野は古くからの狩場にして、阿蘇大宮司家には恒例として、毎年二月卯日、大宮司・権宮司以下がここに出むいて御狩を行なったといい、源頼朝の富士裾野の巻狩は、ここの狩の方式を典例にしたとの伝えはとも角、日向における鬼餌の狩との間にも、何処かその類似性を伝えるようである。

阿蘇の方には贄《にえ》塚というのがあって、御狩の獲物をもって天つ神・国つ神を祀ったと伝えるのは、高千穂の鬼への牲の猪との間に、他地方の関係資料を投入してくるならば、その意味がもっと明らかになってくる筈である。ところで御火焚の行われる阿蘇の役犬原は、下野の御狩の狩犬をまもる、つまり犬飼の人々が居住したところと伝えている。よって、ここで話を役犬原に返すと、役犬原の天神に立てられた神楽殿の七本の幣は、「七月七日、祭二天之七星一」(阿蘇社略記)ともあり、また早くから先人も指摘したように、天の七星を祈ったとするのは後の合理化であったとしても、何か当っているとも言えようが、一方、鬼の霊が霜を降らしたと伝えるのは、霜害を悪霊の所為とし、その表徴を鬼形に求めた時代の解釈もとられていた。一夜にして降りてくる霜は、素朴な農民の心には巨大な鬼のなす所業と映じたので、これを火で温め、温かであれば霜害なしとする類比呪術を生み、さらに阿蘇の風土と、ここに語られてきた阿蘇大神の神威とは、必然的にこれと結合する条件にあったと考えてもよい。それと同時に、民間伝承としてのオニノメハジキ・オニビ・オニビタキなどの正月七日の行事の鬼の火とも、民俗信仰全体の構造の中でのつながり、といったものも考える必要があろう。

ここの火焚は屋内の行事であったが、一言したように原初の形は、屋外で焚きつつ、悪鬼の姿を焼く時代があったのか。そうした推移をにわかに明らかにすることは出来ないとしても、天の七星を祈ったとする解釈にも、古く旧七月七日を以て御火焚に入ったことと、その頃よく眺められる北斗七星への信仰との間には、何かの関連性が思われ、それが九月九日に終了する点も意味があろう。

女）などにも見られ、特に童女を聖なるものとしたのは、王朝時代の物忌の童女にも知られる。伊勢や賀茂の斎宮斎院はもとより、八幡神を始めとする九州地方の比売神奉仕の社頭は、こういった点からも重要な意味をもっていたのに考えると、阿蘇の御火焚の乙女奉仕には、古代信仰的な底流が思われる。

阿蘇神社祭神一柱に、比売神の祀られたのは古くからのことにして、さらに阿蘇の巫女奉仕の流れは、中世末期或は近世初期に引きつがれ、十二月の駒取祭に「屋立の女房」が百日参籠して、大明神の雑用に奉仕し、この女房は阿蘇大宮司一家の不犯《ふぼん》の息女を以てしたのにもつづいているであろう。「御宮ノ後ニ籠屋ヲ作リ百日之精進」し「大明神御岳ヨリ御幸ナラセタマヘバ、此屋立ノ女房、大明神之御膳ヲ備」えたと言われる。この百日間の雑用並に籠屋所用及び簀子畳は、役犬原の所役であったが注意を引く。

4　物忌筋

神事に童女あるいは巫女が主要な役割を演ずるのは、古くいつめ（厳媛）、うずめ（碓

ところで火焚の乙女は現在は、部落から出しているが、もとは常陸国鹿島の物忌のように、定まった家筋があったのかも知れない。古書の火焼の祝の家がそれであったかどうか。また火を六十日間絶やさないとしたところにも、不犯の乙女のもやす連続の火の効果が期待され、それは各地に見る正月の火が幾日間か、絶やさず留火され、連続する火の力、ひいて

はその力が及ぼす効力を信じたものの姿にも通ずるものがあったかとも思われる。

一方、われわれは正月中心の火祭を幾つか知っているが、旧七月の火祭は、正月に比すれば少ない。七月の火祭には、羽黒山や戸隠、或は熊野那智、熊野速玉の社の如く、修験的な匂を濃くしつつも、古義を何処かに残すものが多い。恐らく同じ心に発したかと思われるマツダキの七月一杯焚きつづける火が（歳時習俗語彙）、東北の民間に行われて、霜宮とは地域を隔てているけれども、相通ずるものがあるようだ。さり乍らその歴史と風土の伝統とにまもられた霜宮の火は、卒然として向うと、他と区別すべき変った火という印象を受ける。しかしながらオニノメハジキといって、正月二回行なう阿蘇地方の民間や一般の正月の火焚が、特に鬼火焚、鬼の目弾きなどといわれるのを考えると、霜害を鬼八法師の所為としたことも無関係ではない。再言するならば、霜宮の火は阿蘇地方はもとより、熊本一帯の正月のオニノメハジキの火が、七月にあっては霜宮に頗《すこぶ》る古形のままに、民間の火の伝統を集約して伝えているのだとも見られるということであろう。

不充分であろうが、民間伝承の方面からも霜宮の御火焚を述べてきたから、文献的な面からも一例を示しておくと、どうであろうか。

引用するものは、私見によれば文永・弘安以前に成立したと考える『八幡宮寺巡拝記』である。記事はごく簡単で、霜宮の神事を知らない者には見逃される恐れがある。比売神信仰の形式に於て、阿蘇神社は九州一帯に勢力のある八幡神とも無関係な社ではなかったと述べたのはともあれ、宇佐の石体権現なども注目を払う必要があるらしく、石体（神体）は「寒冬ノ雪ノ比、御体ナホアタ、カニマシマス也……御殿ヲ作オホフ事ナカレ」（八幡宮寺巡拝記）とあるのは、火焚神事のような印象があって、ために寒冬の頃も、暖気を保ち霜害を防ぐのだとする信仰が行なわれたのかとも推測される。もしそうであるならば、阿蘇の火との類似性が考えられる。

僅かに求めた文献は目下これだけであるが、さらに『八幡宇佐宮御託宣集』（四）には、北辰宮に関して、元暦逆乱の時、勅使権右中弁平基親が、宇佐の権神主大神宮忠に質問したところ、宮忠は、

北辰者俗体、以レ木而坐像奉レ造レ之、入レ綿於調布、奉レ被レ之

即ち北辰の神体を綿にて覆いあたためていた。

5　阿蘇年中神事

これを他の国に類似を求めてみると、鹿島・香取・息栖の三神が、東夷征伐の折の援兵に象ったという鹿島人形は、一名をオスケ人形という。これを七月七日（又は八日）、田の傍に立ててその傍で火を焚くなど、虫害駆除や農作豊穣を祈る行事が知られたが、この火も、阿蘇山麓の火とも信仰的呪術的に類似するのか。鬼八の霊と言う神体は、実盛人形——鹿島人形的に見て、実盛人形のような働きを負わせることが出来たのか。

作祭とも言われる出羽三山の松例祭は、火を盛んに焚く祭として知られるが、ここで焼くつつが虫の大松明は巨大な虫にして、この虫を燃やすことによって害虫は消滅すると信じられた。今は十二月三十一日に行い、それまでの準備は仲々の長期にわたる。松例祭のつつが虫の火も、恐らく鬼八的な火と相通ずる信仰をもつであろう。

さらに霜宮の神事は、阿蘇神社全体の祭礼を通しても一応思わねばならないとすると、非常に古い形を伝えた農耕的な神事であるとする点で、阿蘇大明神の初期的な神格がなににあったかは別にして、霜宮の御火焚は、結果において阿蘇神の農耕的神験にもとづくもの、またこうした神格に求めて郷民達がここに火焚を求めようとしたものに発していた。

そこで阿蘇本社の神事を眺めると、旧二月の田作祭、旧三月十五日の桜会、旧六月二十六日の田植祭、いずれも阿蘇神社の典型な農耕祭にして、特に旧四月四日、七月四日、摂社風宮（古城村〔現・阿蘇市〕手野）の風逐の祭。本社の祭の後、一里余距った風宮へ神職が行って祭るが、ここに行く神職は別々の道を行って途中で会うのである。旧五月五日（現在六月五日）本社での雷除祭と霜宮御火焚に於ける霜とは相対して興味深く、御火焚祭は、こうした一連の祭事の上からも理解すべきもののようである。因みに雷除祭は仮殿の案上中央に、桃の実三個なる桃の枝を立てて落雷除け、悪病除けを祈るとある。

そして『阿蘇社年中神事次第』二月条に、「初午ニ下宮ノ御祭礼、竹原ノ霜宮祝役」とあるのは、初午は農業者の神を祭る機会であり、それと作神様の御降りとは関係があるらしいとの指摘から考え、これを霜宮祝役とした点、下宮での御火焚が阿蘇神社の年中行事と深い関連性のあることを示している。同じく二月初巳の日には、阿蘇本社で歳神起こしが行なわれ、これから前記一連の農耕神事がつづくが、これを阿蘇大神の神験にたのみつつ、一にかかって歳神による神事とすれば、風霜は、歳神加護の農耕を破る悪霊として逐わなければならず、またなごめなくてはならない。風逐祭・風口祭は風神に対し、霜をふらしめる天神に対しては、童女をして霜宮で御火焚を続けることになったのだと先ずは解しておきたいが、前記の鬼火やオニノメハジキとも関連なしとはされなかった。

この神事は古代信仰的な問題を含みながら、神体を温めると言う類例の稀な神事を主体に、見学の人々を驚かすであろうが、この火焚に関する感想は、柳田國男翁の申された如く、素朴にして疑わなかった祖先たちが、神の意を迎え、神に助けられていると言う安心感を得るためには、こうして時日をかけてこそ、お互の生活と生業を守ることが出来るのであり、そのために忍ぶべきは忍び、謹んだ心情に思い致すことが出来ると言うことにあった。

（参考――『阿蘇社年中神事次第』より、火焚神事に関する部を左に抄出する）

一、同月（七月）七日、御祭足、宮蔵御米二斗、籠屋所ニテ祓神酒ヲ備三献、火焼屋ニ明神御遷被成、御供御甘酒ヲ奉備、宮人ニ食蓼寒汁ニテ酒三献

一、八月朔日ニヌクメノ御綿奉着、御供御酒ヲ備、清之御祓ニテ酒三献、次ニ籠屋所ニテ宮人

ニ飯酒三献、右御祭料一斛一斗五升、内三斗ハヌクメノ御綿ノ代、一斗ハ御祭米、七斗五升ハコモリ女ノ扶持方

一、九月六日ニ御宮移被成候時、神酒奉備、宮人ニ酒三献、コモリヤ所ニテ、吸物ニテ酒三献、次ニ肴ニテ酒三献、家顔ニテ謡明シ申候

一、同七日、籠屋所ニテ餅ヲ宮人ニ備、酒三献、火ノ神之舞殿ニテ灌頂之祝詞、花米一升三合、神酒奉備、酒三献、籠屋所ニテモ酒三献

一、同八日、宣命中集リ、弊帛（ママ）ニ打立申時、紙五帖、花米一升三合、酒一献、次ニ押餅宮人ニ備、酒三献、次ニ着餅ニテ三献、夷祭籠屋部やニテ、おし餅ニ鰯蓼ノヌタ膾、部や之神ニ備ヘ、宮人ニモ同前、酒三献、又宮ニ参、花米一升三合、神酒ヲ供シ、酒三献、神楽成就ニ酒三献、次ニコモリヤ所ニテ、飯酒三献、次ニ舞殿ニテ酒三献、次ニ花ノ御酒取肴ニテ三献、次ニコモリヤ所ニテ小豆粥ニ餅入、酒三献、次ニ火神成就之時、籠屋所ニテ宮人ニ押餅ヲ備、ヌタ膾ヲ引、酒三献、吸物ニテ三献、肴ニテ三献、次ニ朝飯酒三献、次ニほたけ祭、花米一升三合、御供御酒備、次ニ氏神祭押餅四枚、酒ノ糟、神酒ニテ八日ヨリ九日迄成就、次ニ酒部屋ニテ、コモリヤ夫婦酒ヲ飲、其盃ニ白米ヲ入、折敷ノ内ニフセ、盃ノソコニ白米少入、神酒ヲ上申候而、籠女宮司両人ニ酒三献ニ而、九日之御祭成就仕候、九日之朝馬草片稲一把上ル、

右、九月六日ヨリ九日迄、御祭料ニ神田三反ニ而仕舞申候

一、七月七日ヨリ九月九日マデ、精進祓七十余ケ度、散米九斗九升九合也

一、八月十五日御祭、阿蘇南御進ノ米ニテ　コモリヤ

一、霜月十五日御祭　同　　同

第十七章　能の鬼

1　風姿の世界

世界の事例はいざ知らず、わが国ではあの恐しい鬼が、何処か生活の中に入り込もうとする。一方、これを呪力的な立場で迎えようとしている心の一面も窺われる。鬼面を壁に掛けたり、袋物の根付けに求めたりするのは、その一端にして、既にわれわれの生活の本拠の家屋の棟には、早くから鬼面鬼瓦を上げて、鬼をして睨ましめていると言った具合である。鬼瓦の意味については「因幡堂の鬼瓦」〔第十四章〕の裡にも触れたが、生活の中に、忘れんとして忘られない恐怖の鬼が隠顕しておる。これは一体どうしたことであろうか。

その解答のようなものは、以上の諸論にも述べてきたけれども、特に中世の鬼は、国民説話としても可成り大きな部分を占めてきた。こうした鬼が、謡曲や芸能の世界には、むしろ好んで取材されている面なしとしないのだったから、一度は能の鬼についても言っておくべきことだった。鬼の外篇であろう。

象徴としての能に於ける鬼も、芸能の上では詞や囃や面《おもて》・衣裳、それに舞台が渾然として空間を切って演舞されている。そこは約束や伝統のきびしい能の舞台のことであるから、風姿の世界にあっても、花あるものとしてこれを展開しようとしている。

この風姿については、世阿弥の芸論をもとに述べなくてはならぬのであろうが、力も色も調和した世界を貴しとする芸能の舞台では、鬼も「この世のもの」ならず、幽玄のベールに包まれながら、芸道の風姿に面白の心の花を咲かさなくてはならないのである。

2 「紅葉狩」から

さればこの世のものならぬ象徴の鬼を述べるに当って、私はその一つに「世伝、平維茂、一年《ひととせ》、信州戸隠山に入て斬㆓妖鬼㆒と云事」（謡曲拾葉抄）の旧記に見えていたとある――恐らく『今昔物語』の原話にもとづいたかと思われる――謡曲「紅葉狩」を借りつつ、鬼の筋を立ててゆくのに、

時雨を急ぐ紅葉狩〳〵、深き山路を尋ねん

と謡い初められる「紅葉狩」の一曲は、平維茂の鬼退治譚を骨子に、これに女性が登場してくる。その女は「雲の八重葎《むぐら》、茂れる宿の淋しき」に住いする女性として設定されている。

戸隠山の女、紅葉については、若くしてこの世を去った詩人津村信夫も、その散文集『戸隠の絵本』にこの女性についての伝説を述べており、また柵《しがらみ》村〔現・長野市〕の志垣の矢

先八幡境内には芳賀矢一博士撰文の余吾将軍維茂の遺跡碑も建っているというが、伝えられる伝説とはこうである。

貞観八〔八六六〕年、応天門放火の叛逆によって伊豆に配流された伴善男は、その後、許されて奥州に遷り、後裔には笹丸と言う者ありきという。笹丸は奥州会津地方におり、後、信濃国上水内郡の柵村上祖山小字平出に住むと伝えた。彼ら夫婦の間には児無きにより、天界第六天魔王に祈って妻の菊世は懐妊した。そして承平七〔九三七〕年十一月生れた女児を呉羽《くれは》という。彼の女児は、言わば魔王の申し子であった。これが紅葉鬼女化の伏線をなしているが、呉羽十七歳の時、笹丸は伴氏失脚の地位を回復しようと上洛する。

美貌な呉羽は、名を紅葉と改め、源経基に見出され、その後室となった。笹丸はこれを利用して伴氏の昔に復そうとするけれども、紅葉は経基の恩寵になれて僭上の振舞さえ多く、遂に殿中を追われて流竄《るざん》の身となり、再び信濃へ落ち、鬼無里の奥日影に居る。その時、紅葉は経基の胤《たね》を宿していたので、男児経若丸を生みおとす。さり乍ら彼女はこの地に都風を移したといわれ、地名に内裏屋敷・西京・東京・春日・加茂・清水・高尾・二条・四条・五条とあるのは、その結果だと、まことしやかに伝える。

ところでこの紅葉が山住みのままに妖怪化する訳だが、彼女は戸隠の西南、荒倉山の岩屋の生活に入り、北国往還の人々に危害を加えるに至ったという。

荒倉山の山容は戸隠方面からと、その裏側とでは鋭さが違い、戸隠方面からの鋭い眺めは鬼女こもる山の姿に相応しいのであったが、ここが余吾将軍維茂の鬼女征伐譚を伝えるところである。維茂が矢を射かけ、矢の立ったところに矢本八幡・矢先八幡の両社があるのだといい、後者の社頭に、前記の遺蹟碑が立っている。また大昌寺は紅葉の寺ともいい、

当郡開闢　余吾将軍維茂居士　竈岩紅葉大尼　各神祇

の位牌を伝え、鬼の塚（紅葉の墓）としての五輪塔もあるのだが、話を謡曲に返して、鬼女としての紅葉を問題としてゆくと、この山中の女性が「あまり淋しき夕まぐれ、しぐるゝ空を眺めつゝ、四方の梢もなつかしさ」に、山の紅葉にあくがれて酒宴を張る。ここに平維茂「鹿の鳴く声をしるべの狩場」の末に来合せて、はしなくも山中の女性との酒宴になり、にくからぬ心の交歓が両者の間に波立ってくる。地の謡が、

前世のちぎり浅からぬ、深き情の色見えて、かゝるをりしも道のべの、草葉の露のかごとをも、かけてぞ頼む行末を、契るもはかな打ちつけに、人の心もしら雲の、立ちわづらへるけしきかな、かくて時刻も移りゆく、雲に嵐の声すなり、散るか正木の葛城の、神の契の夜かけて、月の盃さす袖も、雪をめぐらす袂《たもと》かな

と響いてくる。維茂「あらあさましや我ながら、無明の酒の酔心」とまどろむ夢に、いままで上臈の姿であった山中の女は、とりどりに化生の姿を現わして、枕上に雷火乱れ、あるは巌頭に火焔を放ち、虚空に焰を降らすといった中に、身の丈《た》け一丈に余る鬼神が、烟《けむり》の中の七尺屛風の上に立っている。

維茂は「南無や八幡大菩薩と心に念じ、剣を抜いて待ちかけ給へば、微塵になさんと飛んでかゝるを、飛び違ひ、むずと組み、鬼神の真中さしとほす所を、頭をつかんで上らんとするを、切り払ひ給へば、剣に恐れて巌へ上るを、引きおろし刺し通し、忽ち鬼神を従へ給ふ」、威勢のほどこそ恐ろしけれ。

これが戸隠山に住む鬼女征伐にして、一説には源満仲によると伝える。『太平記』(三十二)には、源家累代の名剣鬼切丸の話が伝えられて、鬼切丸が多田満仲の手許にあった時代「信濃国戸蔵《(隠)》山ニテ、又鬼ヲ切タル事アリ、依レ之其名ヲ鬼切ト云」(西源院本)と見えているものである。

この点は暫く別として能に返り、このような凄じい格闘の鬼が、能の上に出てくるのであるが、そこが風姿を尊ぶ能である。単なる荒々しい所作に終ってはならないとした。『能作書』には「砕動風鬼の能作」を「軍体の末流の便風」としても、形は鬼にして心は人という以上、芸能の本説に離れたものであってはならない。即ち「其態をなす人体」であることが、舞歌の根本の大事である。だから「砕動の態風」としても、そこには「はたらきに花体の見風」がなくてはならないとするのである。

能における鬼物の芸態の表現には、砕動風と力動風との二様がある。砕動風は形は鬼でも人間の心で舞うのを本風とするのだけれども、一方力動風の鬼物は、形も心も鬼として舞うのだ。それは「勢形心鬼也、其人体瞋《イカ》レル態相ノ異風」(能作書)なのであるが、しかし鬼そのものとしてはリアルな表現とすべきであろう。だが、こうしたリアルな鬼——力動風の鬼を、世阿弥は採らない。それのみでなく、砕動風も能の幽玄の上からは、極力避けようとする。一体に「軍体、砕動の芸人は、一旦の名を得るといへども、世上に堪へたる名文《聞》なし」(中楽談儀)。だから「総じて鬼といふことは、遂に習はず」(同上)、砕動風の所作は世阿弥の流儀ではなく、鬼は本風ではないのだ。老・女・軍の三体の習得が本風にして、鬼は軍体でも末風としたから、砕動風の鬼であっても、これをのみ中心にした稽古は積むことがなかったと言う。だから軍体末風の「砕動の態風」にしても、その「はたらきに花体の見風」がなくてはならないとするのは、あら面白の立場からは当然の主張とすべきであろう。

しかし鬼の世界が能の裡から消えることはないのだから、能の所作に鬼はいる。けれども鬼を本風として出してくると、能の幽玄の風姿そのものが崩れてくる可能性を持っている。その重大さのために「総じて鬼といふことは、遂に習はず」と、まず主張して置かねばならぬのだったと思う。

さらに「土蜘蛛」の場合も、くもは勿論鬼形として出てくるけれども、このくもが十条のテープの糸をふり投げるのは、一つの見所だけれど、初めに「浮き立つ雲の行くへをや、風のこゝちを尋ねん」とある、風のここちに応ずるくもの化現は、その折の風は強風だったとしても、風情として風姿の中の風の心を考えている。

それ故に恐ろしい鬼も「人の心に珍しきと知る所、即ち面白き心なり」(花伝書)といった風態に演じられねばならないとするのである。

この面白き心は「珍しき」と共に「花」とも通ずべき同質の心でもあろう。

3　風姿花伝から

『風姿花伝』は「花伝書」ともいい、能楽への創意工夫をこらした観阿弥清次の遺訓を、その大成者世阿弥がまとめた芸能論である。芸道の骨髄を示し、一子相伝の秘書としたこの芸道論に「花伝書」と名づけたのには理由がある。

殊更、この芸、その風を続ぐといへども、自力より出づる振舞あれば、語にも及び難し、その風を得て、心より心に伝はる花なれば、風姿花伝と名附く

芸の道は以心伝心、自らの工夫に悟達せねばならぬものだと言うのだが、これを「心より心に伝はる花」なりといって、如何にも含蓄の多い言葉を残した。

比喩的な花は能の幽玄の風姿で、この風姿は、花伝書七編を貫いている。そしていかにしても「花」を伝えんとするのが、世阿弥の熱情でもあったことを思わせている。

『花伝書』(二)には「物学《ものまね》条々」の一巻がある。その中、女・老人・ひためん(面をかぶらぬ素顔)・物ぐるい・法師・修羅・神・鬼・唐事(唐人を演ずる曲)について、芸能上の用意と工夫のほどを述べるが、一体に物学は、

凡そ何事をも残さず、よく似せんが本意なり

しかし似せるといっても濃薄の心得に注意し、「賤しからん下職をば、さのみには似すまじき」というのが、その一面である。ここに能の風姿が考慮され、ほのかに暗きを思う幽玄の気合いも考えられてくる。

ここは鬼や修羅や物狂いについても述べているのだが、では物狂いの構造を何処に置いたのか。当然鬼にもそれが考えられようが、まず物狂いを見ると、

この道の第一の面白尽の芸能なり

とあるように、さまざまなものにわたるけれども、修羅の狂いは怪物的一般性の上に「やゝもすれば、鬼の振舞ひになるなり」、「又は舞の手にもなるなり」であっては、双方とも能の物真似ではないであろう。それならば鬼の振舞は、どうすべきであるのか。

「江州には幽玄の境をとりたてゝ、物真似を次にして、かゝりを本とする」とて、近江猿楽以来、近江は女体の風姿に対して、鬼は「大和の物なり」。すなわち鬼の能の物真似は、大和申楽の特技の一大事なのだった。「物真似をとりたてゝ、物数をつくして、しかも幽玄の風体ならんとす」のであるが、中でも、

凡そ怨霊・憑物などの鬼は、面白き便りあれば、易し

だからして、冥途を背景とした鬼を、真・実に真似て演ずるとなると、恐怖の最たるものとなり、かえって「面白き所更になし」。けれどもやはり鬼の本意は「強く恐しかるべし」、その本質を失なわないことに極意をかけ、所詮は能の鬼であることが重要なのである。怖ろし

い鬼を面白く思わせる公案として、

⑴ 鬼の面白い所のある上手というべきである。
⑵ 鬼ばかりを上手にするシテは、究めたる上手というべきである。
⑶ 若きシテの鬼は、花を知らぬシテというべきである。
⑷ 鬼ばかりが上手なシテは、上手に演じても、面白からぬ道理がある。

と言う四つの暗示的な表現に対して、鬼も面白くない道理がある。

鬼ばかりを善くせん者は、その答を「別紙口伝」に、鬼の面白き所をも知るまじきと申したるも、物数をつくして、鬼を珍らしく出したらんは、珍らしき所花なるべきほどに、面白かるべし、余の風体はなくて、鬼ばかりするを上手と思はば善くしたりとは見ゆるとも、珍らしき心あるまじければ、見所に花はあるべからず、「巌に花の咲かんが如し」と申したるも、鬼をば、強く怖くて肝を消すやうにするならでは、凡その風体なし、これ巌なり、花といふは、余の風体を残さずして、幽玄至極の上手と、人の思ひ慣れたる所に、思の外に鬼をすれば、珍らしく見ゆるところ、これ花なり、然れば鬼ばかりをせんずるシテは、巌ばかりにて、花はあるべからず

と示している。「強きと、恐しきは、面白き心には変れり」で、恐さと面白さとは黒白の相違に違いない。芸能の鬼である以上、象徴化の世界が必要なのだ。それは花の心とでも言うべく、そこがすなわち風姿の花なのであろう。

こうした鬼について、奈良興福寺の阿修羅の彫刻が思われる。阿修羅とはインドの鬼神である。略して修羅ともいう。この鬼類を力動風に表現することは、写実性に富むものであった筈だ。それを巌に花の咲かん如く幽玄の世界に高めていくのが、能の芸能の心であるとするならば、興福寺阿修羅像の、憂いに満ちた面貌に、私は能における風姿の花といったものを連絡しつつ理解しても見ようとする。

いずれにしても能の花は、如何にも象徴的であるのは申す迄もないが、これをさらに兵法武道に於ける武芸の花とも比較して置くとどうであろうか。武芸にも花を言う。けれどもそれは花と実、即ち花実の上に花を見ているようだ。これが能の花と異なる所であろうか、宮本武蔵の『五輪書』に求めると「兵法の道に、色をかざり、花をさかせて、術とてら」(地の巻)う如きは、生兵法であって大怪我のもとになるとした。体による振舞といっても、芸道の花とはその実用性——特に生死——において異なっている。さらに「芸にわたつて身すぎの為にして、色をかざり、花をさかせ、うり物にこしらへたるによつて、実の道にあらざる事」(風の巻)というのも、兵法—武芸にかかわる花実論にして、武芸の花は実が伴わなければいけないという。成程左様であろう。しかしこうしたものの真・実の論は、芸における貫通するマコトに触れなくてはならぬので、ここでは能の物真似に返って、神の物真似と鬼の物真似とを比較するのに、神の振舞は「鬼懸りなり」と言う。すなわち神は鬼の風情を持つて演ぜられる。

何となく怒れる粧《よそほ》ひあれば、神体によりて、鬼懸りにならんも苦しかるまじ
しかし、鬼の神とは、「はたと変れる本意あり」と言うように、
神は舞懸りの風情によろし、鬼は更に舞懸りの便りあるまじ
とは、いみじくもその本意を衝いた一言とすべきもののようである。鬼は強く恐しいのを本体にするが、その趣はやはり能面の上にも強く漂っている。

花について、特に鬼の演技の場合を見てみると「花とて別には無きものなり」、ただ「物数を尽して、工夫を得て、珍しき感を心得るが花」だとし、これをさらに鬼について言うと「鬼ばかりをする上手と思はば善くしたりとは見ゆるとも、珍らしき心あるまじければ、見所に花はあるべからず」、これは「鬼をば、強く怖くて肝を消すやうにするならでは、凡その風体なし」。では花ある鬼とは何なのか。

花といふは、余の風体を残さずして、幽玄至極の上手と、人の思ひ慣れたる所に、思の外に鬼をすれば、珍らしく見ゆるところ、これ花なり

だから「大勢崩すや古塚の、怪しき岩間の陰よりも、鬼神の形は顕れ」「汝知らずや、われ昔、葛城山に年を経し、土蜘蛛の精魂なり」（土蜘蛛）とすごむような鬼形ばかりを目標に、物真似に汲々とすれば、いかめしいばかりで風情風姿を消し、とても花ありなどと言う、象徴幽玄な風姿とすることは出来ないのだとする。能の上に「真の花」を求める、これが世阿弥の願いであった。鬼類もその線上の演出でなければならないのだった。

第十八章 かきつばたの屏風——根津美術館のもの

これは諸国一見の僧にて候、……これより東国行脚と心ざし候……急ぎ候ふ間、程なう三河の国に着きて候、又それなる沢辺に杜若の、今を盛と見えて候、立ちより眺めばやと思ひ候（謡曲—杜若）

1 尾形光琳のかきつばた

尾形光琳の絵画芸術史上に占める位置については、これまでに各方面から語り尽くされているといっていい。

けれども、あやめ葺く頃ともなれば、根津美術館の光琳のあの燕子花《かきつばた》図屏風は、やっぱり思い浮かんでくるものなのである。昭和三十六〔一九六一〕年の六月であったか、久し振りに根津美術館にこれが陳列された。青葉若葉に陽の映える昼さがり、眼もさめるような鮮かな色調に、しばし見入ったものである。

尾形光琳「燕子花図屏風」（左隻。根津美術館蔵）

満地の金地に満開に近いアヤメを没骨《もっこつ》式に描き、花弁は群青、葉と茎とは緑青、濃淡を使い分けて明快な色調の大画面を構成している。装飾画としての極致だ。

この大絵画に対するこれまでのオーソドックスな説明には、「一群の燕子花を大体一は画面下半に、一は中頃の高さにと左右各隻に花の配置を異にして描いて、観者の目を手前から先へと導いて行き、そこに眼界の拡がりを現はすと共に実感を獲、図案に堕ちないその大胆巧妙な構図はかの卓抜な色彩配合と相俟つて装飾的効果の極致を示して居る。加へるのにその描法は写実を離れず、岩絵具の没骨描の陥り易い粗笨さを脱して沈着な筆触を持つ。かくてそこに艶麗豪華にして而も清澄な品位のある作品」（日本国宝全集四十四）と説かれている。

この屏風に対するとき、この批評は決して過評とは思われない。それ程にこの大画面は光琳の傑作なのであって、これ以上美辞を考える必要はない。にも拘らず、私がこの屏風について一言して見たいと思うのは、何のためなのであろうか。

燕子花図屛風を眺めていて、大げさな言い方かも知れないが、この画面からは思想的な、また思索的なものを感ずることはまず出来なかった。つまり光琳その人の自我とか個性とか言ったものを感ずることが出来にくいということである。当時の傾向として、絵画にそうしたものを要求するのは、既に無理だといわれるかも知れないが、たとえ装飾性を主体とした光琳の芸術構成に於ても、何程か彼の人間が表われていてもよさそうに思われるのに、それがまことに稀薄なのである。

ところが、そうした個性の少ない彼の絵画が、一般には愛着と好感とを以て、迎えられていることも事実である。これはどうしたことであろうか。日本人はそうした思想性のない、整備された美しい装飾としての絵を好むのが、国民の志向なのであろうか。いずれにしてもこの傾向が、私には大変面白いことのように思われる。

燕子花図屛風の、落款は「法橋光琳」とあるから、彼が法橋になった元禄十四〔一七〇一〕年、四十四歳以後の作品とされるのはとも角、この屛風は西本願寺に伝来したといわれる。彼がしばしば西本願寺に出入りしたという関係があったとしても、私には西本願寺伝来ということが、その屛風絵の没個性的性格に、何か通ずるものがあるのではないかと、兼ね兼ね考えていたのである。

そうした事を考えたのは、宗達・光琳のあの風神雷神図が、風神雷神の絵でありながも、実は自然の猛威であるところの、風神雷神に対立する地上の猛威としての風神雷神であることに、かかわるものがあると考えていたからである。私は本書の随所に、虚空のエネルギーの恐怖としての雷電の鬼を述べてきたのであるが、建仁寺のあの風神雷神図については、既に述べた如く、実は貫前神社の雷神小窓にも当る効果のものであったらしい。それは家の棟の鬼瓦にも当る呪術的効果を、期待したことに基づくもので、三十三間堂の風神雷神のもつ呪術性格とも別のものではないとも考える。かかる呪術的効果の伝統を、風神雷神図に宗達・光琳をしてその傑作として描かしめたのだと、国民信仰史の上からは言えることでもあるようだ。

2　カキツバタの芸術

従来の日本の絵には、芸術のための芸術といったものの考えは、まず顕著でなく、専ら装飾的な実用性というものの上から形を形成し、それがやがて伝統として執拗につきまとっていた。だから風神雷神図にもそうした実用性の上から、この屏風が立てられるのには、雷鳴風雨の漸く盛んに襲わんとする頃に当っての、年中行事用のものとしてではなかったかと思われる。かかる点からしても彼等の没個性に、輪をかけたのであろう。しかしその反面に生活化していた習俗趣味の上からは、国民の趣向にこたえるものがあったと言えよう。しかもそれが傑作であった場合、世に喧伝された理由がわかる。

八橋蒔絵螺鈿硯箱（東京国立博物館蔵）

そうした点は燕子花図屏風にも言えることのようで、長剣状葉の植物としてのカキツバタが、池に群生している姿というものは、時代が溯れば溯るほど、かかるカキツバタの咲く姿に、或る呪力を感得するというよりも、信じていたといっていい。ここでも稲葉堂としての因幡堂を思い起してほしい。葦にも茅《かや》にも真菰《まこも》にも、共にそうした呪力性を思ってきたのであって、こうした習俗的伝流が、あやめ葺く民俗を持続せしめたと見ることが出来るであろう。それは一方に、かかる植物の伸びている自然を絵として、長剣状葉の刺突の呪力を誇示することによって家を護ると考えられたかと思う。一種の翻弄関係のマジックである。

この屏風についていえば、それは西本願寺における古代的な習俗的な呪力の近世的な表現でもあったと言える訳で、よって別な言い方を許されるならば、それは民俗的なものを背後にもつところの西本願寺の対立呪力としての因幡堂的意味のものであったと解釈される可能性があると言うことでもあろう。

この他にも光琳の燕子花を扱った作品が知られるのは興味が深く、八ツ橋図屏風（六曲一双）をはじめ、団扇絵・蒔絵の工芸品や、陶器の絵付にもこれを見、それらは『伊勢物語』の八ツ橋の故事に因襲としてつながっていると言われる。「八ツ橋や蜘蛛手にちかひたるふみもあり」（小町草紙）といった言葉もそれであるが、根津美術館の燕子花図屛風の背景にも、水行く川の蜘蛛手なれば、橋を八ツ渡し、そこの沢辺にカキツバタが咲き乱れていたという『伊勢物語』の故事が、絵の形式として光琳の脳裏にはあったと考えてよいであろう。けれどもこの八ツ橋というものを、単なる尚古趣味から抜け出して、その古代的な実体とは何か、つまりそうしたものを一体どう受け止めたならば、光琳の燕子花図屛風、及びその類似作品群が連絡づけられるのであろうか。必ずしも適切な資料が揃っているのではないけれども、一つの説話を提示して考えて行こう。

3　八ツ橋の物語

それにしても時代は降るが、私が、こうした考えに立つのに都合のよい話が伝えられる。それは江戸末期、三河国碧海郡の無量寺から発行した摺物『八橋略縁起幷杜若来由』に見えている。

話というのは、八橋の野路に一人の医者がいた。名を羽田玄喜といい、妻は本地庄司の娘。玄喜は初老にも至らないで没し、妻は二人の子を抱えて生活は苦しく、山に薪を拾い浦に和布《わかめ》を摘み、辛苦して兄弟を育て、既に兄は八歳、弟五歳となり、この成長を楽しんでいたが、或る時、母が川に海苔を取る間、児等は母を慕って川に入り流れてしまった。母これを悲しみて出家し、師孝尼と号し、朝夕、仏に仕える身となったが、思うにこの川に橋なきにより、かかる惨事が起きたのだと仏に祈願すると、夢に一人の僧来現し、入江の浦に渡すべき木材があるから、これを橋に渡せとあった。よって人を馳せて見せるに、果して材木が多く波に浮んでいた。これをもって「此橋を渡すに水行川の蜘手なれバ、違ひ橋にかけ渡して、其数八ツにして成就」し、世の人これを八橋と名付けたと。時に仁明天皇の承和九〔八四二〕年五月と伝えるのは当てにならぬ。その後、師孝尼は「このほとりに杜若の生ひ出るを、なき跡のしるしと思」ったと言うが、[注]二児がこの河の水に呑まれたことには、水霊の恐しさによるものにして、こうした恐怖の水霊とこの植物の間には、どうも呪術的関係の無いものではないらしい。この話に次いで業平朝臣東下りの話がつづくのであるが、伝承としてのこの話の世界を思っていると、古い古い過去から水魔に対する恐怖というものが、民族生活の感情そのものの中に長くただよっていると考えなくてはならぬものがある。

菅江真澄はその随筆集『筆のまに〳〵』に、越後国三条郷の近くにアヤメ塚のあるを報じている。その由来を、

いにしへ菖蒲前《あやめのまえ》と猪野早太と両人、都より此処に落来て埴生の栖居して、老て二人ながら身まかれりといひ伝ふ

と土地の人が語ったとある。

私は三条の里のアヤメ塚附近の地形については承知していないけれども、このアヤメノ前もおそらくこの地の水霊に対していた女性といったものの古い原形が、こうした面白くもない話に投影していると見られるのであって、そこの水霊に対する呪術として、長剣状葉のアヤメを名とする女性として説話化したと見てよいのであろう。この点は三条辺の手鞠《てまり》唄に

向ッの山で光るはなんだ、露かお星か蛍のむしか、今来たお千代《ちよ》が、かんざしと唄うのも何と暗示的である。向うの山で光るとは、電光の如きものに対する映像を思わせていると共に、これに対するものとして女の簪《かんざし》を出しているのは、刺すものとしてのアヤメの葉の剣状の呪力にも等しい。カンザシのサシ（刺し）に深い関係をもつ呪術性の上に立っているのであろう。しかしこの唄のうたわれた頃には、そうした唄が出てくる根源になったと思われる呪術性への関心は既に忘られていたであろうけれども、その底をのぞくと、そうした古さのうごめきが感ぜられる。

アヤメ・カキツバタのこうした呪力性を証明出来る資料や生活伝承は乏しいのではなく、五月にアヤメ葺く行事の根源も、こうした問題の上から考えねばならず、だからして八ツ橋のカキツバタを、民族的な感情に立脚して考えるならば、あの燕子花図屛風の存在意義は、もっとハッキリする問題だと思う。

私は光琳の絵が、没個性にして思索的なものでないといったことが、ここに至って或る程度、正しかったと思っている。そのことは光琳が、民俗としての支えをもつ国民の感情の好

むものを描いてきたと言うことにもつながるものがあるのであって、それは没個性的でありつつも、国民に愛好される彼の絵の存在理由が、燕子花図屏風を観ていて、つくづくと思われるのだった。風神雷神図にもその事は言われる。これらはいずれにしても恐怖に対する秀作でもあるのだった。

注　ここで話の続きとして『八橋略縁起并杜若来由』の終の方を参考として示して置くであろう。

ある人、杜若といふ五文字を句の上に置て、旅の心を続玉へとありければ

△から衣きつゝなれにしつましあれバ、ハるぐ〵きぬる旅をしぞ思ふ

かくつらね玉ひ、一夜に観音の像を彫刻し残したまへバ、花の形も他に異り候て、成仏の相を顕しぬ、誠に此業平と申ハ、歌舞の菩薩の化現なれバ、よみ置給ふ言葉ハ、皆法身説法の妙文にして、草木国土悉皆成仏の縁なるとハ、されバ位も氏もやんごとなく、御父ハ平城天皇の御孫阿保親王、御母ハ桓武天皇の御女伊登内親王と申奉る、天長二年に生れ、元慶四年に卒し給ふ、其遺骨半分ハ菩提所大和国在原寺に納め、半分ハ遺命にしたがひ、御安置の薬師如来ならびに、自身の像を相そへ当寺に納め、寛平四年子五月十五日、此入江の浦に墳墓を築き、法会をいとなミしとかや、猶当寺来由は縁起あり、繁きは恐れて爰《ここ》に略す。

第四部　古代伝承と三輪神婚

第十九章　三輪神婚

1　神婚の型

ここでは、三輪山の神婚説話の背景を支えてきた古代の実情を通して、古代史的な問題を考えようとすることになっているが、大物主の消長が一つの課題となるであろう。倭《やまと》の青垣山の東、御諸《みもろ》山に坐す大物主の神婚説話は、今まで述べてきた諸論考にも、当然深い関係をもっている。だから鬼の面にも考慮しつつ、三輪の神は古代史の消長の上に跡づけて置かねばならない。

神婚とは、人間と人間以外の異類との交婚を意味し、その説話が神婚説話なのであって、配偶関係は⑴男の方が蛇体のような異類の場合と、⑵女性が異類である場合とが知られている。⑵に班するのは、海神の性格に彩られる豊玉姫と彦火々出見尊《ひこほほでみのみこと》との通婚形式が典型的であろうが、所謂三輪山式神婚説話とは⑴に属する典型にして、ここではこれが主眼となるのは申すまでもない。

2　三輪神婚の筋書

三輪山の神と女性との通婚は、大田田根子《おおたたねこ》（古事記は意富多多泥古）の出自にかかわって伝えられた。

意富多多泥古の（以下主として大田田根子を用う）ことは、『日本書紀』にも見えるが、三輪神婚説話の上に、その出自を語ったのは『古事記』（中）――崇神天皇条――であるから、『古事記』にもとづいてゆくのがよい。

崇神天皇の世に、天下疫病蔓延し、人民死没し、人間の種も尽きようとする惨事が伝えられている。人間の種族が尽きるという点に関して、或は誇張だと言われるかも知れない。しかし私が考える古代社会の動きというものは、今日では想像も出来ない程緩慢にして、そうした緩慢性のしかも停滞性が強く、防衛手段に弱い社会が、天災や疫癘《えきれい》（一種の伝染病）の猛威に曝《さら》された場合、種族や氏族が潰滅的打撃を受けることは、決して稀ではなかったであろう。無防衛社会の悲劇であって、こうした惨害が大物主、巨大なモノヌシによって起ったと言うのである。

この時、天皇の夢に、三輪山の大物主が顕われ、大田田根子をして我が前を祀らしめるならば「神の気起らず、国も安平ならむ」と告げられた。よって探索の末、大田田根子を河内の美努村《みぬ》――『日本書紀』には茅渟県陶邑《ちぬのあがたすえむら》とする――に求め、神託の通り彼をして大物主を

三輪山（写真／吉田畔夕）

祀らしめられたのである。ところで大田田根子とは、

僕《あ》は、大物主の大神、陶津《すゑつ》耳《みみ》命が女、活《いく》玉依毘《たまよりひ》売《め》に娶《あ》ひて生みませる子、名は櫛《くし》御方《みかた》命の子、飯肩巣《いひかたす》見《み》命の子、建甕槌《たけみかづち》命の子、僕《やつこ》意富多多泥古（古事記）

と、大物主の神孫として、その四代目であることの来歴を長々と揚言した。これはちょうど源平争覇時代、戦場の一騎打ちに、ヤア我こそは桓武天皇……或いは清和天皇……と大音声に、氏素性とそれにつながる名誉とを並べたて、そうした優位な素性を背景に、敵にいどむ勇士の面影と如何にも似ている。一種の系譜尊重の精神でもあろう。ここで大田田根子の居住していたという河内国美努村が茅渟県陶邑とも言われたのは、大物主に女を婚した陶津耳命の勢力圏とも関係があると言う

ことで、『延喜式』に和泉国大鳥郡の陶荒田神社のある陶の地かと言われ、付近に須恵器のカマ跡が無数に分布している。そこは現在の大阪府泉北郡東西陶器村（現在は堺市）が、それとされている。かくて『古事記』には、大田田根子の系譜の揚言以外に、別の神婚説話が記録されているのである。これが世にいう三輪神婚説話にして、大筋はこうである。

活玉依毘売は、顔立ち如何にも美しかった。ところが、ここに一人の壮夫あり、形姿といい、威儀といい、とても並ぶものとしてはない程の立派な男性である。ところが威風堂々としたこの男は、夜中のみ活玉依毘売の寝所に通ってくる。『古事記』には、「かれ相感《め》でて、共婚《まぐはひ》して住めるほどに、いまだ幾何《いくばく》もあらねば、その美人妊《はら》みぬ」。夜のみ通ってくるという男の胤を、ヒメは遂に宿してしまった。夫なくしての妊娠を怪しみ、父母たちは事の委細をヒメに問う。ヒメは遂に夜のみ通ってくる密夫のことを告白する。告白により父母は、男の素性を知る手段を左のように授けたのである。

赤土を床の辺に散らし、巻子紡麻《へそまを》を針に貫《ぬ》きて、その衣の襴《すそ》に刺せと。これは赤土を寝床に撒き、針に麻糸を通して、男の衣服の裾に刺せというのである。この呪術的意味はともあれ、ヒメは教えられた通りに夜の男に処置し、翌朝になると麻糸は、戸の鉤穴《かぎあな》より外へ通り出て、後にはただ糸巻の枠（三勾《みわ》）のみが残っていた。麻糸が鉤穴から抜け出ていたのは、密夫の正体を知る上に如何にも暗示的である。その糸を尋ねて行くと美和山に至り、三輪の社頭に留まっていた。

かくて夜のみ通ってきた男は三輪明神、即ち大物主と知れたのであるが、その神胤による出生が、大田田根子に他ならぬ。さらに大田田根子は神《みわ》の君、鴨の君の祖先になったと伝える。『古事記』の話は大要以上なのであったが、ここに見えている玉依姫の問題は、海神の女玉依毘売、賀茂の玉依日売などと共に、若宮誕生に関連して考えられねばならないが、本稿はそこまで手は伸びないと思う。

3　わが文学の発生

『古事記』の説話は、恐らく神の君、鴨の君をも含めた大神《おおみわ》氏の本縁として、この氏族の古代社会に存立するための生命とし、何時の頃よりか言いつがれ語りつがれてきたものであろうから、長期の伝承とその場の広さとが考えられる。勿論『古事記』の記録化までにも長い年代を経ている。その動流の長さを考慮しても、原型がこのままであったかは、一考して見る必要があろうけれども、他によるものがない。

こうした私のこの著作の性質上、何処かで私の古代典籍『古事記』『日本書紀』についての見解を、特に神話を中心にして出来るだけ簡要に申して置くのも、何かの理解に役立つと考えてきたが、ここが一応のことを示す手頃な場かとも考える。

もとよりわが文学の曙は、はるかな過去に溯る。

石器並びに金石併用期の長い時間は、古墳時代につながるけれども、これらの間には数々の部族の興替や征圧が繰り返されたのであろうが、それにしても古墳文化期を中心に、日本国家の整備も漸くその緒についてゆく。

さりながら、この頃の文学的なものの追究はとても困難だとしても、恐らく共同の恐怖に対抗すべき、呪詞的な発想に形を整えて行ったかと思われ、この場合、絃楽器以前の打楽器的なものも、音響対立として打ち鳴らしたかと考えられる。

呪詞の成長と共に、海外からの影響も蒙りつつ、叙事的文学的なものへと開花しようとする基盤の中に、当時の叙事詩は、ちょうどアイヌのユーカラのように一個の歴史として伝承されて行ったかと

〈上〉大神神社の鎮花祭神饌（薬草）〈下〉同・鎮花祭疫病除御幣（写真／吉田畔夕）

想像する。もとよりそうした古代伝承の背景になった現実は、呪術生活を中心とする単純な採集経済をも捨てきらない農耕社会であって、人々はこうした世界に生きつづけてきた。されぱこのような風土的生活的環境が、伝承の系譜の周辺を彩らずには措かないのであって、かかる時代を、われわれは伝承文学の時代と呼び、語りつぎ言いつぎ、前言往行存して忘れずといわれる姿であったようだ。その反面、文学的な世界でも、詞章の離合があり、その動揺も或は可成りの激しい時期であったかと解される。

こうした伝承叙事詩に、国家意識と歴史的反省が加わるにつれて、推古天皇の世に天皇記・国記の撰録となる。しかしこれは早く滅び、その後、古代伝承の記録されたのが『古事記』にして、これは稗田阿礼《ひえだのあれ》の伝承を、太安麻呂《おおのやすまろ》が筆録して体裁を整えたもの、時に和銅五（七一二）年。かくて『古事記』に後れること八年、『日本書紀』三十巻が舎人親王を総裁に、国の正史として養老四（七二〇）年奏上された。

記紀ともに、神話の世界から筆を起すけれども、その文学性については、本居宣長以来の伝統もあって『古事記』は『書紀』より重く見られてきた。しかし両者編纂上の立場の相違はあるにしても、いずれも民族の素朴な生活の詩魂から、恐怖への原形を通しつつ育ってきたものに、その背景は貫ぬかれている。これはこの時代に撰進を要求された諸国の風土記の世界にも通ずるものをもっている。

かくて本論に返ってゆくのに、一般的にいって、三輪式神婚説話に必須条件としているのは巻子紡麻——苧環《おだまき》——によるモティーフであろう。

麻糸を針にて裳裾に刺すということは、一種の呪術行為だと私は考える。それならば三輪の大物主に、何故にこのような刺突的な行為が試みられねばならぬのかが、何としても問題でなくてはならず、これには当然、大物主——小さな物主ではなく、巨大な物主——の古代性格の探究とその古代事情の上から考慮しなくてはならないであろうが、それには三輪の巨大な大物主は種々変幻すると言え、まず女性に執心されることから入ってゆくであろう。

A「神武記」の場合、これも、神の子の出生に関したもので、神武天皇の妃富登多多良《ほとたたら》伊須須岐比売《いすすきひめ》（一名を比売多多良伊須気余理比売）は、大物主の神胤によると伝えた。この時大物主は、摂津国の三島地方に勢力を持つ三島湟咋《みぞくい》の女、勢夜陀多良比売《せやだたらひめ》の美麗にめでで丹塗矢《にぬりや》に化し、この女性の用便に際し、厠（川屋）の流れをつたわってヒメの陰部《ほと》を突かれたとある。女はその矢を持ち来て床辺に置くと、忽《たちま》ちに麗わしい男となり、共に娶《あ》ひて神の子が誕生した。この神の子が神武天皇の妃に他ならない。表面的には三輪明神の有勢を、このような形で伝承し、それが古代歴史編纂上に採用されたことを示しているとしても、古代呪術社会の内に拡がる問題として、そう単純なのではない。

大神族の神孫とのこうした婚姻については、既に斎主神《いわいぬし》の中津国削平に当って、帰順の首領は大物主神及び事代主命とあるに考えても（神代紀一書）、大国主——大物主——の国土奉献に当って、高皇産霊《たかみむすび》が大物主に「汝若《も》し国神を以て妻とせば、吾猶《な》ほ汝を疎き心有りと謂はむ」とて、その女《むすめ》、三穂津姫を配されたのは（神代紀一書）、古代氏族の結合形式として、既に天孫系から国津系へと配偶者を送っているが、神武天皇の場合は国津神系から配偶者を進めているのは、丁度反対な形であったと理解される。

かくしてこの婚姻説話を背景にして、大神族の社会的政治的な有勢が、如何に展開したかといった点は暫く措いて、古代信仰的に、丹塗矢となって川を流れ下ってゆくものの姿には、端的にいって、雷電の光条の炎の色と、その直射性とを背景に象徴化されているかと考えられる。あの返矢《かえしや》恐るべし、と言う返矢も虚空からの直射の矢にして、これが天稚彦《あめわかひこ》の高胸に命中したと伝えるのは、まさしく高津神の禍害にも比せられようが、そこにも虚空を背景とする古代社会の恐怖の系譜が断続していた。『出雲風土記』（嶋根郡条）の加賀の郷《さと》の神の金弓の話にも、角や金の弓箭《きゆうせん》が、水のまにまに流れ出たというのにも、ほぼ同じような信仰構造を考えさせるが、朱の矢が、また黄金の矢が川を流れ下ってくるに当って、出雲の場合では、神が黄金の矢を採って加賀の神埼の窟を射通したとあるのは、川を流れくるものとしての矢の古代呪術の一面を暗示しているようである。

それは矢という刺突性のものが、川を流れ下るのは、矢によって川のデモンに試みられた呪術的威怖の跡《あと》を推察せしめるものがあると言うことで、川のデモンとはミズチ的なもの、或はヒョウズ（兵主）的なものに他ならない。簸《ひ》の川上から流れてきた箸も串であり矢に類似したものであったことを考えると、あの箸と川との意味はまことに深いのであって、これは八岐大蛇《やまたのおろち》と関係していた。そうした蛇体性のものは、雷電の鬼と連絡することにおいて、川を流れ下る矢には、特に深い注意を引かしめる呪術的背景があった。

ここに於て大物主の異類婚姻譚の裡に、大物主が女性のもとから朝になるままに帰るのに、鉤穴からスルリと抜け出ているのにも、蛇の行動性が思われると共に、一方、大物主は雲を踏んで虚空へ昇る雷電性のものであったことは、この次に示すであろう。すると蛇と雷との二つの面を見せはじめてくる大物主なのである。

B　かくて「崇神紀」の場合は、大田田根子事件の後、倭迹迹日百襲姫《やまとととひももそ》が大物主の神妻となる。この時も大物主は夜のみ来訪するデモン神に変わりはない。ヒメは容貌や美麗な威儀が見たいとて、昼間までの逗留を乞う。

大物主も道理尤《もっと》もとて、明朝、汝の櫛笥《くしげ》の中に入っている。けれどもその姿を見ても決して驚いてはいけないという。怪しみを抱きつつヒメは夜明けを待ち、ひそかに櫛笥を開くと、これはどうであろう。「美麗《うるは》しき小蛇《こをろち》有り」「其の長さ大《ふと》さ衣紐《したひも》の如し」。これが夜のみ来訪していた大物主の正体だった。小蛇《こおろち》に変化《へんげ》した夫の正体に、ヒメは驚嘆の叫びを挙げた。すると大物主は我れに恥を見せたと怒り、忽ち人の形になり、大虚《おおぞら》を践《ふ》みて三輪山へ登ってゆく。一方、ヒメはこの凄絶さに驚愕し、箸で陰部を突いて死んでしまったというのであるが、ここにも大物主は雲を踏む蛇体として現われたのである。これは雷にも通ずる仕業であるが、ここにも矢張り怒りの神としての性格を示している。この場合、ヒメの死因をなす突くものとして箸があったことは、簸の川上の箸も考えながら、三輪神婚のあの針とも連絡する構造のものらしい。

大物主にかかわるAとBとの神話を比較して、Aはこの神によって神の子を生み、Bは神妻が同じ神によって死んでゆくという、生と死との全く反対の現象を示したのは、時代の差があると言え、同じ神によるものだけに特に注目をひくのみでなく、驚くべき相違であるといいたい。

4　大物主の動揺

右のAとBとの場合、神妻に対し大物主が自らの正体の露呈の仕方を考えるのに、BはAよりあらわであったが、Bにもまして三輪の大物主が、いよいよ正体を露呈してくるのは「雄略紀」の小子部栖軽《ちいさこべのすがる》による場合であったろう。

雄略天皇は三輪山の神の形が見たいといい、スガルにこの神を捕え来れと命ぜられる。勅命のままに彼は三輪山に登り、大虵《だいじゃ》を捕えてくる。

天皇は斎戒もしないで、大物主としての大虵を見ると忽ち神異が起り、「其の雷、虺《ひかり》虺《ひろめき》、目精《まなこ》赫赫《かかや》」（雄略紀）き身のすくむ形相をあらわした。「雄略紀」の場合は最後にも述べるから、以上をもって古代史の問題として目論む三輪神婚についての、当面の私の要求は間に合っている。三輪の大物主は大蛇であると共に、それは右に「其の雷」とあるように、雷でもあった訳で、だから大物主化現には、雷と蛇との二面性を示している。この二つのデモーニッシュなモノへの化現は、実は一つの実体からの現われであって、既に述べた如く雷と竜との一致にも帰せられる。

こうした雷・蛇合体の姿というものは、「神代紀」（一書）に「神光照レ海、忽然有二浮来者一」とあるのにも、凄まじい雷光と荒れる波濤の中を、泳ぎくるものの姿が投影していると思われ、「光レ海依来神《よりくるかみ》」といった『古事記』の表現にも、竜蛇の浮び来る姿が捉えられている。

それにしても蛇というか竜というか、或はそうしたものと雷電との結合と言うか、いずれにしてもそれらが表裏した形を示していることは、大物主の巨大な威力に帰せられるべき、古代史上の実体の結果と言わなくてはならぬ。そうした実体の形成の上に、大神族の強大化の背景の支えをなしていたけれども、一面そうしたデモーニッシュな大物主の形成を承認する古代社会の恐怖というものが、実は原始社会から連続していたことも認めておかねばならぬ。

左様な理解の上に、記紀によって素描してきた三輪の大物主について、記紀に表われてきた記載の順序を追い、歴史推移の内面事情を、これから述べるのが順序となってきたようだ。

神武天皇の時代は、大神（三輪）氏族の古代勢力は旺んにして、大和平定から及んで即位直前には、具体的に天皇家との結合を図っている。皇妃はその氏族の出身にして、その勢力と提携する必要を大和朝廷も認めていたことを示すとしてよい。ところが崇神天皇の世には、既に処遇に不満が生じてきている。その不満が、天下に疫癘を撒き散らす大混乱を起すという、大物主の祟という形で出て来た。私の古代史論はこの辺が中心となってゆく。

表面的には神の怒、神祟というが、裏から眺めるならば、神の名による大神族の抵抗と見られるものである。しかし天下夭亡という凄じい大物主の怒も、突如として出てくるものではなかろう。怒るには怒るべき理由があるのであって、文献的には恐らく崇神天皇四年の施政方針を示した詔に、直接的な原因はあったのかと思われる。詔の眼目とも言うべきは「人神を司牧《ととの》へて、天下を経綸《をさめ》」るにある。にもかかわらずこの詔の翌年には人民夭亡、天下の半に達したという。人神を司牧し「黎元を愛育」するのが詔勅の主旨とするならば、種族を挙げての天下夭亡を見るとは、詔旨とは全く相反したことでなくてはならなかった。

ではこの場合の人神司牧には、神の祟によって天下夭亡を生ずるような要素が含まれていたのか。人神司牧とは勿論人・神と関係するが、その人・神に主眼を置いて考えるのに、古代のままに近い威力の神々に或る制禦を加えると共に、人民の自由な天地を安定拡大し、民生に健康的なものをもたらすことにあったかと考えられる。にもかかわらず人民が夭亡する。それは一体どう言う関係なのか。

大物主による祟の混乱は、崇神天皇の六年にも起っている。これは大田田根子や長尾市《ながおち》の呪術により、一応制圧することが出来た。この場合、大田田根子の登用を考えておくのに、彼は神の子であった。しかも異類婚姻によって生まれた神胤であったから、祟の根源としての悪疫をもたらす親神とも、同質性に近い血をもっていたことを示していよう。それだから人民夭亡の非常時には、凶悪を振舞う親神とも対することが出来ると信じた点を示しているであろう。と同時にそうした性質を発揮することが可能であったから、平穏な日には近くには住せしめられず、河内の美努村の如きに遠ざけられていたと解することも出来る。一種の予防措置である。

ところで天下夭亡の混乱にも拘らず、為政者はひるむことなく、宗教行政的な立場に直ちに天社・国社・神地・神戸を定めている。この天社国社、神地神戸の制定には重大な意味があるから、さらに詳しく触れるところがなくてはならぬ。

5　神怒の背景

一体に神の祟とか神怒と見られるものは、それを奉ずる奉斎団の勢力の消長に伴なう抵抗手段として出てくる場合が、最も多かった。それも彼らの勢力が一般に威怖されている間は、そうした手段による抵抗やデモンストレイションは奏功の確率は高かったのである。

大神氏の場合、神臣・鴨臣にも伝承されていたであろう三輪神婚の本縁譚を提出して、自らの歴史を誇示したのはよいが、大物主の祟が既に凶暴化してしまっては、神孫神胤と言われ、その荒暴の神と同質性のものでないと、かかる非常事態の防遏《ぼうあつ》は不可能ではなかったかと、前にも一言した。

それが天皇の十年には、神の子を生むべき筈の神妻が、驚くべし大物主の怒りによって死没している。その死没の原因が、見るべきものでない神そのものの姿を見たことに起因しているとはいえ、それは神の名による暴力であって、かかる暴挙が伝えられることの反面には、大物主の焦慮とそれに伴なう神威の凋落の前兆が示されているのであろう。それだから、この点はなお詳説して置く必要がある。

このような神の暴力が表面化すると言うことは、大物主という巨大なデモンであるからとて、「崇神紀」の記事をもって当時この神が朝廷から厚遇されていたからだといった解釈が、今も通用していると考えるならば、それは学問の停滞を示すものでなくてはならない。むしろ神妻が死んでゆくことを通して、三輪の大物主を奉ずる氏族全体の上にふりかかっている、大きな焦燥感を象徴していると考えるのが、より妥当な解釈だと私は考えている。今からではとても巨細は明らかではないが、天社国社・神地神戸を通路に、当時の神々に対して、如何なる制禦が加えられていたかの一面を窺って見るに、天社国社の名は天神地祇と共に、既に「神武紀」に見えていたけれども、「崇神紀」のそれが最も問題となる。それは思うに、カミのグレードを定めると共に神威の格付をなしたものであったのであろう。

私見によると、古代の広場に自由な恣意的なカミに対して、こうした格付を試みたことは、山の尾、河の瀬を濶歩したカミに或る限定を加えたことでなくてはならぬ。それは漸く権威的存在に成長せんとする古代国家の求める統制に於て、デモーニッシュな神の自由を許し放任して置く訳には、ゆくものではないことを示している。こうした拘束的処置に対して、それらを取巻いて、そのデモーニッシュな権威を背景に生きてきた奉斎団の主宰者たちが、カミの名に於て人民を自由にし、その行動圏を無制限に恣意的に広げて行動されたのでは、目標を立てた国家秩序が保持して行けるものではない。ここに天神地祇の双方を立てた天社国社といった社格的格付に応じ、それぞれのカミの名に於て、自由にしていい土地と人民とを、神地神戸として制限したことを意味していよう。

この点、一地方のことであると言え、こうした人神司牧の立場は、『常陸風土記』（行方郡）の夜刀神《やとのかみ》の制圧にも窺われる。ここの土豪であろう、箭括氏麻多智《やはずのうじのまたち》は夜刀神の人民の耕作をさまたげるのを怒り、武装して山口に至り、標杭《しめぐい》を立て境界に堀を画して、夜刀神に「此より上は、神の地たることを聴《ゆる》さむ、此より下は、人の田を作すべし、今より後、吾、神の祝《はふり》と為りて、永代《とこしへ》に敬ひ祭らむ、冀《こひねが》はくは祟ることなく、恨むことなかれ」とて、神の自由に出来る範囲と人間の自由な天地とを定め分けた。これを神の側から見るならば、神地を限定されたことである。麻多智は社《やしろ》を設けて祀り、耕田十町余を祭田に充てたとつたえるのは、一つの具体的事例として、示すことが出来、その後、孝徳天皇の代、蛇類としての夜刀神が再び、耕作のための用水池に現れたので、壬生《みぶ》連麻呂は、役《えだち》の民をして夜刀神をことごとく打ち殺せと命じている。曲折はあってもこれはデモンのカミが国の為政の中に、一面その地位の安定を求め、人民の生業の協力体制に編入されてゆく姿であったと言える。大にしては大物主への制圧も、これとその精神を一つにするもので、つまり古代恣意な神を制禦したこと、彼らの自由に駆使した人民も土地も、カミの名のもとに自由に振舞えるものに限定を加え、もって巨大な神々を国家の統制下に服せしめたことを意味した。平安朝時代以来、平安京に中心的な神祇になり、雷神として三輪神とも共通的神格に崇められた賀茂神の祟は、時期は後れて舒明天皇朝に現れているが、この時はただ「天下挙国、風吹雨降」った程度の祟に止っていて、もう大物主の場合の如き狂暴さを示さなかったのも、国の組織の中に組みこまれての時勢の推移と見ることが出来るであろう（秦氏本系帳―「本朝月令」所引）。

こうして神地神戸に限定を加えた上で、奴隷献上を考えるのに、景行天皇五十年、神宮に蝦夷が奴隷として献ぜられた。彼等は出入にも粗暴であったので、倭姫命はこれを朝廷に進めて御諸山の傍に置かれたとある。蝦夷は粗野未開の民にして、一種のデモン性のものでもあったから、これを太陽の目とも言うべき天照大神を祀る神宮と大物主の御諸山とに置き、政治的立場にその呪力的神威に服せしめようとされたかと思われる。しかし御諸山でも彼らは神山の樹を切り、隣里に叫びて人民を脅したとあるのは、大物主のデモン的神威の弱りを示す、注目すべき挿話でなくてはならぬであろう。蝦夷は遂に畿外に移され播磨・伊勢・讃岐・安芸などに班せられたのは申す迄もないが、いずれにしても古代の巨大な大物主の威力を弱めつつあった。神功皇后三朝征伐には、軍事目的のために為政者に協力して筑紫に鎮せられたのもそれであり、爾来曲折はあったろうけれども、古代のデモーニッシュな神々は政治権力による組織的集中の中に、これが天神地祇三千一百三十二座として、律令国家の中に完成を告げる。するとそうした意味からも、われわれは崇神天皇をハツクニシラス天皇と称せられた理由が肯かれるものがある。こうしたハツクニシラスとしての類似性は、その事の大小にかかわりなく、神武天皇にも恰当《こうとう》してくるようであるが、その点は措いて、以上の如きカミの行動に対する限定は、人神の司牧にして、また黎民愛育と表現される立場でもあって、漸く人間の国家が成長に向っていたことを示している。

古代のカミガミを奉ずる奉斎団にとっては、こうした制禦や統禦の限定をうけたことは、何としても古代史上の重大な勢力削除に他ならなかった。中でも八百万神を統禦したと言う巨大な大物主を奉ずる大神族の動揺が思いやられる。ここに抵抗も出てくる。神の祟といったものがそれであるとは言え、日本国家成立途上に、いつまでも古代の大物主の盤踞が許されるものではない。

こうした人神司牧の立場は、神人同居とも言われた天照大神、倭大国魂神との同床共殿の分離につながる。宝鏡について言えば「与《とも》に床を同じくし、殿を共にし、以て斎鏡と為すべし」といった神・人同居から分離し、天照大神を倭の笠縫邑《かさぬいむら》に移し祀ったとある。移された場所が他ならぬ笠縫邑であったと言うのは、呪術的威力をもって、天照大神を天皇の統制下に置いたことを意味した。笠縫邑については現在の志貴御県坐《しきのみあがたにいます》神社（三輪町金屋〔現・桜井市〕）纏向檜原《まきむくひばら》神社（磯城《しき》郡纏向村〔現・桜井市〕）、笠山荒神社（同郡上ノ郷村笠山〔現・桜井市〕）、或は小夫天神社（同郡同村小夫〔現・桜井市〕）などを、その霊址だとする比定もあるけれども、三輪の檜原神社境内をそれとするのが最も有力のようである。しかし、そこの呪術的威力を考えるためには、この邑に住んでいたであろう部曲《かきべ》の問題も説かねばならぬ。これは別途に発表した「笠氏の古伝承」（伝承文学研究）に譲らねばならないが、この神・人分離の意味するものは天照大神と言えども国家統一、人神司牧の中では例外ではないのであって、この場合、倭大国魂神はどう考えるのか。これは国魂信仰全体の上から考える必要があるので他日として、再びモノの世界に返ってゆく。

ここで一言して置くに、『日本書紀』神代紀の一書に、大己貴神（オホナムチ神）は「日本国之三諸山」に住まんと仰せられ、つづいて「此大三輪之神也」とあることである。これによると三輪大物主神は、大己貴神という事にならねばならぬであろうが、大己貴神即ち三輪神ということについては、出雲と大和との古代史上の関係という以上に、オホナムチはまた大穴牟遅とも表現される。議論はあるとしても、これも蛇体的なものの表現を含んでいたことが、古典上に両者を容易に結合する契機となった一面であろうということである。

6　三輪の呪術的世界

かくして大神《おおみわ》族の伝承は、平安時代の『新撰姓氏録』の大神朝臣《おおみわあそん》（大和国神別）の条に、その由緒をこう伝える大神朝臣とは、

素佐能雄命の六世の孫、大国主命の後なり（原漢文）

とし、更に神婚説話を、

初、大国主神、三嶋溝杭耳の女、玉櫛姫に娶《みあ》ひたまひき、夜の未曙に去りまして、曾《かつ》て昼到《き》まさざりき、是に玉櫛姫、苧を績《う》み、衣に係けて至明《あした》に苧の随《まま》に、尋覓《まぎゅ》きければ、茅渟県《ちぬのあがた》の陶邑を経て、大和国の真穂の御諸山に指《いた》れり、還りて苧の遺を視れば、唯三縈《みわ》のみ有りき、因《か》れ、姓を大三縈《おほみわ》といへり（原漢文）

と伝えて、苧麻の呪術を大神朝臣の出自にかけるのを忘れてはいない。更に「雄略紀」（十四年三月条）に、衣縫兄媛《きぬぬいのえひめ》を大三輪神へ奉ったとあるのも、その衣縫という点において、かの神の神怒神祟を制したことに関係のある呪術的処置の伝統であったかと思われる。すると高天原の斎服殿《いみはたどの》にて織物が織られたと言う神話伝承も、ここに皮をはいだ天斑駒《あめのふちこま》をその棟から投入されたと伝えることにおいて、大きな古代信仰上の意味をもっている。即ち皮をはいだ血だらけの駒の棟よりの投入が象徴しているものは、何としても火の玉の如き落雷の印象を思わせるのであったから、雷電と斎服殿との呪術関係が思われる。この問題はやがて匣殿《みくしげどの》

の存在とその内容につながってこねばならぬであろうが、これらは章を改めたい。

大三輪の蛇体を通じて大己貴神と連絡し――勿論これのみではないが――それが大神朝臣の出自の上にかけられ、しかもこうしたデモンを祖神と立ててくることは、実は原始古代部族の性格の一面とも通じたものであるらしく、三輪の場合にも、そうした性格を濃化させている。それにはやはり三輪山のたたずまいにも大きな風土的要因として作用しつづけているらしい。

眺められる如く円錐形の三輪山、それにつづく山彙《さんい》がもたらす気象の変化、さらにこうした山彙の水を集めて氾濫を繰返したであろう初瀬川などは、その初期の住民たちにとって、これらの猛襲を三輪山によるデモンの所為と感ぜしめ、こうしたデモンをこの山に認めつつ、いよいよ大物主の原形をその早期に固定させつつ発展させていたのかと思われる。これは人間と風土との交渉の上に視点を据えて、デモンから大物主の成立を理解しようとする立場にして、もとよりこのようなデモーニッシュな神格成立の要因は、崇神朝以前のことにかかる。

樋口清之博士によると、大和平野の最古の遺跡が三輪地区に発見されており、それらの遺跡よりの発見遺物の年代をラジオカーボンの年代測定に求めると、恐らく五、六千年前の推定を得るという。その推定当否は別にして、ここに発見の土器は縄文式土器前期（諸磯A式土器）で、これ以後弥生式文化、古墳時代と連続して鉄製品の発見されてくる三～四世紀頃まで、ここが一大文化中心であったことを物語っている。そうした文化の中心地帯は、また政治上の中心とも相たずさえ或は相錯綜していた。だからして「神の気」としての疫癘がカミの怒として荒れ狂う時代の大物主が、「崇神紀」に所見してくるまでの伏線はあったのである。

神武天皇の配偶者に関する神婚説話は既に述べたけれども、ここで「崇神紀」以前の大物主への歴史的展開の伏線を考えることは、矢張り重大なことでなくてはならないから、暫くこれについて眺めて置くと、高皇産霊が大物主に「宜しく八十万神を領《ひき》ゐて、永《ひたぶる》に皇孫の為に護り奉れ」（神代紀一書）とある場合の、大物主の八十万神領卒には意味がある。『古語拾遺』では発命者が天照大神・高皇産霊の二柱となっているけれども、こうしたものを受ける如く、大国主の国土奉献には「首渠《かしら》大物主神及び事代主、乃ち八十万神を天高市に合《あつ》め帥《ひき》ゐて、天に昇り、其の誠款《まこと》の至を陳す」（神代紀一書）とあるにも、信仰構成の経過は相応じたものとすべきであろう。

大物主はこうした巨大な威力のモノヌシとして受取られる存在にしてしかもその領卒の八十万神とは国作りに当って、坂の御尾ごと、河の瀬ごとに追いつめられて、大国主に征服せられてきた、言うならば、地区地区それぞれの神々であったろうことは興味がある。この様な神々とは、恐らく蛍火の光《かがや》く神、蠅声《さばえ》なす邪神、或は草木みな言語する初期デモン、さらに「不須也《いな》頗傾《かぶし》凶目《しこめ》杵《き》之《の》国《くに》」の「残賊強暴横悪之神」（神代紀一書）とも合体する範疇に属すべきものであったと解しても、記紀の不当な理解ではあるまい。これが天岩戸段の場合の八百万神と、どう連絡すべきかは他日の問題としたい。

かくて皇祖天神の降鑑を、天神地祇を中心とする祭祀的なものの展開で貫ぬかれる「神武紀」を眺めるに、大物主との関係については、大和平定中、菟田高倉山に登り、女坂に女軍を、男坂に男軍を、墨坂に焃炭をそれぞれ置くとあるのがそれらしい。それは「崇神紀」の墨坂神・大坂神に続くものにして、「雄略紀」（七年）の三諸岳神の注記に「或は言、此の山の神を大物主神と為す、或は言ふ菟田墨坂神」とあるなどに考えると、八十万神を領するという大物主のデモン領卒の必要性が、神武天皇大和平定の場合には出ていると言っていい。加えるに三輪神婚を通して、大神族の政治圏への結合も既に迹づけた如くである。

記紀による大物主のこうした歴史的展開を眺めていると、事によっては激怒の神、疫神として「崇神紀」に出てくる可能性は秘めていたとしても、大モノヌシとても決して無意味に怒るものではない。それだからして激怒しなければならぬ大物主の不安を通して、そこには三輪大物主の古代権威の後退と動揺、それを中心に団結する大神族の抵抗や葛藤がその中に錯綜していると考えられるのであり、この点については特に活眼を開いて「崇神紀」は読まれねばならないのである。

それ故に「崇神紀」に、三輪の大物主が頻出するからといって、従来も言われてきたような、古代の実情を考慮しない単純な立場から、崇神朝はこの神の威力の旺盛な時代であったと眺めるのは、決して正しい見方なのではなく、むしろ原始以来の巨大なデモーニッシュな神威の後退に対する、大物主及びそれを奉ずる大神族の、〝狂おしい抵抗――人種の滅亡と言ったものに表徴される――と理解すべきものなのだ。

これが古代的神威の後退をさらに決定的なものにしてくるのは、雄略朝に於ける小子部栖軽の制圧であったろう。この時大物主は、自らの姿を変幻させることもなく、その正体のまま大蛇としての姿を露呈した。そして雷電に通ずるそのままの怒りの姿となっている。これは雷電に原質をもつ鬼類の怒でもあろう。『万葉集』には、モノと訓むところに鬼の字を宛てるのも面白いが、このような怪物的な原形をこの神が露出したことは、大物主の罪ではなくして、これを奉ずる氏族の動揺が象徴されているのだった。

かくて古デモンの神は、国家権威体制の前にいよいよデモン性を変容して、漸く倫理化の傾向を強めながら、その統制下に立つ日の近づいてきたことを「雄略紀」の話は示している。

崇神天皇の世に対する私のこうした解釈とは別に、神田秀夫氏は「大和の帝室の祖先は、実は瀬戸内海から侵入した征服者らしく、かれらの天神（あまつかみ）の信仰と、かれらの侵入以前から大和に住んでいた人民たちの地祇（くにつかみ）の信仰とは、なかなか融和しがたいものがあったらしい。三輪の大物主の神・倭《やまと》の大国魂の神・葛城の鴨の大神・出雲の大神大汝《おおなむち》の命《みこと》（いわゆる大国主の命）などは、みな、その地祇（くにつかみ）に属するが、崇神天皇の手こずったのもそこのところで、天神・地祇、両方祭らなければ人民はついてこないし、片方は信仰していないのだから、どうしてもおろそかになるし、おろそかになればたちまち、たたられる。はじめ、天皇は天照大御神と倭の大国魂の神とをいっしょに宮中に祭られたが、どうもうまくゆかなかったらしく、つぎの垂仁天皇のときから天照大御神は伊勢に祭られることになった。この垂仁天皇がまた、出雲の大神にたたられて、王子を唖にされたこともある」（日本の説話）と言った解釈を加えているが、何かいま一つ説得力が弱いように思われる。

私は大物主の姿を古代史的に素描したが、三輪の神へ試みられた古代の呪術は、やはり古代社会一般の呪術であったけれども、大物主の巨大な大神《おおみわ》として、ミワと言えば大神として、最大と言うべき神名を誇った巨大な三輪の大物主への呪術であった関係上、これが古代説話の上に特別な呪術の如く伝えられてきたことも、また事実とすべきであった。またたしかに巨大であった。

7　海神の女のこと

いよいよこの章を終わるに当たり異類婚姻譚の一方、それは女性が異類である場合にして、初めに申した如く豊玉姫とヒコホホデミ命（古事記では一名をホオリ命という）との婚姻譚の如きを典型的説話とすることが出来、既に海幸山幸の話としてポピュラーに伝えられる。これには母権的なものを背景としているのか。

それはヒコホホデミ（古事記はホオリ命）が兄命ホノスソリの釣針を紛失したことに発端して、ヒコホホデミが塩土老翁《しおつちのおきな》の計らいにより海神宮を訪れ、そこで「海神の女豊玉姫を娶《め》したまふ」（紀）、「豊玉毘売を婚せまつりき」（記）と、その婚姻関係が語られる。この豊玉姫が異類なのである。その異類性の当体についても竜・和邇《わに》といって一定しているのではないけれども、豊玉姫の異類としての姿は、いずれも天神ヒコホホデミの児を産むに当たって、神代紀には「竜に化為《な》りたまひ」、「八尋《やひろ》の大熊鰐」、『古事記』も八尋和邇とあって、竜となり大鰐となっている。『古事記』には「本国の形になりてなも産生《う》む」とあるが、この異類の化現によって生まれたのが、ヒコナギサタケウガヤフキアエズ尊と伝えられた。

海神国より豊玉姫が海辺に現われ、異類として児を生むに当たって、豊玉姫の弟姫玉依姫を伴ない、これを生まれた児の養育係としたと、神代紀の一書に見えるが、この弟姫の玉依姫とヒコナギサタケウガヤフキアエズ尊とが婚姻される。姨《おば》との結婚にして、これによって生まれたのが神日本磐余彦火火出見尊（神武天皇）であったことは申すまでもない。

ここには種々な古代習俗を想見せしめるのであろうが、海神の女とは言え、こうした異類によって生まれた、神胤としてのウガヤフキアエズの児として生誕した神日本磐余彦は、大田田根子流に考えてゆくと、これも神の子でなくてはならなかった。大田田根子が山——三輪山——によるものの神の子であったとするならば、カムヤマトイワレ彦は水性のものによっていることになろう。こうしたデモン性のものによる神亀の存在は、古代信仰と古代史の彩どりを窺う上に、種々の事態を思わしめるが、この場合でも海の女は、やはりその正体を示すこととなっている。

原始の古代に果して、こうした異類婚姻の実態が存したのかどうか。その存否は次に譲り、女性の異類婚姻譚は後々には蛇姫さまと言われる如き形で、沼の主（女性）などの結びつきに、そうしたケースの流れが流布しているけれども、話としては男性が異類の方が、筋が通っているように思われる。これは父権思想に私がかぶれているのかも知れぬ。けれども、こうした異類――三輪の大物主の如き――が巫女的女性の上に投影して、あるいは女性の異類性を濃化しなかったとはいえないと思う。

ところで「大祓詞」によれば己母犯罪・己子犯罪・母与子犯罪・子与母犯罪といった人倫的な関係が国津罪として、贖罪の対象とされるようになるのは、人文の発達に伴う倫理思想の展開を思わせるが、この外に畜犯罪と言うのが挙げられている。獣婚であろうが、古代をさらにその古代へと溯及してゆくと、獣婚といったものが存在していたのかとも推測せしめるであろう。でないとタブーとして畜犯罪が出てくるはずがない。そうした凄じい古代世界を思いながら、出産に当たって豊玉姫が上つ国の海辺にやってくる場合、これが八《や》尋《ひろ》和《わ》邇《に》であったり、亀であったりしたけれども、亀の場合は浦島子の場合にもつづくが、八尋和邇は大小の差はあっても、和邇に変わりはなかった。鰐の字も当てられるが、ワニとしても豊玉姫が、その産に当たって「匍匐委蛇」（古事記）、「匍匐透虵」（神代紀一書）とあるのは、蛇の如き長いものがのたうつ状況が偲ばれると言われよう。その来臨の状況について、神代紀一書に「海を光《てら》して来到《いた》る」とあるのは、海蛇の如きが海を泳いでくる印象も出ている。

こうした原始的な凄じい行為が、停滞性の強い——言い得べくんば縄文土器文化の裡には、あるいは残留していたのか。そうした獣類が、山のカミの神使、さらにはカミの当体と眺められるに於て、巫女がそうしたカミに相対したことを示していたということにもなるであろう。その根痕が記紀の神話に残留していると言えるのではないのか。しかもそうしたデモンのカミの根源も、何も無いところに成立するものではない。やはり人文交渉の場に、カミの場も成長してくるのであって、そうした傾向は後世の説話の上に、長い流れとして起伏の陰影を引いているようである。一例として宇治川の橋姫の如きに、それを窺うことが出来るのであろう。

こうした長いものとしての異類——豊玉姫が児を産むに当たり、その場を見るなと女性が言う。しかし男性は見てしまう。その際、櫛をもって火を燃やして視るのだがこの櫛は三輪山神婚の櫛笥や浦島の勝間に、あるいは降って匣殿のミクシゲなどにも連絡する呪術の系譜がここにも顔を見せている。海神の女が異類として正体を現わすのにも、暗々裡にこの櫛の呪術が隠顕しているのは、古代信仰史の上に、やはり一つの縫糸となっているのであろう。

第二十章　古代の死者

これは一面前章の「三輪神婚」に対するモドキの形を採っている。したがってそこには重複の嫌はあろうが、やはり別のところを目指してはいるのだ。

1　神胤の神話

原始以来のカミが、如何なる存在であったのかを、三輪の大物主は象徴してくれている。蛇体であったり、雷電性を発揮したり、或は疫癘神であったりして、古代恐怖の典型的な存在でもあった。こうした民衆への古代恐怖のカミは、何も三輪の大物主のみが唯一なのではない。左様なデモンとしてのカミは、古代へ原始時代へと溯及してゆくにしたがって、荒涼とした古代の天地に、五月蠅《さばえ》なして汎濫していた。しかし記紀を中心として考えた場合、大物主は矢張り巨大なモノヌシとして、政治の場とも携えて鮮明な姿を留めてきたのである。

ここでも大物主を主たる通路にして、古代のそうした実情を彷彿せしめつつ、古代の死者——特に女性の死者について考えたいと思うので、再び大物主の神婚から分け入ってゆくことになる。

大物主が異類として通婚する話は、世に言う三輪式神婚説話にして、前章にも述べたが、ここでも一応の筋を通しておくと記紀には、大物主の通婚は、少くとも三回は記録されている。

(A)　神武天皇の皇妃は、丹塗矢となって川を流れくる大物主と、摂津の三島湟咋《みぞくい》の女《むすめ》との通婚によって生れたのを、その一とする。

こうして誕生した子女《しじょ》は神胤であるが、この時の神胤による皇子が神渟名川耳《かみぬなかわみみ》にして、綏靖天皇に坐す。この婚姻を通して天皇家と土豪との、政治的な結合の一面も窺われよう。

その二は(B)崇神天皇の世、ヤマトトトヒモモソ姫との通婚。この場合、大物主は神妻の要請により櫛笥の中に潜み、その正体を神妻の前にあらわにした。その結果、神怒による驚愕に神妻は箸《はし》にて陰部《ほと》を突いて、死んでいったのである。

右二例を通して、われわれに重要なのは、むしろ神怒によって死んで行った神妻の方であろうが、それにしても、同じカミによる神婚に、(A)の場合は、神妻は神孫を生み、(B)は神の怒によって死んでゆくという、両者は全く相反した結末を示すのは、一体どういう訳なのだろうか。カミとは、こうも恣意気ままにして無慈悲なのであるのか。実は慈悲以前なのである。

けれども神妻に対する恣意なカミの試みが、結果は別にして(A)(B)とも共通しているのは、学問的には如何にも興味がある。その共通したものとは、(A)の場合は丹塗矢となって川を流れ下り、用便中の女の陰部を突き、(B)の場合は神妻の方が、自らの箸にて局部を突いて死んでいる。この両者の生と死とに当り、ともに局部を問題として伝えるのは、単にエロチシズム上の好奇心からではなく、古代女性の死と言った問題とも関係して、重大な伝承事実であろう。古代女性の神話世界に登場してくるものは、多かれ少なかれ巫女的であって、そうした性格は歴史時代を通じても払拭されることのない、国民信仰史の大きな課題なのである。大物主による三輪神婚を通じて、今一つの典型とされるのは、大田田根子の出生でなくてはならぬ。

(C) この場合、大田田根子の揚言《ことあげ》によると、大物主の相手は陶津耳《すえつみみ》の女《むすめ》、活玉依姫《いくたまよりひめ》であるが、一説に大田田根子は、大物主——櫛御《くしみ》方《かた》——飯肩巣《いいかたす》見《み》——建甕槌《たけみかずち》——意富多多根《おおたたね》古《こ》（古事記）として、大物主と活玉依姫との神婚より四代ばかり後の神胤とするが、この場合、美和（三輪）の地名起源ともなった麻糸と針とが、必須な呪術要素をなしている。

ここで針を取り出して見ると、それは(A)の丹塗矢、(B)の場合の箸とも比較することが出来、共に大体同じような性質をもっている。それは突いたり貫通したりする、言わば刺突をその用途にすることが注意せられるであろう。しかし(C)の場合、針が大物主に対し、或は活玉依姫にとって、如何なる結果を生じたのかは、記紀これを語っていないけれども、別に資料を投入することにより、大きな呪術効果を発揮したとする、推測に難くない。

さて(B)の場合ヤマトトトヒモモソ姫は約束を破り、櫛笥に潜んでいた美しい小蛇としての大物主を見た。ために彼女は死なねばならなかったのであるが、そうした筥《はこ》へのタブーを破ったものとして、あの浦島子の場合を考えるのに、浦島子は海神の女よりくれた筥――この場合くしげであり勝間《かつま》――を開いたため、老衰と悲哀とを味わわねばならないのであったが、こうした禁断の筥には、何かデモンと対決しつつ生きねばならぬ者の、デモンへ対するための呪具が納められてあったことを示しているであろう。だからして、こうした筥が開かれること――それは呪具の使用を意味する――は、デモンの側にとっても最も戦慄に値することでなくてはならなかったからこうした呪具の筥が開かれたとなると、デモンの恐怖の呪具の威力の消滅に向って、猛烈な抵抗的アタックが繰返されるものと信じていたことを示している。だからして禁断の筥は、容易に開けてはならないものであってこの筥を開けたものは呪具の呪術的行使によって、デモンと対峙しなくてはならぬのであった。この対峙に敗北したものに死とか悲哀が訪れたことには、大きな古代的意味があったのだ。その点、縫殿《ぬいどの》の寮《つかさ》の匣殿《みくしげどの》の如きは、最も参考にしなくてはならないもののようである。針によって裁縫を行なう縫殿寮は、針を用いる場であったと思うが、そこの針も、三輪神婚の場合によって考えると呪具でもあった。こうした針は、デモンを恐れしめるものであると同時に、恐怖を与えられるデモンの側にあっても、恐怖を与える呪具に対しては、恐怖をとり除くために彼らとしてもこれは狙わねばならぬものであった。この点は呪具のもつ反面解釈として成立するところで、そうした針を問題としてくると、縫殿寮に「御匣殿神《みくしげどののかみ》一座」が祀られねばならぬ、信仰上の理由があったとすべきである。さり乍ら御匣殿神とは如何なる性格にして、如何なる祀り方をしてきたのか、と言った問題は、今後の問題としても、御匣殿とは御櫛笥を置く御殿にして、櫛笥を中心に祀られた呪術的な神格であったことは慥《たし》かであろう。さらにミクシに御串の字を当てて考えてくると、御匣殿の意味にも大きな展開を示すと共に、八岐大蛇と対立したあの奇稲田姫《くしいなだ》も、或は串稲田姫でなくてはならないのであろうし、この立場から、高千穂の槵触の峯・槵日二上峯の、クシフル・クシヒも共に考えられてこねばならない要素に満ちていると思う。

ここに一つの挿話を入れて、古代恐怖に対し広い拡がりをもっていた呪具としての針の呪力性を、時代は降るけれども、『古今著聞集』(二十)によって示して見ると、どうか。摂津国ふきやという処の下女の昼寝しているのに、垂木に蛇がたれ下りて、昼寝の女へ、度々落ちかからんとする。女の夫は物陰より見ているが、蛇はどうしても落ちかかる事が出来ない。夫は怪しく思い「女をよりてみれば、かたびらのむねに、大なる針をさしたり」。女の衣類に針が刺してあった。このキラキラする針に恐れて落ちかかるのを、蛇はためらうのかと思い、針を抜くと忽ち蛇は女に落ちかかってきたというのである。「されば人の身には、鉄のたぐひをば、必ずもつべき也、わづかなる針にだに、毒虫おそれをなす事」と教訓しているが、これも針の呪力的効用にして、三輪神婚説話を背景に置いて考えてくれば、針――串でもある――のもつ古代構造の一面を伝える典型的なものと見ることが出来るであろう。

これを針の呪力性に関する一挿話として、ヤマトトトヒモモソ姫の場合、御匣《みくしげ》としての御櫛笥に小蛇が込められていたことには、古代呪術上の解明、引いては大物主への古代呪術的制圧の上に、考究を要する肝要な問題であって、それは三輪神婚の起伏の裡に、生と死との間に彷徨しなくてはならなかった古代女性の姿とも、必然的に連絡してこねばならぬものがあった。

われわれはここで、櫛笥の櫛の古代形状の説明を加えて置けば、クシゲの理解に役立つと思うけれども、長くなるからこれを端的に言えば、それは棒状であって、これを中央で曲げて、言わばピンセット形のものを重ねている。この一本は古代の箸の形とも別のものでなかったことを考えて置いて欲しいと思う。それは櫛―串―箸の問題としても。

2　狂暴な神々

呪術世界も考えつつ、こうした巫女的な古代女性の生死を眺めていると、高天原の物語の中で死んでいった女性が思われてくる。それはまずスサノオの高天原での凶暴によって死んだと伝えられる乙女である。

スサノオは、天照大神の御衣《みそ》を織っていられた斎服殿《いみはたどの》に、天斑駒《あめのふちこま》を逆剝《さかはぎ》にして、服殿《はたどの》の棟より投入された。「神代紀」には「是の時、天照大神驚《おどろ》きたまひて、梭《ひ》を以て身を傷ましむ」。『古事記』では、天服織女《あまはとりめ》が「梭《ひ》に陰上《ほと》を衝きて死《みう》せにき」とて、天服織女が死んだことになっている。『日本書紀』と『古事記』とでは、この辺の表現はまことに微妙であるばかりでなく、こうした点の追究は天照大神の性格にも、大きく触れてくるものを含んでいる。

しかし左様な問題は措いて、ここでも斎服殿の織女が、梭によって陰上を突いて死んでいたが、(A)・(B)・(C)の矢・箸・針、それに梭を加えてくると、ここにも突くもの、刺すものとしての共通の性格が考えられてくる。さり乍らそうした呪具の比較は略して、棟より投入の斑駒に解釈を集中しながら古代の女性の上を思って見よう。

これはわが国に於ける家畜の歴史としての馬、と言うものを考えなくてはならないことにもなろうが、高天原の馬は恐らく改良を加えられていない日本古来の在来種なのであったろう。このような在来家畜は現在は九州の南西諸島のトカラ・奄美・琉球には、比較的よく残存していると言われ、特にトカラ群島の最南端の宝島には在来種が多いと、林田重幸教授(鹿児島大学)は伝えている。そうした在来馬の存否の問題にかかわりなく、皮を剝いだ血だらけの馬が、家の棟を穿って投入されるといった印象は、あの神武天皇の場合、熊野高倉《くまのたかくら》下《じ》の倉庫の棟を穿って、韴霊《ふつのみたま》の神剣が床につきささっているケースと、また似た現象でなくてはならない。言われる如く落雷の印象を拭うことは出来ないのである。

しかも神剣投下が建御雷によるものであったことは、雷電と稲妻といったものを、背景に神話化しているのであろう。高天原の逆剝の斑駒の投入も、落雷の印象を伝え、高倉下の倉の棟を穿っての神剣の投下も、同じく落雷現象の説話化が思われるべきだと理解する場合、特に後者に於ては投下の剣がタケミカズチのものであったことは、何としても重大な所伝でなくてはなるまい。

タケミカズチについては武甕槌神（紀）、健御賀豆智命（延喜式・八）の名を知るが、『古事記』には健御雷神と表記しているのは、タケミカズチの本質そのものを、端的に表わしている。即ち雷電的なものを本質としているのであって、健雷命とする『延喜式祝詞』（遷却崇神祭）の一例もそれで、これらとタケミカズチ・武甕槌神とは同神格なのであったから、この雷電的性格の神が剣を投下されたことは、電光落雷の印象と共に、この神による剣が、蛇体に通じていたことは八岐大蛇の場合を考えても明らかである。されば高崎・大森両博士が、剣は蛇体なりとの所説にも肯かれる一方、神武天皇の軍士《いくさびと》は、高倉下による神剣の奉献によって生気を回復したけれども、その初め軍師は、神の毒気に当って「瘁《を》えぬ」とある。このオエヌが折口信夫博士の言われた如く、性的興奮を示すものであるとすれば、火雷神より投下された蛇性の神剣を通して、ここにも物主的なものにかかわる性的なものが、矢張り顔をのぞかせていると言ってよい。

こうしたモノヌシ的なものとして、火性の雷神と共に、その性的な面から注目する必要のあるのが、火神の誕生であったろう。

イザナミが大八嶋国を生み、つづいて多くの神々を生みつづけ、次に火神軻遇突智《かぐつち》（紀）を生む。この火の児《みこ》によってイザナミは焦《や》かれて神去ると言うのは「神代紀」の所伝であるが、『古事記』の場合では、大宜都比売《おおげつひめ》神を生みました後、火之夜芸速男《ひのやぎはやお》神（一名を火之炫《ひのかが》毘古《ひこ》神・火之迦具土《ひのかぐつち》神）を生むにより「美蕃登《みほと》炙《や》かえて病み臥《こや》せり」。即ち陰部を火傷して病臥したと伝えるのは、火神によるものだけに、この論考では注意を引くことでなくてはならぬ。かくてイザナミは神《かん》去り坐すのであったが、紀の軻遇突智、記の火之迦具土がツチを共通しているのは、武甕槌・健御賀豆智のツチと同質のものでなくてはならぬ。これを槌を中心に考えると、雷鳴――音響――に認識した神名表現と解すべきであろう。さらに記の火之夜芸速男は火の焼速男《やきはやお》と解すべきが妥当と思われ、したがって火勢の猛威を示す神格であり、火之炫毘古は火の輝く威力を象徴しているのだった。これはいずれも男性神とされるのはともあれ、児の誕生によってイザナミは神去り、火の児による火傷が、こともあろうに母神の陰部を傷つけると言うのは、この火児も、また女性の陰部を傷つけたことによって、用便中の女の陰部を突いた丹塗矢、或は雷電の驚きに箸にて陰部を突いた箸墓の女性の箸などに考えて、この火児誕生にも、恐らく神妻が死んでゆく場合の印象が、あの火児誕生の神話の裡に投影して、日本創世記の裡に一つの要素をなしていたと思わねばならぬ。この事は古代女性――特に巫女的性格――の死が、何に原因したのであったかの一面を明らかにしているものと言われよう。それは天斑駒の逆剝に於ける乙女の死、箸墓の女性の死にも、雷電とは言え火による原因が潜んでいたのは、関心を引く必要がある。しかも彼女たちは陰部を損傷して死んでいるが、こうした点は、天鈿女《あめのうずめ》の天上祭事の場合にも考えて、古代に於ける性器の呪力的な意味を単なる笑話としないで、真に学問的と言われる域に持ってゆかねばならぬ契機が含まれている。

3　露出の巫女

天鈿女の天岩戸にての舞踏にあって、「神懸為《かみかかりし》て胸乳《むなち》を掛《か》き出で、裳緒《もひも》を番登《ほと》に忍垂《おした》れ」（記）て、「巧に俳優《わざをき》す」（紀）とあるが、天鈿女のかかる露出のままの舞踏は、古くは火神たる日神――天照大神――に対するものであっただけに、鈿女の露出にも、日神の直射が思われるであろうが、しかし天鈿女は巨大なデモーニッシュな猿田彦に対しても、それと対峙することの出来た、所謂女丈夫でもあったので、彼女の場合、高天原にての露出にあっても、性の問題を克服したと解釈することが出来るであろう。われわれは古代の性の問題を、ただ笑話として下落させないためにも、敢てこうした問題に直面して見たのだったが、さらに縫殿寮に猿女は下級奉仕者として仕えていたのに考えると、曩《さき》に示した縫殿寮に於ける御匣殿の存在が、意味あるものとして関係をして来そうなのである。因みに『古事記』に言う如く、猿女君は天鈿女を祖とし、代々女を戸主としつつ鎮魂祭にも奉仕していた。天岩戸の故事は鎮魂祭の本縁を語るとも言われるが、彼女たちは宮廷直属の語部でもあって、稗田阿礼の出現も故なしと言えない。こうなってくると、語部に於けるカタリのもつ意義にも及ばなくてはならぬが、これは別の場としたい。

ともすれば逆剥の馬から、話は別の方面に分岐して行くようにもなるが、韴霊という神剣を述べつつ、問題点に近づけてゆくのに、『古事記』では、この神剣を佐士布都《さじふつ》神・甕布都《みかふつ》神・布都《ふつ》御魂とも言い、大和国布留《ふる》の石上《いそのかみ》神宮に祀られたとある。ところがこの神剣の霊威について、『太平記』の話は注意すべき伝承であるようだった。即ち、

十握ノ剣ハ、大和国布留ノ社ノ神体とならせ給フ、昔、此河ニ一ツノ剣、水ニ立て逆ニナガレける間、人多ク游付て、是ヲとらんとスルニ、或ハ胸ヲとほされ、或ハ手足ヲ切落されける程ニ、近付人更になし、こゝニかひなげなる下女ノ、河ノ縁ニ洗ける布ニ、此剣ながれ留りけれバ、是ヲとつて、布留ノ神体とアガメ奉ル（神田本・巻二十六）

とある如く、布留川の流に突立っている剣は、近づくものの手を切り、足を切り、胸も刺したと言う恐るべきものであったけれども、下賤な女の、川にすすぐ布には果無く留まったとある。この説話は、説話として既に変化を遂げているとしても、布留川と蛇性の剣との信仰関係を失ってはいない。そうした構造関係は、やがて久米仙人の上にも辿られるものなのでなくてはならぬであろう。

昔、大和国吉野郡の竜門寺に仙術を得た大伴・安曇・久米の三仙中（扶桑略記）、久米仙人

が大空を駈ける時、若き女が裾をかき上げて衣を川に洗うを見て、仙力を失って墜落したのを話の大筋とするが、久米仙人の空中飛翔には雷電的なものの印象がつきまとっていた。即ちその後、聖武天皇の東大寺建立に当り、彼は仙力を復活し、天地暗闇して雷鳴轟く裡に、杣山より用材を運送したと伝えたのにも、その一面が偲ばれるのであって、こうした仙人が衣洗う女の脛に執着した話の中には、石上の布都霊剣が布洗う女のもとに寄ってきたのと、恐らく別の要素にあるのではない。だから寸時飛躍的な言い方をすれば、布都の剣として、布（織物・織紺）字を用いているのも気にかかることで、都を助辞と考えるとどうなるのか。またこうした露出の関係はあの川を流れ下った丹塗矢が用便の女にかまけたのにも比すべき古代信仰の流れの中のものと、理解しなくてはなるまい。

それでこの辺から逆剝の馬に返ってゆくのに、逆剝の馬には、落雷の炎が塊《かたまり》となって落下してゆく状況の印象があったとしたが、そうした印象を何故に馬に求めたのか。時代は降ってくるけれども聖徳太子の甲斐の黒駒説話にも、馬のもつ虚空性が語られている。甲斐国より奉った黒毛の四足白き馬に跨《またが》り、聖徳太子は虚空に昇って雲界に入り、東を指して去り、信濃国に至り三日にして帰った話には、恐らく馬のもつ虚空性との関係が背景をなしている。そこには天馬といったものの出てくるシナの影響も考えなくてはなるまいが、いま一例を藤原広嗣《ひろつぐ》の場合に示すと、彼は空を翔ける竜馬に跨って、時の間に王城に上り、また瞬時にして鎮西《ちんぜい》に帰るといった驚異を伝えるが、この竜馬も、竜にして馬か、竜のような馬か、とも角空を踏むことの出来る属性を持っていた。こうした馬と虚空の関連からして、空より棟を穿って投込まれてきた逆剝の斑駒にも、また考うべき構造性の類似が潜んでいたとしなくてはなるまい。私はそう言った天馬といった如きものの成立は、馬娘婚姻譚《うまむすめこんいん》の出てくる背景としても合せて考えて置く必要があろうが、それはともあれ、馬の投入により事もあろうに乙女は、何故に陰上を突いて死なねばならなかったのか。これについては乙女の陰部《ほと》をねらったものの、古代性格の究明が何よりも重要性をもってくる。

崇神天皇の場合、神妻の櫛笥の中に正体を露顕した大物主の凶暴性の驚愕によって、神妻は死んでゆかねばならなかったが、これが雄略天皇の場合にあってはどうか。

この時の大物主は、もう神妻と相対するのではなく、勅命をうけた小子部栖軽《ちいさこべのすがる》によってその捕縛に遭っている。そして完全な正体の暴露をした。その正体は蛇であり、雷でもあった。この類話は沙門景戒の『日本霊異記』にも、開巻第一に「雷を捉ふる縁」として示されている。さり乍らここには大物主の残忍な好色性は既にない。大物主の好色性から言えば合点のゆかぬことであったが、ところがそうした好色性は天皇・皇后、自らこれを行っておられるのである。曰く「天皇、后と大安殿《おほみやすどの》に寝て、婚合《くなか》へる時、栖軽知らずして参入る、天皇恥ぢ輟《や》みぬ、時に当りて空雷《いかづ》ち鳴る、すなはち天皇、栖軽に勅して詔《の》りたまはく、汝《いまし》鳴る雷を請《う》け奉らむや」。これからスガルの大物主の捕縛が述べられているけれども、終始一貫する如く、大物主の登場には、何かしら好色性の片鱗を見せているのは、一体何のような意味をもつのか。ここにも古代大物主の性格の本質的追究の必要が、自由な古代研究の立場から要求される。それは天斑駒の場合の女性の死や、天岩戸前のウズメの露出とも、別な構造関係のものとは思われない。

私はもうこれ以上話をつづけないけれども、われわれはフロロギーに立脚した本居宣長の如く、上つ代は大らかにして素直な社会だったと、楽天的に安心してはおられない。それにしても、デモーニッシュにして人間社会に危害を与えつづけた大物主、或はそれに類する如きモノを、神道のカミとして、わが民族の歴史時代の歩みと共に立て通してきているその事実こそは、わが民族信仰究明上のまことに重大な着眼点でなければならぬ。日本の精神史が真実の把握に向うためには、日本の神をもって近代化をはばむ障害だなどと言う、新らしがり屋の言説に迷わされて雷同してもおられぬと共に、一方、宗教を求めて已《や》まなかった全人類の声とも、何処かで契合しなくてはならないものである筈だ。恐怖にさいなまれおびえつづけて来たからして、プレ縄文以来、そうしたカミへの原核への思いは忘却されずにきたとも言えるのであろう。いずれにしてもわれわれは総合関係の上から、大物主的の問題をさらに拡大し乍ら古代女性とその死をも考えてゆかねばならぬのだった。そして日本精神史に対する古代の位置づけも真実に近いものとして位置される日を期待したい。

あとがき

◆

ここ数年以来、雑誌などに執筆してきたものに、未発表のものを按配して筋を立てようとしたのが、この書物に他ならない。

私としては、比較的短篇にして平易と思われるものの中から採り上げたつもりであるが、さて書名を何としようかと言う段になって、はたと迷ってしまった。迷ったのには、私なりの理由はあったけれども、その揚句『日本の鬼』という書名にしてしまった。これでも何か物足らないものがあったからサブタイトルとして「日本文化探求の視角」をつけた。

◆

これを上梓しようとして、まず友人の某に見せた。ところが彼の曰く「これは君のデッサンだね」と。

果してこれが私のデッサンかどうか、私にもよく分らない。しかし、これを私のデッサンだと思って下さるならば、別に異論はない。そうした面もなくはないからである。

それを認めた上で、私の立場とでも言った点を言うならば、デッサンだからといって、一つの線、一つの点をゆるがせにした訳ではない。むしろ骨格形成のためのデッサンであるから、私なりに懸命に描いてきたと思っている。

けれども、デッサンとしての気易さのためでもあろうか、時として如何にも自由なタッチに終始した場合もあろう。であるから一見して、飛躍らしいものが目につかぬでもない。その反面、焦点を集中しすぎ、やけに塗りつぶし素描としての面白さから逸脱したような場合も、無いとは言えなかった。だが少しは塗り上げておかないと、何を主張し、何を表現しようとするのかが、分って貰えないと思われる事情もあったからである。

こうして一冊に纏めて見ると、構造内部に於ける類似性とか同質性といった立場を重視しつつ、素材の分析と再編成には、特に深い考慮を払ってきたのであったから、そのためでもあろうか、素描的だと評されながらも、通俗的な所説との安易な妥協は、極力避けた。だからして書名に似合わず、学問的な匂は、かなり強いのではないのか。またそうした研究的なものを背景に、筋を通すようにしてきたことも事実である。けれども難解な表現は、つとめて緩和した積りである。にも拘らず理解しにくいと言われるならば、かかって私の表現力の弱さに起因しているのであり、もう一つは、如何にも真説らしく世間に横行している俗説を鵜呑みにしなかったことによる、理解の相違によるものだと思っている。仕方のないことだ。

◆

それについても、本書に於いて終始一貫したものがあるとするならば、それは歴史学でもない、文学研究でもない、また民俗学でも、考古学でもない、といったような立場であったろう。それは一見、無立場的だということにもなろうが、しかしそうは言っても、やはり歴史の流れを説くことであったから、そうしたものを含めた上での、文化史学的な立場ということを、私は認めてきた。けれども私にとっては、虚構的なもの——それは一面文学的なものでもあろうか——に基づきながら、人間歴史の真実の一面を伝えようと試みた。テーマとして立てた鬼そのものが、既に虚構なのであって、こうした虚構への問題の発展には、それだけ新鮮さがあろうかとも考えるが、私の筆はとても、そこまでは到ってはいない。

そうした場合、史学の正統から申すならば、何時、何処で、誰が何をしたのか、という歴史学の追究条件が、何時も揃っている訳ではない。特に古代発見の基礎的な場を築こうとする場合には、何時、誰が、何処でと言った条件ではとても捉えることは出来難い。そうした困難をもつ古代研究にあって、私の立場は、当然、大体何時頃、或は何時代、大体どう言った階級が、或は民衆が、何処の辺を舞台にして、どのような行動をしたかと言った大まかなものに限られねばならなかった。こうした傾向のために当然のことだったが、関係諸学を重視しつつ歩んできた。この遣り方は文化史学的であることの、別の言い方であるかも知れない。

いずれにしても、一見して無立場的ということから本書を眺めた場合、関係文化諸学の妥当性を採って、その全体性の上から、出来るだけ渾然と一体化しようと努力してきたということ、これであろう。比喩的ではあるが、単味よりはカクテル化した味の世界の方が美味しいものになるには決まっている。この渾然化した美味しさを、私は追って見ようとしてきた訳である。必ずしも成功しているとは思っていないけれども、目標はそうしたところに置いたし、これからもカクテル化した味を楽しみたいとは考えている。しかしそれは生やさしいことではあるまい。

◈

この序に、さらに一言して置きたいのは、全体に亘ってわが風土性の現実についていては、絶えず考慮を払って来たということで、副題に「日本文化探求の視角」といった名を附けて置いたのも、そうした視角を重大視した一つの現れで、言葉を換えると、この風土地理と離れては、日本人は存在しなかったという、この抜き差しならぬ古往今来の事実の上に、わが文化を探求しようとしたことを意味している。ここに民族の血の形成もあったと思っている。ただこの場合の風土は、どちらかと言えば文化史学的立場から、いわば古典的理解の風土に偏しているかも知れない。今から言えば、実はそうした古典的風土の現実から、わが民族の祖先たちが如何にして神を発見し、共通の信仰を形成してきたかといった事も、絶えず念頭に置いてきた。そういうことが心掛けられていなければ、日本文化に対する私の視角が生きてこなかった。

私はこれからの日本文化の基本問題の探求は、今にも増して文化地理学的でなくてはならぬとさえ思っている。と同時に、われわれには過去に対する巨大な忘却が横たわっている。それは私たちにも、私たちの一時代前の日本人にも、その以前の日本人にも……こうした巨大な忘却の上に積み重ねられた末の合理化が、大きな誤りの上塗りをしている場合が、まこ

ためにも。

変形の比較的少なかった風土の影響を、古典的にも読もうとした訳だ。日本の神々の把握の

きであるが、そうした忘却の上に立てられた合理化が一番恐ろしいのだ。このためにも動揺

とに屢々《しばしば》だ。如何にも知ったか振りをしているが、われわれはもっと謙虚に忘却に気付くべ

◆

日本の神は、どうして、われわれ日本民族の神になり得たか、それは一体何時頃からであったか、と言ったことへの執心が、そのためばかりではないけれども、本書に用いた資料に、鉦や太鼓で探さねば見当たらないようなものは、あまり使わないできた。正統と称せられる史学の世界では、むしろ等外史料のようなものであったことが、特徴的であったとも言えよう。それは説話的なものに資料を捉えて、ポピュラーなものの裡に潜む民衆の声から、問題点の発見に努めてきたとも言えよう。日本文化の来し方に対する、或る誤解を妥当なものにしてゆくのには、こうした方法はまた有効だと考えたからである。再言するならば、忘却の裡に、合理化されて解釈されている国民的所産ともいうべき等外資料を手がかりとしたと言うことで、それだから「日本の鬼」を「日本の神」とも題したかった気持が、実は残っているのである。

これを後記として、大方の批判に俟《ま》ちたいと思う。なお既発表の諸論説は所収に当たっては全体に亘って改訂を施したけれども、かつて発表の諸雑誌名やその他について、左記に示して置くこととした。

昭和丙午の歳　七月十二日

近藤喜博

武蔵国と渡辺綱　（国際文化・八四号八五号）
浅草の雷門　（国際文化・九三号九四号九五号）
安達ケ原　（国際文化・八九号九〇号九一号）
鬼の腕　（国際文化・一〇二号一〇三号）
神霊矢口の渡　（田山方南先生華甲記念論文集）
琵琶湖周辺の呪術と風土性　（芸能史研究・一一号）
因幡堂の鬼瓦　（MUSEUM・一一一）
家屋文鏡を読む　（MUSEUM・一一四）
古代建築様式としての貫前神社本殿　（MUSEUM・一一六）

増補本について、全面に亘って誤字と共に出来るだけ改訂を試みた。また論考二篇　阿蘇山麓の火〈神道宗教・三号〉　能の鬼―覚書〈未発表〉を加えた。

本書の原本は、一九七五年に桜楓社より刊行されました。

なお、本書の記述中および引用部分に、今日から見れば不適切と思われる表現が用いられている箇所がありますが、著者が故人であることと歴史的・資料的価値を考慮し、そのままとしました。

近藤喜博（こんどう よしひろ）

1911年鳥取県生まれ。国学院大学神道科卒業。文学博士。国学院大学講師，文化庁主任文化財調査官，文化財保護審議会専門委員等を歴任。1997年没。『古代信仰研究』（角川書店），『四国遍路』『日本の神』（桜楓社），『稲荷信仰』（塙新書），『金毘羅信仰研究』（塙書房）など著書多数。

講談社学術文庫

定価はカバーに表示してあります。

日本《にほん》の鬼《おに》

日本文化探求《にほんぶんかたんきゅう》の視角《しかく》

近藤喜博《こんどうよしひろ》

2010年8月10日　第1刷発行

発行者　鈴木　哲

発行所　株式会社講談社

東京都文京区音羽2-12-21 〒112-8001

電話　編集部（03）5395-3512

販売部（03）5395-5817

業務部（03）5395-3615

装　幀　蟹江征治

印　刷　株式会社廣済堂

製　本　株式会社国宝社

本文データ制作　講談社プリプレス管理部

ISBN978-4-06-292005-6

「講談社学術文庫」の刊行に当たって

これは、学術をポケットに入れることをモットーとして生まれた文庫である。学術は少年の心を養い、成年の心を満たす。その学術がポケットにはいる形で、万人のものになることは、生涯教育をうたう現代の理想である。

こうした考え方は、学術を巨大な城のように見る世間の常識に反するかもしれない。また、一部の人たちからは、学術の権威をおとすものと非難されるかもしれない。しかし、それはいずれも学術の新しい在り方を解しないものといわざるをえない。

学術は、まず魔術への挑戦から始まった。やがて、いわゆる常識をつぎつぎに改めていった。学術の権威は、幾百年、幾千年にわたる、苦しい戦いの成果である。こうしてきずきあげられた城が、一見して近づきがたいものにうつるのは、そのためである。しかし、学術の権威を、その形の上だけで判断してはならない。その生成のあとをかえりみれば、その根は常に人々の生活の中にあった。学術が大きな力たりうるのはそのためであって、生活をはなれた学術は、どこにもない。

開かれた社会といわれる現代にとって、これはまったく自明である。生活と学術との間に、もし距離があるとすれば、何をおいてもこれを埋めねばならない。もしこの距離が形の上の迷信からきているとすれば、その迷信をうち破らねばならぬ。

学術文庫は、内外の迷信を打破し、学術のために新しい天地をひらく意図をもって生まれた。文庫という小さい形と、学術という壮大な城とが、完全に両立するためには、なおいくらかの時を必要とするであろう。しかし、学術をポケットにした社会が、人間の生活にとってより豊かな社会であることは、たしかである。そうした社会の実現のために、文庫の世界に新しいジャンルを加えることができれば幸いである。

一九七六年六月

野間省一